Weltmusik 24
Erhabenheit 23f

alle „mod." Bedeutungen von Natur seien alt (antike) 32 f. 33 – auf Kulturpessimismus

Reinhold Grimm / Jost Hermand
(Hrsg.)

Natur und Natürlichkeit

Luft bei Humboldt usf 21ff

Das Zeitalter d. Vernunft war auf das der Natur: Vernunft u. Natur als Vernunft als Natur 2

14! Ein (Natur-)Bildapparat

Das 'Einzelne' nivelliert die bürg. Ethik d. Arbeit + Leistung 14

Herder i.d. konkret-ökol. Natur

Aporie des aufklärer. Naturbegriffs

polit. Mehrwert einer Theorie 51

1900: Gespräch mit Pflanzen – der Dichter 48 – Wille, Boelsche löst die Rätsel der Natur; immanente Wissenschaft 49
Kosmisierung = Ästhetisierung

(um 1900) Sonnenverehrung 49

Monismus: Resultate der Naturwiss. in Gefühlswerte verwandelt 48

„In ihrem Hexenspuk spukt etwas vor" 135

Reinhold Grimm / Jost Hermand
(Hrsg.)

Natur und Natürlichkeit

Stationen des Grünen
in der deutschen Literatur

Athenäum
1981

Umschlagbild:
Erich Heckel „Frau am Strand"
Holzschnitt, 1919
Bildarchiv Foto Marburg

CIP-Kurztitelaufnahme der Deutschen Bibliothek

Natur und Natürlichkeit: Stationen d. Grünen
in d. dt. Literatur / Reinhold Grimm; Jost
Hermand (Hrsg.). – Königstein/Ts.: Athenäum,
1981.
  ISBN 3–7610–8147–2
NE: Grimm, Reinhold [Hrsg.]

© 1981 Athenäum Verlag GmbH, Königstein/Ts.
Alle Rechte vorbehalten
Ohne ausdrückliche Genehmigung des Verlages ist es auch nicht gestattet, das Buch oder
Teile daraus auf fotomechanischem Wege (Photokopie, Mikrokopie) zu vervielfältigen.
Gesamtherstellung: Friedrich Pustet, Regensburg
ISBN 3–7610–8147–2

INHALT

Vorwort VII

Andreas Huyssen
Das Versprechen der Natur. Alternative Naturkonzepte im 18. Jahrhundert 1

Egon Schwarz
Naturbegriff und Weltanschauung. Deutsche Forschungsreisende im frühen 19. Jahrhundert 19

James Steakley
Vom Urschleim zum Übermenschen. Wandlungen des monistischen Weltbildes 37

Jost Hermand
Gehätschelt und gefressen: Das Tier in den Händen der Menschen 55

Wolfgang Emmerich
Kein Gespräch über Bäume. Naturlyrik unterm Faschismus und im Exil .. 77

Inge Stephan
„Das Natürliche hat es mir seit langem angetan." Zum Verhältnis von Frau und Natur in Fontanes *Cécile* 118

David Bathrick
Die Zerstörung oder der Anfang der Vernunft? Lyrik und Naturbeherrschung in der DDR 150

Ralph Buechler, Andreas Lixl, Mary Rhiel, Steve Shearier, Fred Sommer, Sally Winkle
Grauer Alltagsschmutz und grüne Lyrik. Zur Naturlyrik in der BRD 168

VORWORT

Die bisherigen Untersuchungen zum Thema ‚Natur' in den verschiedenen Gattungen und Bereichen der deutschen Literatur gehen meist von motivgeschichtlichen Gesichtspunkten aus. Was auf diesem Sektor interessierte, war lange Zeit vornehmlich die „Linde in der romantischen Lyrik" oder der „Schwan im Jugendstil". Dabei trat zum Teil, was nicht geleugnet werden soll, recht Interessantes zutage. Seit den späten sechziger Jahren haben sich jedoch im Verhältnis zur literarischen Naturbewältigung merkliche Verschiebungen ergeben. Selbst Altvertrautes erscheint – im Hinblick auf die immer skrupellosere Ausbeutung oder Verdrängung von ‚Natur und Natürlichkeit' – plötzlich in einem ganz anderen Licht und verlangt, auch unter der Perspektive eines erwachenden ökologischen, ja im weiteren Sinne alternativen Bewußtseins betrachtet zu werden.

Die Beiträger dieses Bandes, die ihre Thesen auf dem 13. Wisconsin Workshop im Oktober 1980 in Madison auf englisch oder deutsch zur Diskussion stellten, gehen deshalb an das Problem ‚Natur und Natürlichkeit' vor allem von der inzwischen immer dringlicheren Frage nach der im Menschen oder in der Natur unterdrückten, ausgeschlachteten oder vergewaltigten ‚Natürlichkeit' heran. Was dabei unter dem Titel „The Cry of Nature: Its Repercussions in German Literature" angekündigt worden war, löste zum Teil recht lebhafte Diskussionen aus, an denen sich nicht nur Germanisten, sondern auch Komparatisten, Philosophen, Historiker und Biologen beteiligten. Wenn auch nicht alle das gleiche Interesse an deutscher Literatur teilten, so waren doch alle von den hier aufgeworfenen Problemen in gleichem Maße ‚betroffen'. Und wer könnte, wer dürfte dies heute nicht sein?

Madison (Wisconsin), im März 1981   R. G./J. H.

ANDREAS HUYSSEN

Das Versprechen der Natur. Alternative Naturkonzepte im 18. Jahrhundert

Die gesamtgesellschaftlichen Konsequenzen einer Zivilisation, deren erklärtes und inhärentes Ziel die Beherrschung und Unterjochung der Natur ist, haben sich erst im 20. Jahrhundert voll entfaltet und sind im Umkreis der Frankfurter Schule, vor allem in den Schriften Horkheimers und Adornos, aber auch bei Marcuse, Benjamin und Bloch, erstmals auf den Begriff gebracht worden. Zentral war hier die Erkenntnis, daß Naturbeherrschung immer auch die Beherrschung des Menschen einschließt. So schreibt Horkheimer in *Zur Kritik der instrumentellen Vernunft*: „Jedes Subjekt hat nicht nur an der Unterjochung der äußeren Natur, der menschlichen und der nicht-menschlichen, teilzunehmen, sondern muß, um das zu leisten, die Natur in sich selbst unterjochen."[1] Fortschritt in der Naturbeherrschung bedeutete damit jeweils auch zunehmende Beherrschung des Menschen durch andere wie durch sich selbst. Für Horkheimer und Adorno kommt dieser als Dialektik der Aufklärung beschriebene Prozeß im Faschismus auf seinen Höhepunkt, wo selbst Widerstand und Aufbegehren, die aus der Unterdrückung hervorgehende „Revolte der Natur", dem System total durchorganisierter Rationalität einverleibt wird.

Mit dem historischen Bezugsrahmen der *Dialektik der Aufklärung* und der *Kritik der instrumentellen Vernunft* hängen aber auch von heute aus gesehen deren Grenzen, Schwächen und Defizite zusammen. Gewiß, in einer Zeit, in der selbst nazistische Pogrome als natürliche Revolten propagandistisch gesteuert und ausgeschlachtet wurden, da konnte das jahrhundertealte Glücksversprechen der Natur leicht an den Rand des Blickfelds geraten. Zu erinnern ist demgegenüber daran, daß der Naturbegriff in der Geschichte häufig eine bequeme Leerformel abgab, die mit beliebigem Inhalt aufgefüllt werden konnte. Sowohl das Versprechen wie auch die Revolte der Natur waren schon immer zu reaktionären Zwecken verwendbar, ohne daß sich ihre Bedeutung darin je erschöpft hätte. Trotz der Eindimensionalität der geschichtsphilosophisch pessimistischen Grundposition der *Dialektik der Aufklärung* sind doch die dort gewonnenen Einsichten in die Dialektik von innerer und äußerer Naturbeherrschung, die Unterscheidung von erster und zweiter Natur sowie die implizierte Berufung auf ein alternatives Naturverständnis nach wie vor brennend aktuell. Dabei ist nicht zu unterschlagen, daß die Frage nach der Beherrschung der inneren psychischen Natur heute differenzierter und in anderen Konstellationen zu diskutieren ist als zur Zeit des Dritten Reiches, wo das Problem ‚Massenpsychologie' verständlicherweise im Vordergrund stand. Im Kontext der sechziger und siebziger Jahre haben sich neuere Phänomene in den Vordergrund geschoben wie z. B. die Erosion der protestantischen Arbeitsmoral in der Konsumkultur, der Zerfall der

Mechanismen innerlicher Selbstdisziplinierung, Veränderungen im Sozialisationsprozeß, die Frage nach den geschlechtsspezifischen Aspekten weiblicher und männlicher Natur, die Debatten um Sexualität, Subjektivität und Narzißmus und anderes mehr. Andererseits ist die Problematik der Beherrschung der äußeren nicht-menschlichen Natur durch Rohstoffraubbau, Landschaftsverödung, Zersiedelung und Anreicherung der Natur durch Chemikalien in einem Umfang ins Bewußtsein weiter Bevölkerungskreise gedrungen, von dem sich Adorno und Horkheimer noch nichts träumen lassen konnten.

Selbstverständlich geht es heute nicht an, jeden Rekurs auf die Natur prinzipiell der Reaktion zuzuschlagen. Der Rekurs auf Natur ist nicht per se faschistisch. Damit wäre selbst Horkheimer mißverstanden, der an anderer Stelle schrieb: „Die instrumentelle subjektive Vernunft preist entweder die Natur als pure Vitalität oder schätzt sie gering als brutale Gewalt, anstatt sie als einen Text zu behandeln, der von der Philosophie zu interpretieren ist und der, richtig gelesen, eine Geschichte unendlichen Leidens entfalten wird. Ohne den Fehler zu begehen, Natur und Vernunft gleichzusetzen, muß die Menschheit versuchen, beide zu versöhnen."[2]

Um die Versöhnung von Natur und Vernunft, einen jahrhundertealten Traum der Philosophie, ging es denn auch im 18. Jahrhundert. In der Tat kann das Zeitalter der Aufklärung, das man gemeinhin als Jahrhundert der Vernunft apostrophiert, ebensogut als Jahrhundert der Natur gelten. Dabei steht Natur, wenn man vom Selbstverständnis des Zeitalters ausgeht, voll im Licht der Aufklärung – nicht in der Dunkelheit mittelalterlichen Aberglaubens, noch auch im Feuerschein der Hexenverbrennungen an der Schwelle zur Neuzeit. Natur *und* Vernunft waren die beiden komplementär gedachten Bannerlosungen des aufgeklärten Jahrhunderts. Die Natur wurde als vernünftig, die Vernunft als natürlich angesehen. Selbst die Frau, im 16. und 17. Jahrhundert zur Hexe dämonisiert und seit dem späten 18. Jahrhundert im Rahmen der bürgerlichen Familienstruktur zum domestizierten Naturwesen reduziert, profitierte auf kurze Zeit von dieser aufklärerischen Gleichsetzung von Vernunft und Natur.[3] Bedrohung durch Natur – sei es die nicht-menschliche äußere Natur oder die menschliche Natur in der Projektion auf das Prinzip des Weiblichen – gehörte für die Aufklärer in die rabenschwarze Nacht finsteren Aberglaubens. Der grenzenlose Optimismus der Frühaufklärung, in der die Gleichsetzung von Natur und Vernunft am weitesten getrieben wurde, enthüllt sich jedoch bei näherem Zusehen als bloß abstrakte Negation eines Bilder-, Mythen- und Imaginationsreservoirs, das sich letzten Endes gegen aufklärerische Verdrängungen behauptet hat. Gerade darin, daß sich Natur und Vernunft als nicht deckungsgleich erwiesen und als gesellschaftliche Kategorien in sich selbst widersprüchlich und unterschiedlich nutzbar und ausdeutbar blieben, liegen die Aporien des aufklärerischen Projektes.

Diese Aporien bürgerlicher Aufklärung wurden nun keinesfalls erst in den folgenden Jahrhunderten entdeckt, geschweige denn überwunden. Schon die Stürmer und Dränger hatten ein wenn auch oft unklares und widersprüchliches Bewußtsein davon, daß eine bestimmte Art von Aufklärung Unterdrückung perpetuiert und daß die mechanisch aufklärerische Sicht der Natur jene utopische Versöhnung von Mensch und Natur eher verhindert als fördert, die doch als Ziel des Zeitalters galt. Die radikale Zivilisationskritik der Stürmer und Dränger, die von der reaktionären Literaturgeschichtsschreibung fälschlich zur Revolte deutscher Natur gegen westliche Aufklärung ideologisiert wurde, soll hier Fluchtpunkt des Versuchs sein, Gesamttendenzen des Zeitalters im Hinblick auf den Naturbegriff zu problematisieren. Arbeitshypothese ist, daß der Sturm und Drang mit der Vernunft-Natur-Synthese der Aufklärung bricht und ihr einen emphatisch alternativen Naturbegriff gegenüberstellt, der jenes Versprechen der Natur, jenen utopischen Überschuß aufbewahrt, der im totalisierenden naturwissenschaftlichen Denken der Aufklärung verlorengegangen war und in der gesellschaftlichen Realität des aufgeklärten Absolutismus und der entstehenden bürgerlichen Gesellschaft nicht eingelöst werden konnte. Bruch des Sturm und Drang mit der Aufklärung impliziert hier zugleich (und das ist eine zweite Arbeitshypothese), daß man den Sturm und Drang nicht umstandslos der bürgerlichen Emanzipation zuschlagen kann, da in dieser Bewegung – gerade im Hinblick auf ihre Naturauffassung – auch anti-bürgerliche Tendenzen zum Vorschein kommen, die hier zunächst unter dem vagen Begriff ‚Zivilisationskritik' zusammengefaßt sein sollen.[4]

Es waren sehr genau beschreibbare Konstellationen des Zeitalters, die dem Naturbegriff eine nie wieder erreichte gesamtgesellschaftliche Bedeutung sicherten. Die Rede von natürlicher Moral, natürlicher Religion, natürlicher Erziehung, natürlicher Vernunft, natürlichem Gefühl und natürlichem Recht war schon um die Mitte des Jahrhunderts gang und gäbe. Hinter dieser mannigfachen Berufung auf Natur und Natürlichkeit steht die Entdeckung der Naturgesetze durch die Naturwissenschaften sowie der Glaube an eine für universal gehaltene Natur des Menschen in Philosophie und Gesellschaftswissenschaften. Ohne Frage ist all dies im Kontext der entstehenden bürgerlichen Gesellschaft zu sehen, wobei allerdings, wie zu zeigen sein wird, keineswegs alle Naturauffassungen des 18. Jahrhunderts auf die Durchsetzung der kapitalistischen Produktionsweise und die Herausbildung der bürgerlichen Gesellschaft reduzierbar sind.

Aus darstellerischen Gründen sei hier unterschieden zwischen dem wissenschaftlichen und erkenntnistheoretischen Naturbegriff der Naturwissenschaften, dem politisch-gesellschaftlichen Naturbegriff der Naturrechtslehre und dem kulturellen Naturbegriff der Dichtung und Dichtungstheorie. In Rechnung zu stellen ist dabei jeweils die konkrete Naturerfahrung der Menschen in ihrer alltäglichen Lebenswelt, die ihrerseits klassenspezifisch zu differenzieren wäre. So ist etwa leicht einzusehen, daß jene gefühlsintensive Naturerfahrung, die seit Mitte des 18. Jahrhunderts die entstehende Gefühlskultur trägt und prägt, sich der Entfremdung von Mensch und Natur in einer bürgerlich-städtischen Zivilisation verdankt. Der Bauer des 18. Jahrhunderts, der in seiner Arbeit in direktem Austausch mit der Natur lebte, hatte gewiß ein qualitativ anderes Naturgefühl als der städtische Bürger, der sich im Sonntagskleid vor den Stadttoren in der freien grünen Natur tummelte. Frei wiederum war die Natur keineswegs für den höfischen Aristokraten, der im Palastgarten zwischen gestutzten und beschnittenen Hecken und Bäumen auf geometrisch rational verlegten Wegen auf- und abspazierte. Aus bürgerlicher Sicht erschien nicht nur diese höfische Gartenkultur, sondern der gesamte höfische Lebenszusammenhang mit seiner Kleidung, seiner Etikette und seinen kulturellen Umgangsformen als Paradigma von Unnatur. Dennoch ist es unzulässig, den Rekurs des Zeitalters auf Natur und Natürlichkeit so ausschließlich als Reaktion des Bürgertums gegen höfische Unnatur zu interpretieren, wie die Forschung es gelegentlich getan hat.[5] Mit solcher These wird verwischt, daß die Berufung auf die Natur Allgemeingut des Zeitalters ist, daß dem Naturbegriff in den verschiedenen genannten Bereichen ganz unterschiedliche Bedeutungen zukommen und daß sich schon innerhalb der bürgerlichen Kultur ein Naturbegriff ablöst, der sich kritisch und polemisch gegen die aufgeklärt bürgerliche Natur selbst wendet.

Zum Naturbegriff der Naturwissenschaften und seiner gesellschaftlichen Relevanz

Die zentrale Utopie der bürgerlichen Aufklärung war die Erwartung eines glückseligen Lebens in der Welt. Als Garant dieser säkularisierten Glückseligkeitsutopie galten die Naturwissenschaften. Entscheidend war hier der Grundgedanke, daß die von der Wissenschaft erkannte oder formalisierte Ordnung der physikalischen Natur auf die menschliche Gesellschaft übertragbar sei, und zwar mittels der Vernunft. So wie der Ablauf der Natur mechanisch und widerspruchsfrei universalen Gesetzen folgte, so sollte auch menschliches Zusammenleben durch den Gesellschaftsvertrag konfliktfrei geregelt werden. Diese vernünftige Utopie war allerdings von Anfang an mit dem Makel von Herrschaft und Unterdrückung behaftet. Verräterisch sind Sätze wie folgende, die sich schon bei den philosophischen Begründern des modernen naturwissenschaftlichen Denkens finden. So schrieb etwa Francis Bacon: „For you have but to follow and as it were hound nature in her wanderings, and you will be able, when you like, to lead and drive her afterwards to the same place again."[6] Und an anderer Stelle heißt es von den mechanischen Erfindungen der Zeit: „[They do not] merely exert a gentle guidance over nature's course; they have the power to conquer and subdue her, to shake her to her foundations."[7] Und in Descartes' *Discours de la méthode* heißt es: „Car elles m'ont fait voir qu'il est possible de parvenir a des connoissances qui soient fort utiles a la vie, & qu'au lieu de cete Philosophie speculative, qu'on enseigne dans les escholes, on en peut trouver une pratique, par laquelle connoissant la force & les actions du feu, de l'eau, de l'air, des astres, des cieux, & de tous les autres cors qui nous environnent, aussy distinctement que nous connoissons les divers mestiers de nos artisans, nous les pourrions employer en mesme façon a tous les usages auquels ils sont propres, & ainsi nous rendre comme maistres & possesseurs de la Nature."[8] Descartes liefert dabei gleichzeitig den Prototyp eines Denkens, das in der postulierten Herrschaft des denkenden Ich über Emotionen und Leidenschaften der Intention äußerer Naturbeherrschung die Forderung innerer Naturbeherrschung zur Seite stellt. Diese Sicht konnte für den Sozialisationsprozeß innerhalb der bürgerlichen Familie so folgenreich werden, da sie sich umstandslos mit dem christlichen Leib-Seele-Dualismus und der Abwertung der „bösen Begierden" verbinden ließ und so die Forderungen bürgerlicher Wirtschafts- und Lebensführung, wie sie Max Weber dargestellt hat, idealtypisch zum Ausdruck brachte.

Die Vernunftutopie der Aufklärung hatte kein Bewußtsein davon, daß die sich ausweitende Beherrschung von innerer und äußerer Natur sich von Anfang an in einer Weise gesellschaftlich niederschlug, die die angestrebte Versöhnung von Natur und Vernunft hinderte und somit die Glückseligkeitsutopie des Zeitalters zu Makulatur werden ließ.[9] Die grundsätzliche Problematik einer unvermittelten Übertragung von naturwissenschaftlichem Denken auf gesellschaftliche Verhältnisse zeigt sich vielleicht am deutlichsten gegen Ende des Zeitalters in Condorcets grandioser *Esquisse d'un tableau historique des progrès de l'esprit humain*. Rationalistisches Vernunft- und Fortschrittsdenken, der Glaube an eine auf Gesellschaft und Natur gleichermaßen anwendbare Einheitswissenschaft sowie das ungebrochene Vertrauen in die natürliche Perfektibilität des Menschen werden hier mit einer nur durch die französische Revolution erklärbaren Emphase ein letztes Mal subjektiv überzeugend und doch fast bis zur Karikatur überspitzt dargelegt.[10]

Zum Naturbegriff des Naturrechts

In der Retrospektive ist leicht nachzuweisen, daß sich die physikalisch rationalistischen Ordovorstellungen der Naturwissenschaften durchaus in die Ideologie des aufgeklärten Absolutismus einfügen ließen – zumal dann, wenn die Ordnung der Natur im Sinne der Physikotheologie des 17. und 18. Jahrhunderts noch als gottgegeben vorausgesetzt wird wie etwa bei Isaac Newton. Greifbarer als in den Naturwissenschaften aber waren den Zeitgenossen die gesellschaftlichen und politischen Implikationen des aufklärerischen Naturbegriffs im Bereich des Naturrechts. Der das Jahrhundert durchziehende gesellschaftliche Konflikt zwischen Adel und Bürgertum war in den Auseinandersetzungen um das Naturrecht konkret präsent und erfahrbar. Da die Naturrechtsdebatten der Aufklärung ungeheuer komplex verliefen,[11] hier nur einige skizzenhafte Andeutungen, die für die weitere Argumentation wichtig sind.

Auszugehen ist von der Tatsache, daß das klassisch aufklärerische Naturrecht in Europa von Grotius über Hobbes und Locke bis zu Rousseau (trotz wichtiger, historisch bedingter Unterschiede zwischen einzelnen Denkern) ein revolutionär tyrannenfeindliches ist und seine harte und spröde Kraft in den bürgerlichen Emanzipationskampf gegen Feudalismus und Absolutismus einbrachte.[12] Schon seit der Antike hatte der Naturrechtsgedanke seine Durchschlagskraft in der Kritik an der jeweils gegebenen positiven Ordnung entfaltet. Trotz ihrer gemeinsamen Stoßrichtung entwickelten die aufgeklärten Naturrechtler sehr unterschiedliche Vorstellungen vom Naturzustand, die sich ihrerseits in voneinander abweichenden Konzeptionen einer neuen gesellschaftlichen Ordnung niederschlugen. Bei Hobbes erscheint der Naturzustand als *bellum omnium contra omnes*. Der Mensch ist Wolfsnatur und muß deshalb einen Gesellschaftsvertrag schließen, der als Unterwerfungsvertrag das Gemeinwohl garantieren soll. Obwohl bei Hobbes, wie Bloch gezeigt hat, zuletzt doch auch bürgerliche Demokratie herausspringt (Charles II. wetterte über den *Leviathan*: „I never read a book which contained so much sedition, treason and impiety"), konnte der Gedanke des Unterwerfungsvertrags in Deutschland dennoch zur Legitimation des absolutistischen Staates dienen, der mit dem Herrschaftsrecht auch die Verpflichtung für das Gemeinwohl zu übernehmen vorgab. Auf die preußisch-deutsche Formel gebracht, hieß dies: der König als erster Diener seines Staates. Was davon praktisch zu halten war, artikulierte Georg Forster mit der ihm eigenen Prägnanz: „Jene eingebildete Kunst, uns zu beglücken, womit man das Herrscherrecht beschönigen will, war nie etwas anders als Verstümmelung."[13]

Aber auch wo der Gesellschaft begründende Naturzustand als „Friede, guter Wille, gegenseitiger Beistand, Schutz"[14] definiert wird wie bei Locke, ist Natur noch keine Alternatividee zur bürgerlichen Gesellschaft, sondern liefert deren Begründung und Legitimation. Vernunft ist der bindende Leitbegriff des klassischen Naturrechts, bleibt es auch noch in Rousseaus *Contrat Social*, dessen Volkssouveränität und *volonté générale* mit der Vernunft identisch ist, die sie ebenso bestimmt wie das Naturgesetz die Abläufe in der physischen Welt: „Car, sous la loi de la raison, rien ne se fait sans cause, non plus que sous la loi de nature."[15] Seine politisch revolutionäre Sprengkraft entwickelte dieses aufgeklärte Naturrecht gerade auf Grund seines bürgerlichen Klasseninhalts, der Verknüpfung von angewandter Logik mit gesellschaftlichen Postulaten, die in den Menschenrechten der französischen Nationalversammlung ihren Niederschlag fanden. Anzumerken ist dabei folgendes: Wenn im 18. Jahrhundert vom Naturrecht des Menschen die Rede ist, so ist durchweg der vernünftige Bürger männlichen Geschlechts gemeint. Die Schranke zum Adel hin bleibt durchlässig, während die Grenzen zum sogenannten Pöbel hin, wenn nicht in der Theorie so zumindest in der gesellschaftlichen Praxis, scharf gezogen sind. Das Problem eines Naturrechts der Frau, die sich ja angeblich durch besondere Naturnähe auszeichnet, glänzte im Bewußtsein der Zeit durch Abwesenheit, wie ja auch das Postulat der Gleichheit aller Menschen die Gleichheit von Mann und Frau keineswegs mit einschloß.[16] Die politische und ökonomische Bedeutung des Naturrechts faßt Bloch folgendermaßen zusammen: „Diese Droits de l'homme (Liberté, propriété, sureté, résistance à l'oppression) sind das Postulat, stellenweise auch bereits der juristische Überbau einer fälligen Bourgeoisie, eines Durchbruchs der individuell-kapitalistischen Wirtschaftsweise gegen Zunftschranken, Ständegesellschaft, gebundenen Markt."[17] Politökonomisches Analogon dieses Naturrechts ist das „natürliche System" von Adam Smiths *Inquiry Into the Nature and Causes of the Wealth of Nations*. Aber dabei bleibt Bloch nicht stehen. In bezeichnender Kritik an Marx, für den die Naturrechtsproblematik als bürgerliche erledigt war, fährt Bloch fort: „Doch diese Utopie [der Menschenrechte] zeigt eben einen Überschuß, der Begeisterung erregte; das Ideal ‚Freiheit' erregte diese Begeisterung, sofern es mit bloßer Freizügigkeit oder mit freier Konkurrenz eben nicht ganz gedeckt oder abgegolten war."[18] Bloch sieht diesen Überschuß mit Schiller als „Männerstolz vor Königsthronen", als Ausdruck menschlicher Würde und Postulat des aufrechten Gangs. Interessanterweise aber setzt er dann diese „Eisenseite" des Naturrechts und dessen „sittliches Pathos" ab vom Glückstraum der früheren Sozialutopie, die ökonomisch gesehen nicht auf die Entfesselung der Produktivkräfte im natürlichen System der kapitalistischen Wirtschaftsweise abzielte, sondern eine „unternehmerfreie Bedarfsdeckungswirtschaft" erträumte und in romanhafter Form auf „Menschenflora" statt auf menschliche Würde setzte.[19] Mit Recht betont Bloch, daß die Sozialutopie zwischen Campanella und Owen, also in den anderthalb Jahrhunderten des klassischen Naturrechts, wenig zu melden hatte. Die Konzentration auf das Genre ‚Sozialutopie' aber verstellt ihm den Blick dafür, daß der Naturbegriff auch im 18. Jahrhundert einen emotional affektiven Überschuß entfaltete, der seinerseits in menschlicher Würde und Schillerschem Männerstolz nicht aufgeht. Während die modernen Naturwissenschaften sich erkenntnistheoretisch und methodologisch ganz und gar an der Vernunft festmachten, war dem Naturrecht von Anfang an ein Sprengsatz eingebaut, der die instrumentelle Eingrenzung des Naturrechts auf kapitalistische Demokratie und die Bindung an die Epistemologie rationaler Aufklärung durchschlagen konnte.

Zum kulturellen Naturbegriff in der Literatur von der Frühaufklärung bis zum Sturm und Drang

In Verknüpfung mit der bürgerlichen Gefühlskultur, die seit den 1740er Jahren die deutsche Literatur entscheidend prägt, entstand in den siebziger Jahren ein alternativer Naturbegriff, der zwar bürgerliche Freiheit nach wie vor als „natürliche" faßte, der aber gleichzeitig dahin tendierte, in Wendung gegen bürgerliche Lebensverhältnisse die Freiheit der Natur zu thematisieren. Es entwickelten sich Ansätze zu einem alternativen Verhalten zur inneren und äußeren Natur, die freilich von Anfang an keine Chance auf gesellschaftliche Verwirklichung hatten und auch in vieler Hinsicht den Denk- und Verhaltensformen ihrer Zeit verhaftet blieben. So führte besonders die Simultaneität der neuen Naturauffassung mit Verschiebungen in der bürgerlichen Familienstruktur und ihrer rigorosen Trennung in einen weiblich bestimmten Privatbereich und eine männlich bestimmte Öffentlichkeit in der Folgezeit zu jener „geschlechtsspezifisch geprägten anthropologischen Invariantenlehre",[20] die mit ihrem Rekurs auf weibliche Natur für Definitionen der Frau und des Weiblichen bis in unsere Zeit prägend wurde. Trotz solcher Widersprüche bleibt die Verschiebung im Naturverständnis der siebziger Jahre für unsere heutige Fragestellung eines der interessantesten Phänomene im 18. Jahrhundert. Wie es zu dieser Verschiebung kam, möchte ich im folgenden anhand literarischer Entwicklungen von Frühaufklärung über Hochaufklärung bis zum Sturm und Drang skizzieren. Als zentral für den Naturbegriff im literarischen Bereich greife ich drei vieldiskutierte und gut erforschte Phänomene auf: das Konzept der Naturnachahmung in Ästhetik und Literaturtheorie der Frühaufklärung, die Auffassung von der Natur des Menschen in Theorie und Praxis des bürgerlichen Dramas der Hochaufklärung und die Sicht der Natur, wie sie sich in der Naturlyrik des jungen Goethe niedergeschlagen hat. Anhand dieser drei Phänomene soll die erwähnte Verschiebung im Naturverständnis modellhaft herausgearbeitet werden, so daß die Ergebnisse der Untersuchung auch an anderen relevanten literarischen Gattungen wie etwa der Idylle, dem Reisebericht und dem Staatsroman erprobt werden können.

Frühaufklärung

In Anlehnung an die Autorität des Aristoteles und der klassizistischen Poetik war das Prinzip der Naturnachahmung für Gottsched grundlegend für alle Kunst und Literatur, wobei die Ausdifferenzierung der Künste und Gattungen sich aus jeweils unterschiedlichen Formen der Naturnachahmung ergab. In seinem *Versuch einer Critischen Dichtkunst* schrieb Gottsched: „Die Schönheit eines künstlerischen Werkes beruht nicht auf einem leeren Dünkel; sondern sie hat ihren festen und nothwendigen Grund in der Natur der Dinge. Gott hat alles nach Zahl, Maaß und Gewicht geschaffen. Die natürlichen Dinge sind an sich selber schön: und wenn also die Kunst auch was schönes hervorbringen will, so muss sie dem Muster der Natur nachahmen."[21] Wenn bei Gottsched im Hinblick auf Literatur von Nachahmung der Natur die Rede ist, so ist weniger die nicht-menschliche Natur gemeint als vielmehr menschliche Verhaltensweisen, Sozialisationsformen und wirkliche sowie mögliche Begebenheiten. Ziel ist immer eine Form von rationalistischer Repräsentation, die unter Berufung auf die Vernünftigkeit der gesetzmäßigen Natur auch alles menschliche Handeln unter das Gesetz des Vernünftig-Natürlichen zwingt und so die bürgerliche Moral- und Tugendlehre der frühen Aufklärung begründet. Das Kunstschöne legitimiert sich aus seiner Nähe zu einem eingeschränkt gesehenen Naturschönen, und beide stehen im Zeichen der Vernunft und der bürgerlichen Moral. Die Vernunft-Natur-Tugend-Synthese, die Gottscheds *Versuch einer Critischen Dichtkunst* bestimmt, sowie die katalogisierende und totalisierende Tendenz seiner Regelpoetik entsprechen dem aufgeklärt absolutistischen Naturrechtsbegriff Christian Wolffs, wo die Unterwerfung der Untertanen und die Verpflichtung der Obrigkeit aufs Gemeinwohl vertraglich geregelt sind. Beide Male ist Natur ein Regel- und Herrschaftsbegriff. Beide Male geht es um rationalistisch verbrämte Unterwerfung – Unterwerfung unter die Obrigkeit und Unterwerfung unter die Regeln. Bürgerliche Emanzipation geht Hand in Hand mit der Unterdrückung von individuellen Bedürfnissen im Namen des Gemeinwohls und von Leidenschaften und individueller Subjektivität im Namen einer universalistischen Poetik. Subjektive Phantasie, Imagination und sinnliches Erkennen haben in Gottscheds Poetik ebensowenig Platz wie Revolte und Widerstand in der Wolffschen Systemphilosophie. Dieter Kimpel folgert zu Gottsched: „Derart erweist sich die Nachahmung der Natur im Sinne der moralischen Begebenheit letztlich als eine Veranstaltung bürgerlicher Mediokrität, die aufgrund anthropologischer Konstanten gesellschaftliche Integrationsfähigkeit bezeugt."[22]

Die Naturauffassung der Frühaufklärung, wie sie sich in Gottscheds Literaturtheorie spiegelt, sollte allerdings nicht ausschließlich als Manifest affirmativer Kultur gesehen werden. All dies hat nicht nur mit revolutionärer Stärke oder kompromißlerischer Schwäche des deutschen Bürgertums zu tun. Gewiß, von der Entwicklung der kapitalistischen Wirtschaftsweise her gesehen, sind die mathematisch-logisch orientierten Naturwissenschaften sowie die Vernunft-Natur-Tugend-Synthese der Frühaufklärung Symptome der entstehenden bürgerlichen Gesellschaft, die letztlich auch den aufgeklärten Absolutismus beiseite fegen wird. Von der politischen Geschichte und von den Lebenszusammenhängen der unterschiedlichen Stände her gesehen, erscheinen die genannten Phänomene als Teile eines umgreifenden Rationalisierungs- und Disziplinierungsschubs, in dem die bürgerliche Zivilisation des 18. Jahrhunderts mit dem in Deutschland zusehends stärker werdenden aufgeklärten Absolutismus eine unlösliche Verbindung eingeht, die parallel zur Klassenauseinandersetzung zwischen Bürgertum und Adel verläuft und diese gelegentlich verdeckt.

Hochaufklärung

Innerhalb der Aufklärung selbst machten sich nun bald Gegentendenzen gegen die einseitige Ratio der Gottschedphase geltend, die in Empfindsamkeit und Hochaufklärung, vor allem im bürgerlichen Trauerspiel Lessingscher Prägung, ihren gültigsten Ausdruck fanden. Lessings Theorie und Praxis des bürgerlichen Trauerspiels läßt sich, wie seit langem bekannt, begreifen als bewußte Wendung gegen die Gottschedsche klassizistische Theaterauffassung, die von großbürgerlicher Position her immer noch die höfische Repräsentationskultur und deren Publikum voraussetzte. Die Forderung nach Natur und Natürlichkeit geriet nicht bei Gottsched, sondern erst bei Lessing in Konflikt mit dem höfischen Repräsentationsprinzip, was sich im Wandel des Dramenpersonals, in der Berufung auf allgemeine Menschlichkeit und in der Forderung einer natürlichen Bühnensprache deutlich abzeichnet. Vor allem aber ist in Lessings Mitleidstheorie, in der wirkungsästhetisch die Fähigkeit, Mitleid zu erregen, zum obersten Zweck des Trauerspiels erhoben wird (Brief an Nicolai über das Trauerspiel) und in der selbst das zweite Moment der aristotelischen Tragödientheorie, die Furcht, als auf uns selbst bezogenes Mitleid definiert wird *(Hamburgische Dramaturgie)*, deutet sich eine Auffassung von der Natur des Menschen an, die im Zeichen einer neuen bürgerlichen Erfahrungsqualität steht und nach zwei Seiten hin sowohl auf die Privatsphäre der bürgerlichen Familie wie auf die Konstitution bürgerlicher

Öffentlichkeit im Theater hin ausgerichtet ist. Der mitleidigste Mensch ist bei Lessing nicht nur der beste Mensch, sondern gleichzeitig der natürlichste Mensch. Der Nachvollzug des Leidens, in dem der mitleidige Zuschauer seine menschliche Natur sprechen läßt, wird ermöglicht durch eine Bühnensprache, die sich, wie Lessing sagt, der „Natur", nicht der „Schule" verdankt.[23] Die anti-höfische Intention des Lessingschen Naturbegriffs gipfelt im 59. Stück der *Hamburgischen Dramaturgie*, wo es heißt: „Ich habe es lange schon geglaubt, daß der Hof der Ort eben nicht ist, wo ein Dichter die Natur studieren kann. Aber wenn Pomp und Etikette aus Menschen Maschinen macht, so ist es das Werk des Dichters aus diesen Maschinen wieder Menschen zu machen."[24] Zwar sagt Lessing nicht, daß das bürgerliche Haus der tauglichste Ort sei, die Natur zu studieren. Sein Glaube an allgemeine Menschlichkeit, die potentiell auch Menschen nicht-bürgerlicher Herkunft einschloß, verbot ihm dies. Andererseits ist die Verwurzelung des Lessingschen Naturbegriffs im bürgerlichen Wert- und Tugendsystem einsichtig, wenn er sagt: „Nichts ist züchtiger und anständiger als die simple Natur."[25] Tugend und Moral werden auch hier auf die Natur projiziert, damit diese als um so vorbildlicher für die gesellschaftliche Ordnung erscheinen kann. Der Wandel gegenüber Gottsched liegt darin, daß Lessings bürgerliches Trauerspiel ein bürgerliches Publikum voraussetzt. Und weiterhin liegt die Bedeutung Lessings für die Frage nach der Entwicklung des Begriffs von der Natur des Menschen im 18. Jahrhundert darin, daß der bürgerliche Mensch nicht mehr wie noch bei Gottsched in seiner gesellschaftlichen Eigenart erkennbar bleibt, sondern daß der bürgerliche Mensch als Verkörperung menschlicher Natur schlechthin absolut gesetzt wird.

Aber auch für Lessing gilt, was Adorno und Horkheimer allgemein konstatiert haben: „Das bürgerliche Ideal der Natürlichkeit meint nicht die amorphe Natur, sondern die Tugend der Mitte. Promiskuität und Askese, Überfluß und Hunger sind trotz der Gegensätzlichkeit unmittelbar identisch als Mächte der Auflösung."[26] Wie sehr diese Tugend der Mitte auch bei Lessing Unterdrückung der inneren Natur impliziert, läßt sich an Emilia Galotti zeigen. Die bürgerliche Heldin[27] scheitert hier keineswegs primär an den Verhältnissen, sondern muß selbst die Schuld an ihrem Scheitern auf sich nehmen. Die Furcht der Emilia Galotti für sich selbst, als sie sich in den Händen des Prinzen befindet, verwandelt sich in eine Furcht vor sich selbst, und zwar vor ihrer eigenen Leidenschaftlichkeit. Mit Recht schreiben Mattenklott und Peitsch: „Die Furcht des Zuschauers ist hier in der Furcht der Emilia vor sich selbst antizipiert, vor ihrer eigenen Sinnlichkeit. Die bürgerliche Moralität kann sich gegen die höfische Bedrohung nur als körperloses Ideal behaupten, die sinnliche Welt muß dem Despotismus überlassen bleiben."[28]

Ohne Frage ist die Betonung von Gefühl und Mitleid, Phantasie und Empfindsamkeit ein wesentliches Moment der kulturellen Emanzipation des Bürgertums. Hier wird erstmals ein anthropologisches Konzept verfochten, das den Menschen im Gegensatz zu cartesianischem Dualismus und Newtonscher Mechanik weder als bloßes Vernunft- und Moralwesen noch auch als Maschine oder Uhrwerk definiert; Sinnlichkeit, Subjektivität und „natürliche Existenz"[29] werden als Problem begriffen. Grundlage aber bleibt für Lessing wie für die gesamte Empfindsamkeit der Gedanke, daß die Vernunft die Triebnatur des Menschen zu bekämpfen hat. Es ist der Kampf der guten gegen die schlechten Gefühle,[30] mithin der Kampf der guten gegen die schlechte Natur. Hier steckt eine wesentliche Aporie des hochaufklärerischen Naturbegriffs, die uns verbietet, die bürgerliche Gefühlskultur einfach als Befreiung innerer Natur von den Zwängen der Adelskultur und von den Restriktionen der Ständegesellschaft zu deuten. Die bürgerliche Befreiung *zur* Natur, ob zur äußeren oder zur inneren, ist immer erkauft durch den Preis, gleichzeitig Befreiung *von* Natur sein zu müssen, was sich im 18. Jahrhundert vor allem an der Unterdrückung und Zensur der inneren Natur aufzeigen läßt. Verstümmelte Natur sind denn nicht nur die leidenden Heldinnen des bürgerlichen Trauerspiels der Lessingzeit,[31] sondern auch die gehetzten und getriebenen Menschen der Lenzschen Komödien und nicht zuletzt sogar die großen, sogenannten naturhaften Kerls des Sturm-und-Drang-Dramas, die zum Schneckengang verdorben sind oder an pathologischen Störungen leiden, wenn ihnen nicht gar wesentliche Glieder fehlen: Götz von Berlichingen mit der *einen* Hand.[32]

Sturm und Drang

Der Sturm und Drang unternimmt erstmals den Versuch, die moralisch begründete Unterscheidung in eine gute, vernünftige und eine schlechte, unvernünftige Natur aufzuheben und die sogenannte „tierische" Triebnatur des Menschen, die von der Aufklärung ausgegrenzt worden war, in die Utopie zurückzuholen – was denn begreiflicherweise, vor allem in der *Werther*-Debatte, den geballten Zorn der Spätaufklärer auf den Plan rief. Grundlage der neuen radikalen Kritik an wesentlichen Aspekten der Aufklärung war das Erschrecken der Stürmer und Dränger vor dem immer weiter aufbrechenden Abgrund zwischen aufklärerischer Vernunftutopie und konkret erfahrener Lebenswirklichkeit. Nicht nur hatten die Versprechen der Aufklärung sich nicht erfüllt; die Aufklärungsutopie selber war in die Krise geraten. Die meisten Stürmer und Dränger des Straßburg-Frankfurter Kreises, vor allem Lenz und Wagner, Klinger und Goethe, hatten ein deutliches Bewußtsein vom Zusammenhang von Aufklärung, gesellschaftlicher Herrschaft und Unterdrückung der inneren Natur. Herder und Goethe erprobten darüber hinaus erstmals ein alternatives Verhalten gegenüber der nicht-menschlichen Natur, das sich in Goethes Naturlyrik ebenso wie in seinen naturwissenschaftlichen Arbeiten aufzeigen läßt.

Allgemein läßt sich sagen, daß die Vernunft-Natur-Synthese der Aufklärung im Sturm und Drang zwar nicht aufgegeben, aber doch wesentlich erweitert und verschoben wurde. Der optimistische Glaube an die vernünftige Natur hatte schon in den fünfziger Jahren einen unheilbaren Riß bekommen. Das Erdbeben von Lissabon erschütterte das Vertrauen der europäischen Aufklärung auf die

Weisheit, Güte und Vollkommenheit der Natur. Nicht nur den französischen Aufklärern war die Natur nach diesem Beben nicht mehr das, was sie früher einmal war. Auf den Gedanken, daß vielleicht nicht das Erdbeben allein die Katastrophe war, sondern vielmehr der besessene Glaube, daß man die Natur wissenschaftlich und technisch total in den Griff bekommen könne und müsse,[33] konnte man damals begreiflicherweise noch nicht kommen. Dennoch löste sich seit den sechziger Jahren der Naturbegriff zusehends von der Vernunft, und das Versprechen der Natur wurde unter der Hand ein anderes. Seit Rousseau zielte das Versprechen der Natur nicht mehr primär auf Durchsetzung bürgerlicher Emanzipation wie in Naturrecht und Naturwissenschaft, sondern diente einer Zivilisationskritik, die den gesamten Rationalisierungs- und Disziplinierungsschub der absolutistisch-bürgerlichen Übergangsgesellschaft radikal in Frage stellte. Diese im Rekurs auf Natur gewonnene Zivilisationskritik wurde in der Forschung häufig als kleinbürgerlich gebrandmarkt oder als eskapistische Flucht in Natur und Innerlichkeit verteufelt. Die problematischen Seiten dieser neuen Naturauffassung wurden jüngst auch von feministischer Seite eloquent und einseitig dargelegt.[34] Demgegenüber bleibt die Frage berechtigt, inwieweit sich hier nicht erste Anzeichen einer alternativen Naturauffassung finden, die sich nicht so einfach aufs Kleinbürgerliche, Misogyn-Frauenfeindliche und Eskapistische reduzieren läßt. Zu fragen bleibt weiterhin, inwieweit die unter dem Einfluß Spinozas in den sechziger und siebziger Jahren aufbrechende pantheistische Gottesvorstellung *(deus sive natura)* sowie die auf Shaftesbury zurückgehende Intuition einer „Beseeltheit" der Natur nicht alternative Vorstellungen von den Bewegungsgesetzen der Materie und der Stellung des Menschen im Naturganzen der *natura naturans* förderten, die letztlich nicht nur über Spinoza hinausgingen, sondern Positionen der mechanistischen Aufklärung einer radikalen Kritik unterwarfen.

In der deutschen Literatur findet sich ein erster deutlicher Hinweis auf ein potentiell alternatives Verhalten zur Natur im Journal von Herders Seereise von Riga nach Nantes im Jahre 1769. Dort heißt es: „Was gibt ein Schiff, das zwischen Himmel und Meer schwebt, nicht für weite Sphäre zu denken! [. . .] und so ward ich Philosoph auf dem Schiffe – Philosoph aber, der es noch schlecht gelernt hatte, ohne Bücher und Instrumente aus der Natur zu philosophieren. Hätte ich dies gekonnt, welcher Standpunkt, unter einem Maste auf dem weiten Ozean sitzend, über Himmel, Sonne, Sterne, Mond, Luft, Wind, Meer, Regen, Strom, Fisch, Seegrund philosophieren und die Physik alles dessen aus sich herausfinden zu können. Philosoph der Natur, das sollte dein Standpunkt seyn. [. . .] Und ich, wenn ich Nollet, und Kästner und Newton lesen werde, auch ich will mich unter den Mast stellen, wo ich saß, und den Funken der Elektrizität vom Stoß der Welle bis ins Gewitter führen und den Druck des Wassers bis zum Druck der Luft und der Winde erheben, und die Bewegung des Schiffes, um welche sich das Wasser umschließt, bis zur Gestalt und Bewegung der Gestirne verfolgen und nicht eher aufhören, bis ich *mir selbst* alles weiß, da ich *bis jetzt* mir selbst nichts weiß."[35]

Der Naturphilosoph, frei am Mast des Schiffes lehnend, sich subjektiv seiner

Einheit mit der Natur bewußt werdend in konkret sinnlicher Erfahrung natürlicher Phänomene: welch ein Unterschied zur Selbstverleugnung des an den Mast gefesselten Odysseus bei der Vorbeifahrt an den Sirenen, deren Gesang jenes Glücksversprechen verkörpert, das nicht nur Odysseus, sondern auch der Bürger des 18. Jahrhunderts sich im Interesse seiner Emanzipation verweigern mußte. So überrascht es denn kaum, wenn Herder im selben Text auch das Keuschheitsgebot der Aufklärung unterläuft: „Zuviel Keuschheit, die da schwächt; ist eben so wohl Laster, als zuviel Unkeuschheit: jede Versagung sollte nur Negation seyn: sie zur Privation, und diese gar zum Positiven der Haupttugend zu machen – wo kommen wir hin?"[36] Selbst wenn Herder das Lesen von Newton noch mit seiner qualitativ anderen Naturerfahrung zu verknüpfen hofft, so zeigt sich doch gerade in seinem Insistieren auf subjektiver sinnlicher Erfahrung eine Wendung gegen die objektivierende Grundhaltung der neuen Wissenschaften, denen ja nicht nur die nicht-menschliche Natur, sondern der Mensch selbst zum Räderwerk und zur Maschine geworden war. Dieses Insistieren auf der Subjektivität menschlicher Naturerfahrung bewahrte zumindest potentiell den Gedanken der Subjektivität der Natur.

Aus einer ähnlichen anti-mechanistischen Naturauffassung lehnte Goethe, wie er in *Dichtung und Wahrheit* beschreibt, eine der zentralen Schriften der französischen Naturdebatte, Holbachs *Système de la nature*, rundweg ab: „System der Natur ward angekündigt und wir hofften also wirklich etwas von der Natur, unserer Abgöttin, zu erfahren. [...] Allein wie hohl und leer ward uns in dieser tristen atheistischen Halbnacht zu Mute, in welcher die Erde mit allen ihren Gebilden, der Himmel mit allen seinen Gestirnen verschwand."[37] Die alternative Einstellung zur Natur, die sich bei Herder philosophisch erstmals andeutete, wird dann bei Goethe sehr bewußt und konkret weitergeführt. Leo Kreutzer hat jüngst ausgeführt, wie Goethe sich als Naturforscher „der *Gewaltförmigkeit* einer Naturbeherrschung entgegenstemmt, dem Prinzip einer Naturwissenschaft, wie es, seit seiner theoretischen Begründung durch Francis Bacon, für ihn in Isaac Newtons Arbeiten zur Optik seinen bislang widerwärtigsten Ausdruck gefunden hat".[38] Als Naturforscher, der die Sprache der Natur erkunden und verstehen lernen wollte, dachte Goethe Mensch und Natur als komplexes Miteinander statt als Gegenüber und wehrte sich gegen die Zerschlagung dieses Zusammenhangs durch die auf instrumentelle Beherrschung der Natur zielenden Wissenschaften. Kreutzer schlägt vor, von der Ausschlachtung der Goetheschen Naturauffassung durch reaktionäre Ideologen einmal abzusehen und nicht Goethes konservative politische Ansichten, die unleugbar eng mit seiner Naturauffassung verbunden sind, sondern seine Arbeitshypothesen über einen alternativen Umgang mit der Natur als das eigentliche Politikum zu begreifen. Als Naturforscher stand Goethe schon immer auf der Seite der Verlierer. Dieselbe nicht-aggressive Naturauffassung jedoch, die Goethes Naturforschungen bestenfalls eine Fußnote in der offiziellen Geschichte der westlichen Naturwissenschaften eintrugen (Stichwort: Naturphilosophie), begründete seine Größe als Dichter der Natur. Besonders Goethes frühe Naturlyrik wird meist gedeutet als höchster bzw. überschießender

Ausdruck bürgerlichen Naturgefühls. Ein offensichtlicher Widerspruch liegt hier darin, daß das, was sich in der Naturwissenschaft verbot, wenn sie nicht ihren Anspruch auf Fortschritt und Wissenschaftlichkeit verspielen wollte, in der Dichtung nicht nur erlaubt, sondern geradezu gefordert war. Und beides soll bürgerlich sein! Berücksichtigt man weiterhin, daß sich in Figuren wie Werther, Ganymed und Götz auch anti-bürgerliche Züge des neuen Naturgefühls kristallisieren, dann muß es berechtigt sein zu fragen, ob die Naturmetaphorik des jungen Goethe wirklich nur, wie Giuliano Baioni schreibt, „die neue Ideologie des freischaffenden Individuums reflektiert, hinter dem die Gestalt des kapitalistischen Unternehmers, den man gern in der europäischen Literatur als Naturkraft feiern wird, nicht schwer auszumachen ist".[39] Vielleicht sollte man auch hier die Wirkungsgeschichte strenger vom Goetheschen Ansatz trennen. So belegt gerade Baionis Analyse der vorgoetheschen Naturlyrik, daß es sich dort viel eindeutiger um bürgerliches Naturgefühl handelt als bei Goethe. Er arbeitet heraus, wie in der neoklassizistischen Literaturtheorie um 1750 nur zwei mittlere Zonen des literarischen Ausdrucks akzeptiert werden, die Stilhöhen des Erhabenen und des Schönen, wobei in der Naturlyrik etwa Klopstocks das Erhabene durchaus dominiert. Verallgemeinernd schreibt Baioni: „Dieses Bedürfnis, durch kolossale, alle menschliche Vorstellungskraft übersteigende Bilder der Natur, wie etwa einen Orkan, einen riesigen Wasserfall, einen schwindelerregenden Abgrund oder eine menschenleere Ebene, erschreckt und erstaunt zu werden; der Schrecken selbst, den man aufgrund eines genauen und bald zur Konvention erstarrten Katalogs von Naturbildern ganz bewußt konstruiert, und das bewundern zu können, wovor man Angst haben will [...] – dies alles gehört zu einem ästhetischen Ritual, bei dem der Aufklärungsmensch seine größte Genugtuung darin findet, sein rationales Vermögen ständig aufs Spiel zu setzen. Der ganze Apparat von furchterregenden Bildern ist nur dazu da, damit der Mensch durch eine ungeheure Anstrengung seiner rationalen Kräfte die Faszination des Schrecklichen überwinden und seinen Triumph über die Natur feiern kann."[40]

Die Ästhetik des Erhabenen in der Naturlyrik der Aufklärung zielt auf eine Darstellung der Natur als Hindernis, das zu überwinden ist, und entspricht damit der Haltung der modernen Naturwissenschaften. Herrschaft über die Natur geht wie in der Physikotheologie des 17. Jahrhunderts Hand in Hand mit ehrfürchtiger Unterwerfung unter den Schöpfer dieser Natur. So noch bei Klopstock, der in der Einleitung zur *Frühlingsfeier*, einem seiner berühmtesten Naturgedichte, ausdrücklich fordert, daß der Leser „zu Betrachtungen über Den, der dies alles gemacht, erhoben wird".[41] Mittlere Stillage, Einbindung von Natur in Vernunft und Religion, ehrfurchtsvolle Anbetung Gottes durch die Natur hindurch, die in der Versagung des ungeminderten Naturgenusses gipfelt – all dies läßt Baioni mit Recht folgern: „Die Vermutung liegt nahe, daß das Erhabene als der Bereich, in dem die Liebe und die Lust verboten sind, das bürgerliche Ethos der Leistung und der Arbeit ästhetisch ritualisiert."[42]

Der erhabenen Natur steht im 18. Jahrhundert von Burkes *Enquiry* (1756) bis zu Schillers *Über das Erhabene* immer die schöne Natur gegenüber, die als „bloß schöne" durchweg abgewertet erscheint, wohl weil ihr erotisch sinnliche Qualitäten zugeschrieben wurden, die den männlich patriarchalischen Herrschaftsanspruch über die Natur bedrohten. Natur als Eros findet sich nicht in der aufklärerischen Lyrik, wohl aber in der Lyrik des Rokoko und der Anakreontik, dort allerdings meist in tändelhafter und verniedlichter Form. Erst der junge Goethe nimmt die erotischen Konventionen der Rokokodichtung und deren Lustprinzip beim Wort, das bei den anämisch asketischen Naturlyrikern seiner Zeit ebenso verpönt war wie in der späteren Germanistik. Nicht gegen, sondern gestützt auf die rokokohaften Naturkonventionen schreibt Goethe seine frühen Naturgedichte, in denen Natur erotisch besetzt ist und Eros als Natur erlebt wird.[43] Die Einheit von Ich und Natur und der Genuß des Naturschönen, wie sie von *Unbeständigkeit* (1768) über *Maifest* (1771) bis zu *Auf dem See* (1775) Goethes Jugendlyrik durchziehen, werden dann freilich in *Ganymed* und *Werther* auf die Spitze getrieben und enthüllen dort ihren durch und durch anti-bürgerlichen und zivilisationskritischen Charakter. Die sinnliche Sehnsucht nach dem Einssein mit der Natur, die im Ganymedschen „umfangend umfangen" mythisch überhöht imaginiert werden kann, muß innerhalb der absolutistisch-bürgerlichen Gesellschaft zum Scheitern führen. In Werthers Briefen vom 10. Mai und 18. August bricht die Dichotomie von Exaltation und Depression eines Naturerlebnisses auf, das in seinem subjektiven Insistieren auf Unmittelbarkeit unweigerlich in der Aporie landet. Werthers Sehnsucht nach Harmonie der äußeren und inneren Natur, in der das Naturerlebnis einen Gemütszustand hervortreibt, der dann wiederum auf die Natur rückprojiziert wird, schlägt nicht erst in dem Moment in selbstzerstörerischen Terror um, da der Anspruch an das Glücksversprechen der Natur gesellschaftlich verweigert wird. Nicht erst im Brief vom 18. August wird die Natur zu einem ewig verschlingenden, ewig wiederkäuenden Ungeheuer. Schon das Glückserlebnis der Natur im Brief vom 10. Mai enthüllt seine dunkle Seite, wenn Werther schreibt: „Aber ich gehe darüber zugrunde, ich erliege unter der Gewalt der Herrlichkeit dieser Erscheinungen."[44] Der regressive Wunsch des Einswerdens mit der Natur, der selbst ein Spätprodukt einer fortgeschrittenen Zivilisation ist, führt also notwendig zum Zerfall desselben bürgerlichen Ichs, das doch gerade in der Erfüllung dieser Sehnsucht Selbstverwirklichung suchte. Das Glücksversprechen der Natur endet in der totalen Aporie.

Die Leiden des jungen Werthers, in denen die Schattenseiten der Regression auf Natur auf die Spitze getrieben sind, sind keineswegs nur als Ausdruck der deutschen Misere und der Lähmung subjektiver Produktivität bürgerlicher Intellektueller zu lesen.[45] In Frage steht vielmehr eine grundsätzliche Aporie des bürgerlichen Menschen, in dem, mit Rousseau zu sprechen, Naturzustand und Gesellschaftszustand, natürliche und bürgerliche Existenz, *homme naturel* und *citoyen* auseinanderfallen. Jene paradoxe Identität von Verselbstung und Entselbstung, die sich bei Goethe in Prometheus und Ganymed, Götz und Werther kristallisiert, findet sich ganz ähnlich bei Rousseau, der im Namen der Natur als emanzipatorischer Vernunft den Kampf gegen das Ancien Régime förderte, während in seinem letzten Werk, den *Rêveries d'un promeneur solitaire,* die

„natürliche Existenz", die etwa im *Emile* die bürgerliche Selbstentfremdung überwinden sollte, verführerisch mit Selbstpreisgabe lockt und in Bewußtlosigkeit zu versanden droht.[46] Sowohl an Rousseau wie an Werther hat man häufig die Verbindung von Regression auf Natur und Narzißmus konstatiert. Im Rekurs auf Natur sowie in der Dialektik von Narzißmus und Entselbstung, die in Goethes Roman radikaler artikuliert ist als bei Rousseau, meldet sich aber deutlich Widerstand an gegenüber einem zivilisatorischen Realitätsprinzip, das Beherrschung der äußeren und inneren Natur auf die Tagesordnung gesetzt hat.

Diesen Widerstand in seinen potentiell zukunftsträchtigen Aspekten begreifen zu lernen, statt nur aufklärerisch den drohenden Umschlag von Zivilisation in die Herrschaft des blind Natürlichen zu beschwören, scheint mir ein fruchtbarer Ansatzpunkt zu sein. Überspitzt gesagt: Rousseau statt de Sade, Werther statt Odysseus, Ganymed statt Prometheus – von daher wäre dann das Problem einer möglichen Versöhnung von Mensch und Natur neu zu erörtern. Das Mensch-Natur-Verhältnis wäre dabei weder als Herrschafts- und Gewaltverhältnis noch auch als falsche Identität oder Selbstaufgabe zu fassen. Rousseau und Werther können Denkanstöße vermitteln. Sie können keine Leitbilder mehr sein, da ihr Naturverständnis selbst nur Kehrseite jenes dominanten Verhältnisses des modernen Menschen zur Natur ist, das in Destruktion statt in Versöhnung endet. Aber noch diese Kehrseite enthält mehr an Wissen um eine potentielle Versöhnung von Mensch und Natur als das gesamte Projekt einer Aufklärung, deren von der Frankfurter Schule beschriebene Dialektik nicht nur zur blinden Herrschaft einer zweiten Natur führt, sondern die die erste Natur bereits totalem Vergessen überantwortet hat.

ANMERKUNGEN

1 Max Horkheimer, *Zur Kritik der instrumentellen Vernunft* (Frankfurt 1974), S. 94.
2 Ebd., S. 122.
3 Vgl. hierzu Silvia Bovenschen, *Die imaginierte Weiblichkeit* (Frankfurt 1979).
4 Gegen die traditionelle bürgerliche Literaturgeschichtsschreibung, die den Sturm und Drang als Bruch deutscher Kultur mit wesentlich aufgeklärter Zivilisation zum Stoßtrupp deutschen Wesens verkommen ließ, setzte die marxistische Literaturgeschichte seit Lukács und Krauss die These, der Sturm und Drang sei eine Dynamisierung und Weiterführung der Aufklärung. Mit Modifikationen hat sich diese Sicht auch in der westlichen Literaturgeschichtsschreibung durchgesetzt, und zwar sowohl auf dem liberalen Flügel der Germanistik, wo man den Sturm und Drang positiv als Weiterführung der Aufklärung sieht, als auch bei der Neuen Linken, die vor allem die Widersprüchlichkeit der Entwicklung bürgerlicher Kultur im 18. Jahrhundert insgesamt herausgearbeitet hat. Neuerdings freilich gibt es Ansätze, die versuchen, den Sturm und Drang wieder stärker als Kritik an Aufklärung zu interpretieren, ohne dabei in geistesgeschichtliche Mystifizierungen zurückzufallen. So handelt Rolf Grimminger den Sturm und Drang in *Hansers Sozialgeschichte der deutschen Literatur*, 3/1 (München 1980) zwar im Kapitel zur Spätaufklärung ab, interpretiert ihn aber gleichzeitig als Krisener-

scheinung der Aufklärung selbst, als eine Reaktion innerhalb der Aufklärung. Noch ausgeprägter zeigt sich diese neue Tendenz der Forschung bei Leo Kreutzer, *Mein Gott Goethe* (Reinbek 1980) und in meinem Epochenkommentar zum *Drama des Sturm und Drang* (München 1980).

5 Vgl. Leo Balet und E. Gerhard, *Die Verbürgerlichung der deutschen Kunst, Literatur und Musik im 18. Jahrhundert.* Hrsg. von Gert Mattenklott (Frankfurt – Berlin – Wien 1973).
6 Francis Bacon, *The Advancement of Learning.* In: *The Works of Francis Bacon,* Bd. IV. Hrsg. von J. Spedding, R. L. Ellis und D. D. Heath, S. 296 (zahlreiche Ausgaben mit identischer Seitenzählung).
7 Francis Bacon, *Description of the Intellectual Globe.* In: *Works,* Bd. V, S. 506.
8 René Descartes, *Discours de la méthode.* In: *Oeuvres de Descartes.* Hrsg. von Charles Adam und Paul Tannery, Bd. VI (Paris 1973), S. 61 f.
9 Vgl. die klassischen Beschreibungen des Rationalisierungsprozesses westlich kapitalistischer Gesellschaften bei Karl Marx, Max Weber, Norbert Elias und neuerdings Michel Foucault.
10 Vgl. zu Condorcet Peter Gay, *The Enlightenment: An Interpretation,* Bd. II (New York 1977), S. 108–122.
11 Vgl. hierzu Stichwort „Naturrecht" in *Geschichtliche Grundbegriffe.* Hrsg. von Otto Brunner, Werner Conze und Reinhart Koselleck, Bd. 4 (Stuttgart 1978).
12 Vgl. hierzu Ernst Bloch, *Freiheit und Ordnung: Abriß der Sozialutopien.* In: *Das Prinzip Hoffnung,* Bd. 2 (Frankfurt am Main 1968), S. 547–729.
13 Georg Forster, *Über die Beziehung der Staatskunst auf das Glück der Menschheit.* In: *Forsters Werke in zwei Bänden.* Hrsg. von Gerhard Steiner (Berlin und Weimar 1968), Bd. 1, S. 151.
14 Bloch, S. 625.
15 Jean Jacques Rousseau, *Du Contrat Social.* Hrsg. von Roger-Gérard Schwartzenberg (Paris 1971), S. 131.
16 Vgl. Bovenschen (Anm. 3), S. 70 ff.
17 Bloch, S. 627.
18 Ebd.
19 Ebd., S. 632 und 633.
20 Bovenschen, S. 141.
21 Johann Christoph Gottsched, *Versuch einer Critischen Dichtkunst* (Leipzig 1751, Ndr. Darmstadt 1962), S. 132.
22 Dieter Kimpel, Philosophie, Ästhetik und Literaturtheorie. In: Horst Albert Glaser (Hrsg.), *Deutsche Literatur. Eine Sozialgeschichte,* Bd. 4 (Reinbek 1980), S. 112.
23 Lessing, *Hamburgische Dramaturgie,* 59. Stück.
24 Ebd.
25 Ebd.
26 Max Horkheimer und Theodor W. Adorno, *Dialektik der Aufklärung* (Frankfurt 1971), S. 31.
27 Anders neuerdings Paul Michael Lützeler, Lessings *Emilia Galotti* und *Minna von Barnhelm*: Der Adel zwischen Aufklärung und Absolutismus. In: *Legitimationskrisen des deutschen Adels 1200–1900.* Hrsg. von P. U. Hohendahl und P. M. Lützeler (Stuttgart 1979), S. 101–118.
28 Gert Mattenklott und Klaus R. Scherpe (Hrsg.), *Westberliner Projekt: Grundkurs 18. Jahrhundert (Analysen)* (Kronberg/Ts. 1974), S. 163.

29 Kimpel, S. 114.
30 Vgl. Rolf Grimminger, *Einleitung* zu *Hansers Sozialgeschichte der deutschen Literatur*, Bd. 3/1 (München 1980), S. 25.
31 Vgl. hierzu Andreas Huyssen, Das leidende Weib in der dramatischen Literatur von Empfindsamkeit und Sturm und Drang. In: *Monatshefte*, 69 (1977), 159–173.
32 Vgl. hierzu Rainer Nägele, Götz von Berlichingen. Eine Geschichte und ihre Dekonstruktion. In: Walter Hinderer (Hrsg.), *Goethes Dramen. Neue Interpretationen* (Stuttgart 1980), und meine *Götz*-Interpretation in *Drama des Sturm und Drang* (München 1980), S. 130–157.
33 Vgl. Kreutzer, *Mein Gott Goethe*, S. 27.
34 Vgl. Bovenschen, bes. S. 166ff.
35 Johann Gottfried Herder, *Sämtliche Werke*, Bd. 3. Hrsg. von Bernhard Suphan (Berlin 1878, Ndr. Hildesheim 1967), S. 348 und 350f.
36 Ebd., S. 349.
37 Goethe, *Dichtung und Wahrheit*. In: *Goethes Werke*. Hamburger Ausgabe, Bd. 9 (Hamburg ⁴1961), S. 491.
38 Kreutzer, S. 32.
39 Giuliano Baioni, Naturlyrik. In: Glaser (Hrsg.), *Deutsche Literatur. Eine Sozialgeschichte*, Bd. 4 (Reinbek 1980), S. 252.
40 Baioni, S. 236.
41 Zitiert nach Baioni, S. 240.
42 Baioni, S. 237.
43 Vgl. ebd., S. 246.
44 Goethe, *Die Leiden des jungen Werthers*. In: *Goethes Werke*. Hamburger Ausgabe, Bd. 6 (Hamburg ⁵1963), S. 9.
45 Vgl. Gert Mattenklott, Briefroman. In: Glaser (Hrsg.), *Deutsche Literatur. Eine Sozialgeschichte*.
46 Vgl. Paul Mog, *Ratio und Gefühlskultur* (Tübingen 1976), S. 89.

EGON SCHWARZ

Naturbegriff und Weltanschauung. Deutsche Forschungsreisende im frühen 19. Jahrhundert

> Es kann nicht oft genug wiederholt werden, daß die Natur in jeder Zone, wild oder bebaut, lieblich oder majestätisch, ihren eigenen Charakter hat. Die Eindrücke, die sie hervorruft, sind so unendlich vielfältig wie die Gefühle, welche die Werke erzeugen, je nach der Epoche, in der sie entstanden, und die verschiedenen Sprachen, denen sie zum Teil ihren Reiz verdanken. Wir sind gezwungen, unsere Vergleiche auf bloße Ausmaße und äußere Formen zu beschränken. Wir können eine Parallele herstellen zwischen dem gewaltigen Gipfel des Mont Blanc und den Bergen des Himalaya, zwischen den Wasserfällen der Pyrenäen und denen der Cordilleren: Aber diese Vergleiche, so nützlich sie vom Gesichtspunkt der Wissenschaft auch sein mögen, sind unfähig, die Eigenarten der Natur in den gemäßigten und den tropischen Zonen zu vermitteln. An den Ufern eines Sees, in einem ungeheuren Wald, am Fuße mit ewigem Schnee bedeckter Berge ist es nicht die bloße Größe der Gegenstände, die unsere Bewunderung weckt. Was zur Seele spricht und die vielfachen Empfindungen verursacht, entzieht sich ebenso unseren Messungen wie den Ausdrucksformen der Sprache. Wer den Zauber der Natur ganz empfindet, wagt es nicht, völlig verschiedenartige Landschaften miteinander zu vergleichen.
>
> <div align="right"><i>Alexander von Humboldt</i> (H II 4; s. Anm. 11).</div>

Was man im 19. Jahrhundert „Natur" nannte, war nichts Einheitliches, sondern ein Komplex, der in vielerlei Farben schillerte, die Fracht einer Jahrtausende alten kulturgeschichtlichen Entwicklung¹ mitführte und sich immer weiter verwandelte. Es ist ratsam, sich dieser schwer klassifizierbaren Mannigfaltigkeit mit einiger Konsequenz zu nähern. Ich will daher meiner Darstellung eine bestimmte Definition zugrunde legen. Dort, wo ich selber von Natur spreche, meine ich eine von der modernen Zivilisation nicht (oder wenigstens nicht wesentlich) geformte Wirklichkeit und möchte unter diesem Naturbegriff auch gewisse Volksstämme verstanden wissen, denen die Forscher der Epoche auf ihren Reisen begegneten und die sie im Gegensatz zu ihrer eigenen hochkultivierten Gesellschaft als „natürlich" empfanden. Unter dem verwandten und ebenfalls häufig auftauchenden Wort „Landschaft" verstehe ich einen bildhaften Ausschnitt aus dieser Wirklichkeit, in dem gewöhnlich das menschliche Element zurücktritt, ohne jedoch davon ausgeschlossen zu sein. Vorausschicken will ich auch ein paar Bemerkungen über den Gegenstand der Untersuchung. Ein Überblick über das verfügbare Material zeigte, daß im 19. Jahrhundert Deutsche in großer Anzahl zu wissenschaftlichen oder geschäftlichen Zwecken, aus Bildungsdurst oder bloßer Abenteuerlust die Welt bereist und Berichte über ihre Erlebnisse und Beobachtungen veröffentlicht haben. Die zu diesen Mitteilungen verwendeten Medien, Briefe, Tagebücher und mit Reflexionen aller Art vermischte Reisebeschreibungen, vermehrten noch das Angebot. Der Überfluß mußte demnach auf ein übersehbares Ausmaß eingeschränkt werden. Dabei ließ sich eine gewisse Willkür wohl nicht vermeiden, obschon eine repräsentative Auswahl angestrebt wurde. Die Sekundärliteratur erwies sich als Hilfsmittel nicht sehr ergiebig, weil zwar der Naturbegriff in der Dichtung vielfach untersucht, der in Rhetorik und Zielsetzung davon abweichenden Praxis der Reiseliteratur jedoch keine Aufmerksamkeit gewidmet worden ist.

Die Feststellung, daß ein Reisender nicht umhin kann, seine Interessen, seine ererbte und anerzogene Denkweise selbst in eine ferne und fremdartige Welt zu tragen, wird niemand wundernehmen. Dies wird deutlich bei den Naturwissenschaftlern, die ja zu keinem anderen Zweck ausgezogen sind, als um ihre Wißbegier zu befriedigen, um ihre Kenntnisse am Unerforschten zu erproben und zu erweitern. Und so muß sich der nicht zum Fach gehörende Leser durch endlose Beschreibungen der Farbe und Form, der Fundorte und Beschaffenheit von Mineralien und Pflanzen, von Witterungen und Gebirgsformationen hindurcharbeiten. In allen diesen Fällen ist die Erkenntnis der fremden Natur durch den wissenschaftlichen Apparat vermittelt, den der Forscher von daheim mitgebracht hat, und die Lektüre ist wenig aufschlußreich für denjenigen, der nach Spuren einer geistesgeschichtlichen Begrifflichkeit, ja sogar nur nach emotionalen Reaktionen auf das nie Gesehene Ausschau hält. Aber selbst die nüchternsten Naturkundigen können den Ton einer bloß benennenden und klassifizierenden Bestandsaufnahme nicht über Hunderte von Seiten durchhalten. Das Vokabular ihrer spontanen Wahrnehmung schlägt hier und da schließlich doch durch.

Es ist, als kommentiere er seine eigene Trockenheit, wenn ein Forscher einfließen läßt, er sei „durch das ewige Einerlei" einer öden Gegend ermüdet und genießt daher die sich gelegentlich bietende Aussicht auf einen mächtigen Strom als „eigenthümlichen Reiz".[2] Der gleiche Reisende hilft sich über die „traurige Einförmigkeit" einer Steppe, in der die „Hitze und Dürre des Sommers" alles Blühen zerstört hat, hinweg, indem er den „reizenden Schmuck der Frühlingsflora"[3] einer längst vergangenen Jahreszeit heraufbeschwört. Und manchmal verliert sich der pedantische Gelehrte in Vorstellungen, die in der Hilflosigkeit, mit der neutral Beschreibendes und Malerisches gemischt werden, geradezu rührend wirkt:

> Der Anblick der sich herabstürzenden Wassermasse war jetzt bei dem hohen Stande des Wassers vorzüglich prächtig, nicht weniger muß er es, wenn auch bei niedrigerm Wasserstande, im Sommer sein, wo das Grün der Bäume und Ufer eine lebhaftere Einfassung bildet, als jetzt der alles bedeckende Schnee.[4]

Gerade an solch hölzerner Prosa zeigt sich, wie tief eine ästhetisierende Naturbetrachtung sich bereits am Anfang des Jahrhunderts eingewurzelt hatte. Die umsichtigsten Naturforscher werden sich zwar gelegentlich des Gegensatzes zwischen wissenschaftlicher Objektivität und einer anthropomorphen Ausdrucksweise bewußt. So spricht Alexander von Humboldt einmal von der „Physiognomie eines Gebirges", die das topographische Studium sehr erleichtere, entschuldigt sich aber sofort für diese Metapher, indem er einschränkt: „wenn ich den Ausdruck wagen darf."⁵ Solche Enthaltsamkeit ist aber selten. Gewöhnlich werden subjektive Gemütsregungen oder ästhetische Empfindungen bedenkenlos in die Naturschilderungen hineingetragen. Ein Afrikareisender beschreibt eine Landschaft mit Vokabeln wie „bedeutend", „unbeträchtlich", „ärmlich" und „kolossal". Er findet, der Landstrich sei „von der Natur stiefmütterlich behandelt" worden, aber schon im nächsten Abschnitt preist er „die vorsorgliche Natur", weil sie Zwiebeln einer besonderen Art von Liliengewächsen zu ihrem Schutz „mit zehnfachem elastischem Netz holziger Fasern überzog".⁶ Beliebt sind bei manchen Naturschilderern Superlative wie „die ungeheuerste Aussicht", „das erhabenste Gemälde", „die kolossalsten Felspyramiden", „sinnverwirrendster Anblick" oder übertreibende Attribute wie „grausenerregende Wildnis" und „rasende Steilheit".⁷ Die Natur wird zum „Schauplatz" für den „erregten Blick des Fortschreitenden"; die „erhabenen Fels- und Eishörner" berühren „mit ihrem Scheitel das Himmelsgewölbe" und werden „dem verlassenen Gebirgswanderer" „zu befreundeten Führern".⁸ Ein anderer Beobachter findet, daß „eine herrliche Palme wie eine Königin hoch emporragt", daß einem „Orangenbäume entgegen lachen", daß „alles ringsumher majestätisch geschattet" ist und „den Wanderer zum Bleiben einzuladen scheint".⁹

Alexander von Humboldt selbst scheut sich nicht, Ausdrücke wie „imposant", „ungeheuer" und „furchtbar" zu verwenden. Öfter ist, was er sieht, um „in Erstaunen zu setzen".¹⁰ Gern unterbricht er auch die *Beschreibung* einer Landschaft, um seinen von ihr inspirierten *Gefühlen* Ausdruck zu verleihen. Den Blick auf einen See nennt er einfach „schön"; er spricht vom Genuß der „sanften Frische der Luft an einem jener schönen Abende, die so charakteristisch für die Tropen sind", und „ergötzt sich an der Betrachtung der Wellen, wie sie an das Ufer schlagen, am Widerschein der roten Feuer, die den Horizont erleuchten".¹¹ Sicherlich ist nicht jede bewundernde Beschwörung einer schönen oder gewaltigen Landschaft originell, von Bildungseinflüssen ungeprägt. Es ist kaum anzunehmen, daß dem Reisenden der Chimborazo auch ohne Winckelmann „in der stillen Größe und Hoheit seiner ganzen Pracht" erschienen wäre. An dieser Unwahrscheinlichkeit ändert auch die Tatsache nichts, daß Humboldt diese Eigenschaften für den „Naturcharakter der tropischen Landschaft" hält.¹² Noch deutlicher zeigt sich, daß Eindrücke von der Bildung vorgeprägt sein können, wenn die Landschaft mit Gemälden von Claude Lorrain und Poussin¹³ verglichen wird oder wenn es von einem Berg heißt, er erhebe sich über die ganze Gebirgskette „wie jener majestätische Dom, das Werk von Michael Angelos Genie, über die antiken Denkmale, welche das Kapitol einfassen".¹⁴ Natürlich bleiben solche Anmerkungen keineswegs auf Humboldt beschränkt, sondern finden sich in zahllosen anderen Naturbeschreibungen. So behauptet ein Bergsteiger, er habe „nie ein Gebirge von einem schönern malerischern Umrisse" gesehen, nie eines, "welches einen so reizenden Prospekt gewährt hätte" wie der Horeb.[15] Und wenn ein anderer „aus einem dichten Gebüsch am Fuße des Berges" einen „alten zerfallenen Turm" hervorragen sieht und meint, „diese ehrwürdige Ruine vermehre das Romantische des Anblicks",[16] dann läßt die Vignette an Durchsichtigkeit nichts mehr zu wünschen übrig. An allen solchen Zitaten, die sich noch vermehren ließen, erkennt man die Richtigkeit der Behauptung, daß die Ästhetisierung des Begriffs ‚Landschaft' dem „terminologischen Bereich der bildenden Künste" entstamme.[17]

Aber die Stilisierung kann noch weiter, tiefer reichen. Leicht läßt sich manches Landschaftsbild als *locus amoenus* erkennen – wahrscheinlich unbewußt nach klassischem oder modern idyllischem Vorbild gestaltet. Möge die schon einmal herangezogene Naturszene, die Humboldt bezeichnenderweise mit den von Lorrain und Poussin gemalten verglich, als Beispiel dienen: „Die starken Schatten verschwinden nach und nach, die ganze Gruppe wird von einem luftigen Dampf verschleiert, der tiefer azur ist als das der niedrigen Schichten des Himmelsgewölbes. Diese Dämpfe schweben um den felsigen Kamm, mildern seine Umrisse, besänftigen die Wirkung des Lichts und geben der Landschaft jenen Ausdruck von Stille und Frieden, der in der Natur [...] aus der Harmonie der Formen und Farben entsteht."[19] Oft bekommt man aber auch den Gegenpart des *locus amoenus* vorgesetzt. Es lohnt sich, eine solche Schilderung ausführlich zu zitieren:

> Die Sonne schien hell, aber dennoch fehlte ihren Strahlen der Glanz. [...] Ein leiser Wind wehte als geisterhaft lautloser Strom über die Schneide des Gebirgs, und nirgends entdeckte der Blick ein lebendes Wesen. Unbeschreiblich sind die Gefühle, die wohl Jeden ergreifen müssen, der [...] allein diese Höhen erstieg. Einsam steht man auf dem Rücken eines Gebirgszuges, wo alles Leben verbannt ist, wo das Leben nicht bestehen kann. Weit entfernt von der freundlichen Nähe des verwandten Geschlechts der Menschen bemerkt man keine seiner Zeichen, und kein Ton erhebt sich bis in diese Regionen, die, von den Freuden und den Leiden der vergänglichen Wesen unberührt, in starrer Majestät daliegen. [...] Grausenhafte Einöde, völlige Nacktheit der unermeßlichen Felswände, spärliche Vegetation der schluchtenähnlichen Täler, fortdauernde Zerstörung und Herabrollen der in endloser Gleichförmigkeit und Kahlheit sich ausdehnenden Bergwände, und eine furchteinflößende Wildnis.[19]

Auch diese „Szene" aus den Anden ist ein klassischer Topos, der *locus desertus* der lateinischen, die *Wildnis* der mittelalterlichen, der *luogo selvaggio* der italienischen Literatur.[20]

Gelegentlich versucht sich der sprachmächtige Alexander von Humboldt in regelrechten Naturpoemen. Berühmt ist die Schilderung der Katarakte von Maypures im heutigen Gebiet von Venezuela:

> Hier ist der Punkt, wo man eines wundervollen Anblicks genießt. Eine meilenlange schäumende Fläche bietet sich auf einmal dem Auge dar. Eisenschwarze Felsmassen ragen ruinen- und burgartig aus derselben hervor.

Auch hier fehlen also die romantischen Burgen und Ruinen nicht. Sie sind an dieser Stelle nicht absurder als die Erinnerung an Michelangelo angesichts des Chimborazo oder das Hineinsehen der französischen Idylliker in die Wildnis des Orinoco.

> Jede Insel, jeder Stein [fährt Humboldt fort] ist mit üppig anstrebenden Waldbäumen geschmückt. Dichter Nebel schwebt ewig über dem Wasserspiegel. Durch die dampfende Schaumwolke dringen die Gipfel der hohen Palmen. Wenn sich im feuchten Dufte der Strahl der glühenden Abendsonne bricht, so beginnt ein optischer Zauber. Farbige Bögen verschwinden und kehren wieder. Ein Spiel der Lüfte, schwankt das ätherische Bild.[21]

Am Ende dieses beschwingten Kunstprosatextes geht die Beschreibung wieder in die zurückhaltendere Rhetorik der topographischen Bestandsaufnahme über. Es wäre unrichtig, wenn man in solchen Ergüssen nur den Ehrgeiz eines Schriftstellers sehen wollte, auch einmal seine poetischen Schwingen zu regen. Es ist zu vermuten, daß sich hinter diesen dichterischen Evokationen, säkularisiert und nicht mit voller Verbindlichkeit auszumachen, ein zuletzt noch festgehaltener Glaube an die Einheit von Dichtung und Wissenschaft, Geist und Natur, an eine beide Bereiche durchwaltende Gesetzlichkeit verbirgt. Diese Hoffnung geht aus manchen Abschnitten noch deutlicher hervor:

> Es ist zweifellos etwas Eindrucksvolles, Feierliches am Anblick des unbegrenzten Horizonts, ob er nun von den Gipfeln der Anden oder den höchsten Alpen, mitten aus der Unermeßlichkeit des Ozeans oder von den ungeheuren Ebenen Venezuelas und Tucumans aus wahrgenommen wird. Unendlichkeit des Raums ist, wie die Dichter es in jeder Sprache sagen, in uns selbst gespiegelt, hängt mit den Vorstellungen einer höheren Ordnung zusammen und erhebt den Geist, der sich in der Stille einsamer Andacht entzückt.[22]

Auf dieses beinahe religiöse Einheitserlebnis wird noch zurückzukommen sein. Humboldt steht mit ihm zu seiner Zeit keineswegs vereinzelt da – im Gegenteil: Bei manchen weniger „starken Geistern" drückt es sich noch viel unverblümter, in unmißverständlich christlicher Metaphorik aus. Ich denke an zwei Zeugnisse, die, vom brasilianischen Urwald inspiriert, in den zwanziger Jahren des Jahrhunderts niedergeschrieben wurden:

> Die Größe der himmelanstrebenden Stämme, die Fülle des mannigfaltigen Laubes, der Glanz und die Farbenpracht von tausend verschiedenartigen Blumen, das üppige Gewirre dichter Gehege und weitverschlungener Lianen, die wunderlichen Gestalten der Parasiten, die auf den alten Bäumen ein junges Reich gründen, – welch großes, erhabenes und reiches Bild! Der Wanderer fühlt sich hier zugleich erhoben und beängstigt. Die Schauer der Einsamkeit dieser dunklen Waldnacht paaren sich mit dem süßen Genusse einer so fremdartigen Anschauung, und mit dem ehrfurchtsvollen Staunen über die höchste Allmacht, welche hier eine neue Welt vor unsere Blicke zaubert, in einer früher nie vernommenen Sprache zu uns spricht, und selbst in dem bescheidenen Leben des ruhigen Pflanzenreiches uns die Kraft und Majestät ihrer Schöpfung offenbart.[23]

> Wie glücklich bin ich hier, wie tief und innig kommt hier so manches zu meinem Verständnisse, das mir vorher unerreichbar stand! Die Heiligkeit dieses Ortes, wo alle Kräfte sich harmonisch vereinen und wie zum Triumphgesang zusammentönen, zeitiget Gefühle und Gedanken. Ich meine besser zu verstehen, was es heiße, Geschichtsschreiber der Natur zu sein. Ich versenke mich täglich in das große und unaussprechliche Stilleben der Natur und vermag ich auch nicht, es zu erfassen in seiner göttlichen Pragmatik, so erfüllt mich doch die Ahnung seiner Herrlichkeit mit nie gefühlten Wonneschauern.[24]

Dies ist noch Klopstock, ist Anthropozentrismus, Harmoniewille. Aber schon regen sich Anfechtungen wie die Angst, die Schauer der Einsamkeit im ersten Beispiel, Zeichen einer Unsicherheit, die uns bereits in der Konfrontation mit der abweisenden Indifferenz der Anden begegnet sind. Ich zitiere jetzt die früher ausgeklammerten Äußerungen des Schreckens beim Anblick der „Natur in ihrer düstersten und unfreundlichsten Gestalt":

> Grauen müßte hier den einsamen Neuling ergreifen, denn selbst der fühlt sich hier bald unheimlich, der lange an die Wildnisse Amerikas gewöhnt, in ihnen nicht mehr den Menschen vermißt. Man fühlt sich unbeschreiblich vereinzelt, hülflos und arm in der Mitte dieser riesigen Schöpfung, zwischen welcher der Mensch verschwindet. Nur mit Mühe erwehrt sich der Einsame in solchen Augenblicken des demütigenden Gedankens, daß er nur ein geduldetes Wesen sei, keineswegs erforderlich zum Fortbestehen jenes großen Ganzen, das nicht für ihn allein geschaffen wurde und dessen riesige Kraftäußerungen sein eignes Einschreiten niemals regeln kann.[25]

Wir sind hier auf das zentrale Problem der ganzen modernen Epoche gestoßen, die Ahnung von der totalen Autonomie der Natur, von der immer prekärer sich gestaltenden Position des Menschen im Weltall. Bei vielen steigert sie sich zu einer nihilistischen Furcht vor der Überflüssigkeit des einzelnen bzw. vor seinem Angewiesensein auf sich selbst. Im Zusammenstoß mit einer exotischen, vom Menschen unberührten Natur, deren Eigengesetzlichkeit ganz anders als in der heimischen Kulturlandschaft augenscheinlich wird und sich bis zur Bedrohlichkeit steigert, verschärft sich das Dilemma. Auf großartige Weise bringt es ganz zu Anfang des Jahrhunderts ein anderer reisender Humboldt, der um zwei Jahre ältere Wilhelm, zur Sprache.

Den Anlaß dazu gibt ihm der Anblick des bewegten Meeres an der Südwestküste Frankreichs bei St. Jean de Luz, wo er von dem „entsetzlichen Tosen" und der „zerstörerischen Kraft" der Wellen beeindruckt ist. Die ganze Passage geht als Reisebeschreibung noch hin und kann als jene „verbale Dynamik in der dichterischen Landschaftsschilderung" gelten, die August Langen so gründlich untersucht hat.[26] Sehr bald jedoch beginnen die Naturbeobachtungen allegorischen Charakter anzunehmen. Wenn Wilhelm von Humboldt nämlich das Gesehene reflektierend zusammenfaßt und es einen „schauderhaften Gedanken" nennt, „zu denken, welche ungeheure Wassermasse auf diese kleine Küste andrängt", als ob dieser damit eine unerträgliche Bürde auferlegt würde, dann kann man sich des

Eindrucks nicht mehr erwehren, daß hier von mehr als einem bloßen Naturphänomen die Rede ist. Die zu einem solchen nicht recht passende Ausdrucksweise legt ein *tua res agitur* nahe, das weit über das unmittelbare Naturschauspiel hinausgeht. Bald bestätigt sich diese Vermutung; denn Humboldt lenkt seine Schilderungen, geschickt manövrierend, in die Richtung ganz bestimmter Reflexionen. „Wie das Auge auf der grenzenlosen Fläche" des Ozeans, „so verliere sich", erklärt er, „der Geist" in Betrachtungen. Nie sei ihm, bekennt er, „die belebte Schöpfung so klein und ohnmächtig, die tote und rohe Masse so übergewaltig vorgekommen" wie an dieser Ecke des Atlantischen Ozeans. Aber die Metaphorik des Ozeans genügt ihm nicht mehr für den Ausdruck dessen, was ihn bedrängt, und seine Einbildungskraft wendet sich einer Landschaft zu, die er *nicht sieht*, um ihr die Bilder zu entlehnen, die seine Vorstellung braucht. Spätestens an dieser Stelle merkt man, daß man es nicht mit einer Landschaftsbeschreibung, sondern mit allegorischen Kulissen zu tun hat. Mit beinahe schon geometrisch zu nennender Spiegelbildlichkeit nämlich wird nun das Gebirge dem Meer entgegengesetzt. „In den Gebirgen" findet Humboldt, was er benötigt: „jene ungeheuren Felsenmassen", jenes „Bild einer ewig untätigen Ruhe, eine Last, die, immer auf den Mittelpunkt ihrer Schwere drückend, nur zusammenzustürzen droht, um sich noch fester aneinander zu ballen". „In dem Meer hingegen" sieht er eine „fürchterliche, die Einbildungskraft bis zum Entsetzen anspannende, [...] die ungeheuerste Tiefe aufwühlende, den ganzen Erdkreis bedrohende Beweglichkeit". Wozu braucht er diese Kontraste, auf der einen Seite das Gebirge, auf der anderen das Meer, hier untätige Ruhe, dort fürchterliche Beweglichkeit? Offenbar, um des einen Elementes willen, das in beiden vorhanden ist, um die ungeheure Bedrohlichkeit herauszuarbeiten, mit der diese beiden Giganten der Natur sich anschicken, den hilflosen Menschen zwischen sich zu zermalmen. Man ist nicht auf Spekulation angewiesen; denn Humboldt hält mit dem Sinn seines Rätsels nicht lange zurück. „In jener ewigen Ruhe" nämlich, „in diesem ewigen Rollen [...], in diesen wüsten Elementen des Chaos" fürchtet er „eine dunkle und unverstandene Kraft [...], neben welcher jede geistige verstummt und verschwindet". Jetzt ist es heraus: Ihrer Bildlichkeit entkleidet, stellen diese urweltlichen Landschaften die Frage nach dem Wert des Menschenlebens in einer fühllosen, übermächtigen Welt. Hören wir, wie Humboldt die implizierte Frage beantwortet. „Dennoch", sagt er, „erhält sich mitten unter dieser Verwüstung die lebendige Organisation." Denn – zu diesem Glauben vermag er sich schließlich zu bekennen – trotz seiner „Ohnmacht", trotz des im Grunde „unauflöslichen Rätsels" könne sich der Mensch gegen „die Macht der Elemente [...], wild und ungebändigt wie sie sind", behaupten, weil sie „durch dasselbe Gesetz, durch das sie allem Zerstörung drohen [...], Gleichgewicht zu halten gezwungen sind". Er erkennt ein paar Jahrzehnte vor Darwin, daß ein „Kampf des Leblosen mit dem Lebendigen" tobt, daß sie aber „durch die inneren Kräfte beider, wie durch ein ewiges Schicksal, zu Harmonien und Eintracht verbunden" sind.[27]

Der Golf von Biskaya, die Pyrenäen sind hier offenkundig nur ein Vorwand. Wir stehen symbolischen Landschaften gegenüber, möglicherweise als Reiseeindrücke dargeboten – aber mit dem Ziel, den Ort des Menschen zwischen den gleichgültigen Naturgewalten zu ermitteln. Zwischen der Handhabung dieser Naturbilder und dichterischen Schilderungen, sagen wir etwa Adalbert Stifters, sehe ich keinen prinzipiellen Unterschied. Man könnte darüber hinausgehen und die Hypothese aufstellen, daß auch andere Forschungsreisende – und wir haben einige ja schon bei ihrer Praxis belauscht – nicht unbedingt an den Oberflächenerscheinungen hängen bleiben, sondern mit mehr oder weniger Bewußtsein, mit mehr oder weniger Kunst, hinter ihren Naturschilderungen grundsätzliche Fragen durchscheinen lassen. Daher der Titel meiner Untersuchung, nach dem weitverbreiteten Glauben der Zeit an die Kunst als Vermittlerin zwischen Natur und dem Menschen, als Verschmelzung und Versöhnung zwischen dem, was Natur, und dem, was ausschließlich menschlich ist.

Wir wenden uns jetzt einem anderen Komplex zu, dem gesellschaftlichen, der ebenfalls ins Blickfeld gerät, wenn man nachvollziehend die Naturforscher des 19. Jahrhunderts auf ihren Reisen begleitet. Man muß sich vor Augen halten, daß im 19. Jahrhundert, mehr als dreihundert Jahre nach den großen Entdeckungen, die meisten Gegenden, in die deutsche Naturforscher kamen, schon bereist, ja zum großen Teil auch bewohnt waren. Aber die Empfindung, in jungfräulicher Natur zu sein, sozusagen als erster zivilisierter Mensch einer Urlandschaft gegenüberzustehen, war den europäischen Reisenden offenbar sehr wichtig; denn fast jeder beruft sich auf diese Erfahrung.[28] Adelbert von Chamisso betont zum Beispiel, er habe sich „als Naturforscher"[29] und „Titular-Gelehrter"[30] an der Weltumsegelung der Jahre 1815 bis 1818 beteiligt, um „der geliebten Natur ihre Geheimnisse abzuringen".[31] Kaum erreicht die Expedition ihr erstes Ziel, Brasilien, da stellt er bereits das sichtlich einer inneren Nötigung entspringende Postulat auf: „Hier empfängt eine neue Schöpfung den Europäer."[32] Die Ausdruckweise verrät, daß er mehr einen hypothetischen als konkreten Trennungsstrich zieht: „Wenn man in den Kanal einläuft, der die Insel Santa Katharina von dem festen Lande trennt", sinnt er, „glaubt man sich in das Reich der noch freien Natur versetzt."[33] Auch Alexander von Humboldt betont seine Priorität, indem er feststellt, daß vor seiner großen Südamerika-Reise „den Mineralogen nicht *ein* Gestein von Venezuela, Neu-Granada und der Cordillere bei Quito auch nur dem Namen nach bekannt gewesen sei".[34] Auf geradezu klassische Weise formuliert er dieses epistemologische Bedürfnis, wenn er beteuert, daß in den Tropen „auf den weiten Ebenen und im Dunkel der Wälder jede Erinnerung an Europa ausgelöscht werde".[35] Und rügend stellt er fest, daß ein halbnackter Mensch von dunkelbrauner Hautfarbe, dem er im Dschungel begegnet, der Meinung ist, „Gott und dem König" gute Dienste zu leisten, indem er indianischen Eltern ihre Kinder raubt und in die Missionen bringt. Von solchem Bewußtsein wünscht Humboldt sich abzusetzen. Er sei, beteuert er, schockiert gewesen, „in jener enormen Einsamkeit einen Mann anzutreffen, der sich für einen Europäer halte, kein anderes Obdach kenne als den Schatten eines Baumes und dennoch alle eitlen Anmaßungen, vererbten Vorurteile und Irrtümer einer althergebrachten Zivilisation behalten habe".[36] Der Wunsch, diese Vorurteile abzulegen, steht also wohl hinter den immer wieder geäußerten Beteuerungen dieser Reisenden. Ihr Gefühl, die einschränkende Macht Europas abgeschüttelt zu haben, ist auch für den heutigen Leser von großer Bedeutung; denn gerade an dem Unberührtheitserlebnis der neuen Welt entzünden sich die ihm so lehrreichen geistigen Konfrontationen.

Die Überzeugung oder Einbildung, von Nie-Gesehenem, Nie-Dagewesenem umgeben zu sein, kann sich bis zum Paradies-Erlebnis steigern. Sogar das Wort kommt gelegentlich vor. „Die großen Vierfüßler dieser Gebiete", erinnert sich Humboldt,

> die Jaguare, Tapire und Nabelschweine, haben Öffnungen in die *Sauso*-Hecke [Hermesia castaneifolia] gemacht. Da sie das Herannahen eines Bootes nicht sonderlich fürchten, hatten wir die Freude zu beobachten, wie sie langsam am Ufer entlangschritten, um dann wieder im Wald zu verschwinden. Diese Szenen hatten für mich eine besondere Anziehung. Das Vergnügen, das sie hervorrufen, ist nicht bloß dem Interesse zu verdanken, das der Naturforscher seinen Studienobjekten entgegenbringt, sondern es ist mit einem Gefühl verbunden, das jeder kennt, der in den Gebräuchen der Zivilisation aufgewachsen ist. Man befindet sich in einer neuen Welt, mitten in der wilden unbezähmten Natur. Jetzt erscheint der Jaguar – der wunderbare Panther Amerikas – am Ufer, und nun bewegt sich der Pfauenfasan, der Hocco [Ceyx alector] mit seinem schwarzen Gefieder und dem Federbüschel auf dem Kopf langsam an den *Sausos* entlang. Tiere der verschiedensten Art lösen einander ab. „Es como en el paraíso", „Es ist wie im Paradies", sagt unser Lotse, ein alter Missionsindianer. In seiner Unschuld, seiner Glückseligkeit erinnert in der Tat alles in diesen Gegenden an einem primitiven Urzustand der Welt.[37]

Kein Wunder, daß sensible Geister jeden zerstörerischen Eingriff in diese kindliche Natur als grausame Vergewaltigung empfinden. Chamisso beklagt die Kokospalmen, an die man die Axt gelegt hat, um die Nüsse zu erbeuten – „ein Verfahren, das [ihm] in die Seele schnitt".[38] Humboldt beobachtet mit Widerwillen ein Blutbad, das Matrosen aus bloßer Langeweile mit ihren Machetes unter jungen Pelikanen anrichten. Umsonst versucht man, die Wüteriche von ihrem Tun abzuhalten. Das Blut strömt; der Boden ist bedeckt von den zu Tode verwundeten Vögeln. „Als wir kamen", erbittert er sich, „herrschte tiefer Friede an diesem abgeschiedenen Ort; jetzt scheint alles auszusagen: hier ist der Mensch vorbeigekommen."[39]

Nicht anders reagieren die beiden Weltreisenden auf das Los, das den primitiven Menschen dieser Vorwelt von den Weißen bereitet wird. „Es wird nun schon zu spät", berichtet Chamisso in elegischem Ton. „Auf O-Taheiti, auf O-Waihi verhüllen Missionshemden die schönen Leiber, alles Kunstspiel verstummt, und der Tabu des Sabbaths senkt sich still und traurig über die Kinder der Freude."[40] Auch Humboldt wird nicht müde, die Untaten anzuprangern, die von den Missionaren an den Eingeborenen verübt wurden. Nicht nur zur Verteidigung hätten die Jesuiten Garnisonen eingerichtet, sondern auch zu Angriffskriegen. Unter dem Vorwand einer *Conquista de almas*, einer Unterwerfung der Seelen, und verlockt durch Gewinn sei man „ins Land der unabhängigen Indianer eingefallen, habe alle niedergemacht, die sich wehrten, ihre Hütten verbrannt, ihre Anpflanzungen zerstört, die Frauen, Kinder und alten Männer als Gefangene verschleppt".[41] Ebenso ablehnend reagiert Chamisso. 1667 sei auf den Marianas der fromme Missionar Don Diego Luis de San Vitores gelandet, um den Völkern das Heil zu bringen. Ihm seien aber Soldaten und Geschütz gefolgt. „Noch vor dem Schlusse des Jahrhunderts war das Werk vollbracht, und diese Nation war nicht mehr. Pacificar nennen's die Spanier."[42] Obgleich er sich vorgenommen hat, in seinen Beschreibungen nur ganz im allgemeinen auf „Unvollkommenes oder der Menschheit Schädliches in den staatlichen oder religiösen Institutionen" zu verweisen,[43] kann Humboldt sich nicht enthalten, in großer Ausführlichkeit die Geschichte einer von Missionsgeistlichen ihrer Kinder beraubten, grausam mißhandelten und in den Tod getriebenen indianischen Mutter zu erzählen. Er beklagt die „absolute, willkürliche Gewalt, die Priester über unwissende und schutzlose Menschen ausüben". Wie „erniedrigend", meint er, sei doch „die Erinnerung an solche moralische Entartung" und „der Gegensatz zwischen den Tugenden des Wilden und der Barbarei des zivilisierten Menschen".[44]

All das ließe sich nun mühelos in der Rubrik „Kulturmüdigkeit" unterbringen, die das Zeichen der Epoche ist. Chamissos Trauer um die Kokospalmen ist vergleichbar mit Werthers Entsetzen über das Abschlagen seiner geliebten Nußbäume, und die Tugenden der Humboldtschen Wilden erinnern an den „noble sauvage".[45] Aber wer die vielen Bände von Humboldts Reiseberichten liest, wird sich überzeugen müssen, daß gerade er weit über den sentimentalen Kult des Primitiven hinausgeht, daß seine Behandlung dieser Problematik geradezu eine Überwindung des Rousseauismus bedeutet, und daß seine Parteiergreifung für die Natur und die Menschen im Naturzustand von einer erstaunlichen, unser heutiges Denken vorwegnehmenden Modernität ist. Deswegen möchte ich dieses Referat mit einer genetischen Darstellung seiner Ideen beschließen.

Vielleicht ist es der in ihm noch stark ausgeprägte Empiriorationalismus der Aufklärung, vielleicht irgendeine Eigenschaft seines Geistes, die zu individuell und verborgen bleibt, um genannt zu werden, was in Humboldt die damals übliche Naturanschauung und Einschätzung des Primitiven durchkreuzt. Eine große Rolle in diesem Umwandlungsprozeß spielen bestimmt das scharfe, unbestechliche Auge des Naturwissenschaftlers, seine enormen Kenntnisse und die unerschöpfliche Anschauung des riesigen, so gut wie unerforschten Kontinents. Man merkt förmlich, wie ihm die gängigen Ideologeme zu schaffen machen, wie er auf Schritt und Tritt gezwungen ist, die umlaufenden Lehrmeinungen am konkreten Detail zu überprüfen und wenn nötig zu revidieren. Manche der Eingeborenen sind Kannibalen. Wie ist diese Tatsache einzuordnen?[46] Die indianischen Mütter fügen ihren Kindern dadurch Qualen zu, daß sie ihre Beine mit dünnen Lederriemen kreuz und quer verschnüren, um die Waden künstlich zu vergrößern und das Fleisch in erhöhten Reliefmustern herauszuarbeiten. Humboldt beobachtet es mit schmerzlichem Widerwillen. Ist das „der gerade erst aus den Wäldern gekommene Mensch, der so einfache Sitten haben soll"?[47] Schlimmer noch: in Guayana stößt er auf Leute, die einen von zwei Zwillingen umbringen, weil sie nicht glauben können, daß beide vom gleichen Vater stammen, oder ein Kind töten, das zu langsam ist, um zu folgen. Auch diese Barbareien erpressen Humboldt einen bitteren Ausruf: „Dies also ist die Unschuld und Arglosigkeit, die vielgepriesene Glückseligkeit des Menschen im Naturzustand!"[48] Schließlich kann er sich der schwersten Zweifel nicht mehr erwehren, kann „in dieser Ansammlung stumpfer, schweigender, geistloser Indianer" nicht „die Kindheit des Menschengeschlechts" erkennen: es sei denn, „daß diese Eingeborenen, die mit ihren erd- und fettbeschmierten Körpern vor dem Feuer kauerten und stundenlang blöde auf das Getränk stierten, das sie bereiteten, nicht den Ursprung unserer Art, sondern eine degenerierte Rasse darstellten – elende Überreste von Völkern, die nach langer Zerstreuung in den Wäldern in die Barbarei zurückgefallen waren". So „begierig" er auch war, sich von dieser Möglichkeit „zu überzeugen", so bleibt doch die Tatsache, daß „die menschliche Natur hier keineswegs jene Züge ungekünstelter Einfachheit aufweist, von der Poeten aller Sprachen ein so bezauberndes Bild gemalt haben". Und so muß er sich eingestehen, daß „der Wilde vom Orinoco nicht minder als der vom Mississippi einen gräßlichen Eindruck" auf ihn gemacht hat.[49]

Aber bei vagen Vorstellungen von Dekadenz und Entartung bleibt ein Humboldt nicht stehen. Nicht im biologischen Erbe, sondern in seiner gesellschaftlichen Situation sucht er die den Menschen bestimmenden Kräfte. „Weil die Waldindianer in der Mehrzahl der Missionen wie Leibeigene behandelt werden, bleiben die christlichen Siedlungen am Orinoco Ödnisse. [. . .] Eine Ordnung, die auf den Ruinen der Freiheit des Eingeborenen aufgebaut ist, löscht die geistigen Fähigkeiten aus oder hält ihre Entfaltung auf."[50] Nicht die Verschiedenheit der Rassen, sondern der Klassen führt zu diesem Ruin; es treten „Übelstände auf, die überall dort häufig sind, wo es Herren und Sklaven gibt".[51] Wie wenig Glauben Humboldt den bis auf den heutigen Tag angebotenen rassistischen Erklärungen schenkt, geht daraus hervor, daß er, unabhängig von der Geographie, bestimmte Herrschaftsverhältnisse für den Zustand der Menschheit verantwortlich macht; denn das gleiche wie von den Indianern des Orinoco gelte von „den armen Landarbeitern im Osten Europas, die durch die Barbarei unserer feudalen Institutionen in der rohesten Verfassung gehalten werden".[52] Ich möchte dieses possessive Fürwort „unser" betonen, in das sich hier ein preußischer Adeliger, Sohn eines Majors der friderizianischen Armee, miteinschließt. „Zu sagen, daß der Wilde wie das Kind nur durch Gewalt zu regieren sei, heißt lediglich falsche Analogien aufstellen."[53] Mit diesem einen Satz erledigt der Naturforscher eine Doktrin, nach der die Kinder in den deutschen Schulen und die Slawen im europäischen Osten mit allzu bekannten Auswirkungen noch hundert Jahre nach seiner Niederschrift behandelt wurden. Humboldts Universalismus drückt sich auch in der wiederholt geäußerten Ansicht aus, daß man auf Grund der gleichen materiellen Voraussetzungen bei weit durch Zeit und Raum getrennten Völkern ähnliche Resultate des Denkens und der Einrichtungen findet.[54]

Kurz: Humboldt denunziert unermüdlich jede außenpolitische oder innenpolitische Unterjochung. Ihr allein schreibt er die Barbarei unter den Nationen zu und erklärt zum einzig wirksamen Hilfsmittel die Errichtung freier, kraftvoller Institutionen im Interesse der Gesamtheit.[55] „Die Sklaverei", versichert er nicht einmal, sondern zehnmal, „ist das größte Übel, das die menschliche Natur befallen kann."[56] So besessen ist er von der Idee der Freiheit, daß er sie auch in die Natur hineinträgt und keine Landschaft mehr sehen kann, ohne sich nach den Bedingungen zu erkundigen, denen sie ihre Schönheit verdankt, wie etwa beim Anblick einer Zuckerplantage, wo er sich über einen Garten freut, aber hinzufügt, daß dieser Überfluß „um den Preis der Freiheit von zweihundertdreißig Negern erkauft"[57] sei, die ihn erarbeitet haben.

Dies ist nicht mehr die schillernde Freiheit der deutschen Klassik, die nur den Geist und nicht gleichzeitig den Körper zu befreien wagte, sondern ein globaleres, vielfältiger anwendbares Prinzip. Dies ist kein Reisender, der die Natur bedingungslos auf Kosten der Zivilisation verehrt, aber auch keiner, der bereit ist, die Natur der Zivilisation zu opfern, ohne die sie keine mehr wäre. Es handelt sich nur um Angostura, die sechstausend Einwohner zählende Hauptstadt von Spanisch Guayana, aber aus der Einöde kommend bewundert, wie es nur natürlich ist, der Forschungsreisende „die Geschäftigkeit der Stadt, [...] die Annehmlichkeiten, die Handel und Industrie dem zivilisierten Menschen bieten. [...] Selbst bescheidene Wohnungen" erscheinen „als großartig" und jeder Mensch, mit dem er sich unterhält, als „ein Ausbund höherer Intelligenz".[58] Und Humboldt scheut sich nicht, von gewissen Tälern zu berichten, „wo die wilde Schönheit der Natur durch landwirtschaftlichen Fleiß und die Künste einer aufstrebenden Zivilisation noch verschönert"[59] worden war. So spricht kein Fanatiker der unberührten Natur.

Aber kehren wir zu unseren symbolischen Objekten, den Bäumen, zurück, für die Humboldt so viel übrig hat. Aus dem Bisherigen ist sicherlich schon deutlich geworden, daß wir hier keinen Werther vor uns haben, der über den Verlust von ein paar Stämmen sentimentale Tränen vergießt, sondern einen modernen Ökologen, der außer seinen Passionen noch gute rationale Gründe anzuführen weiß, die Natur zu schützen. „Das Abholzen der kleinen Bäume", bemerkt er anläßlich seines Besuchs der kubanischen Zuckerplantagen, „ist ein wahres Unheil. Die Trockenheit des Bodens wächst in dem Maße, wie er der Bäume beraubt wird, die ihn vor der Sonnenhitze beschirmt haben; denn die Blätter geben unter einem ewig heiteren Himmel Hitze ab und verursachen beim Abkühlen der Luft einen Niederschlag der Wasserdämpfe."[60] Schon vorher in Venezuela hat er ähnlichen Ursachen das rätselhafte Zurückweichen des Valencia-Sees zugeschrieben. Mit bewundernswerter Eindringlichkeit, die auf einem allseitigen naturkundlichen Wissen beruht, beschreibt er die Kette von Ursachen und Wirkungen, die eine ökologische Katastrophe vorbereiten:

> Wenn die Wälder zerstört werden, wie es allenthalben in Amerika durch die europäischen Pflanzer mit unvernünftiger Überstürzung geschieht, dann trocknen die Quellen ganz aus oder fließen weniger reichlich. Die Flußbetten, die nun auf Monate versiegen, verwandeln sich jedesmal, wenn auf den Höhen Regen niederge-

hen, in reißende Ströme. Da das Gras und Moos der Abhänge mitsamt der Bewaldung von den Berghängen verschwindet, hält nichts mehr die Regengüsse in ihrem Lauf auf, und statt den Pegel der Flüsse durch anhaltendes Einsickern langsam zu heben, durchfurchen die Wolkenbrüche die Hänge, führen die gelockerte Erde zu Tal und erzeugen ebenso plötzliche wie zerstörerische Überschwemmungen. So kommt es, daß das Roden der Wälder, das Fehlen ständig fließender Quellen und das Auftreten von reißenden Gewässern drei eng verbundene Erscheinungen sind.[61]

Auf diese Weise vorbereitet, wird kein Leser durch eine Bemerkung überrascht werden, die Humboldt über den Palo de vaca, den sogenannten Kuh-Baum, macht, der den Eingeborenen in Form seiner Milch reichliche Nahrung gibt. „Kaum eine Erscheinung", gesteht er, „habe ihm auf seinen Reisen einen so tiefen Eindruck gemacht" wie dieser Baum. „Nicht der feierliche Schatten der Wälder, nicht der majestätische Lauf der Flüsse, nicht die von ewigem Schnee bedeckten Berge" seien es, die hier die Rührung hervorrufen, sondern „ein paar Tropfen Pflanzensaft, die von der Macht und Fruchtbarkeit der Natur Zeugnis ablegen".[62]

Noch einem anderen Phänomen, das erst im 20. Jahrhundert die Ökonomen beschäftigt hat, kommt Humboldt auf die Spur, der Tatsache nämlich, daß die menschliche Zivilisation auf einem Tiefstand bleibt, wenn sie zu ihrem Unterhalt auf ein einziges Naturprodukt angewiesen ist, etwa auf eine einzige Palmenart, so wie manche Insekten sich von ein und derselben Blume ernähren.[63] Und so ist es nur folgerichtig, daß er „das Fehlen wichtiger Lebensnotwendigkeiten" in dem so üppigen Klima der Tropen „der unklugen Tätigkeit der Europäer" zur Last legt, welche „die Ordnung der Natur auf den Kopf gestellt haben". Dieser Mangel werde „in dem Maße nachlassen, wie die Siedler mit besserem Verständnis ihrer eigenen Interessen den Anbau variieren und allen Zweigen der Landwirtschaft Entwicklung gönnen".[64] Es folgen darauf statistische Angaben über Ernten und Erträge, Preise und Einkommen, die Humboldt halb selbstironisch seinen *Politischen Essay über die Insel Kuba* nennt.[65] Niemand, dem es gelungen ist, ein wenig in Humboldts geistige Welt einzudringen, wird es freilich wundernehmen, daß er von der ökonomischen Betrachtung der kubanischen Natur zur sozialen Organisation übergeht und am Ende der Untersuchung zu seinem Steckenpferd, der Leibeigenschaft, zurückkehrt. Sein abschließendes Urteil lautet: er verlasse Amerika mit dem gleichen Horror vor der Sklaverei, den er schon in Europa empfunden habe.[66]

Auch wir sind am Ende angelangt und können mit Vorsicht ein paar Schlußfolgerungen formulieren, zu denen die Beschäftigung mit den Reiseberichten führen muß, wenn man sie als kollektiven Gewinn und nicht auf individuelle Persönlichkeiten verteilte Erfahrungen wertet.

Selbstverständlich haben sich Übereinstimmungen mit der Behandlung der Natur in der schönen Literatur gezeigt. In beiden Bereichen schlägt sich die europäische Entwicklung nieder. So begegneten wir der Auffassung der Landschaft als „Schilderei", als „rührende Szene" wie in der Dichtung der Aufklärung ebenso wie ihrer Anthropomorphisierung in der Empfindsamkeit und ihrer

Dynamisierung zur „bewegten Landschaft" im Sturm und Drang. Die Natur erschien uns auch als ein lebendiges, harmonisches Ganzes, als Organismus mit „immanenten Kräften, beherrscht von den beiden Urgesetzen der Polarität und Steigerung", ein weiteres Kennzeichen des Sturms und Drangs.[67] Man konnte vielleicht sogar Spuren alter Topoi, des *locus amoenus* und des *locus desertus*, entdecken. Auf jeden Fall trifft die allerdings sehr allgemeine Bestimmung Joseph Warren Beachs zu, der zufolge die gesamte Naturdarstellung der Epoche eine Synthese aus naturwissenschaftlichen und säkularisierten religiösen Elementen ist, zusammengesetzt aus einem Verständnis der Natur einerseits als Ausdruck regelmäßiger, allgemein gültiger Gesetze, andererseits als einer zweckdienlichen, harmonischen und wohlwollenden Macht.[68] Schließlich sah man beide Stränge zusammenfließen als Rousseauismus und romantische Naturbeseelung. Daß man freilich die für die Dichtungsgeschichte geltenden Kriterien nicht blindlings auf diese Reiseberichte anwenden darf, ist klar. Mit krasser Deutlichkeit zeigt sich die Notwendigkeit solcher Verwahrung an einer von August Langens Kategorien: einer Naturbeschreibung, die jede Beseelung unterläßt und sich an die Beobachtungen der tatsächlichen Erscheinungen hält. Mit diesen Forderungen charakterisiert er die Landschaftsschilderung des Realismus; bei unseren Forschungsreisenden ergibt sich eine solche Einstellung schon aus ihrem Beruf.

Angesichts der unerforschten Natur, vorzüglich in den exotischen Regionen Südamerikas, stellt sich aber bei unseren Reisenden eine Erfahrung ein, die den daheimgebliebenen Dichtern fehlt: das Erlebnis der Europaferne und Kulturfremdheit, das zur Überprüfung der mitgebrachten Werte führt, zu einer objektiveren Einschätzung der beiden Welten und zu dem, was man einen realistischen geozentrischen Universalismus nennen könnte. In meiner Darstellung gipfelte diese Objektivität in den aufgeklärten, ebenso empirisch begründeten wie human getönten Visionen Alexander von Humboldts. Mit Hilfe des Zusammenwirkens von genauer Beobachtung und statistischen Berechnungen, von ästhetischen Eindrücken und naturwissenschaftlichen Erkenntnissen gelangt er dazu, sowohl die alte wie die neue Welt nach sehr modern anmutenden Maßstäben zu beurteilen. Und schließlich hat sich als letztes Ergebnis die alte Vermutung bestätigt, daß Reisen höchst aufschlußreich sein können – auch wenn man sie nur als Leser erlebt.

ANMERKUNGEN

1 André Pellicer, *Natura. Étude sémantique et historique du mot latin* (Paris 1966) beweist, daß alle Nuancen, die wir in der modernen Geschichte des Wortes „Natur" entdecken, bereits im griechischen und römischen Altertum vorhanden waren; und Joseph Warren Beach, *The Concept of Nature in Nineteenth-Century English Poetry* (New Nork 1956) spricht schon von einer „culmination fo ‚cultural pessimism' in classical antiquity" (S. 19). Er zitiert dazu einen Passus aus Arthur O. Lovejoy und George Boas, *Primitivism and Related Ideas in Antiquity* (Baltimore 1935), S. 111–112, der ebenfalls die

typischen rousseauistischen Gedankengänge ins Altertum zurückzuverlegen scheint: „By virtue of its (probably) original signification, ‚nature' suggested the condition in which human society existed at its genesis; if, then, that which is ‚by nature' is *eo ipso* the best or the normal condition, the primeval state of man must have been his normal and best state. But this implication was greatly reenforced by the sense of ‚nature' as that which is not made by man, not due to his contrivance, and the associated assumption that ‚nature' – as a quasi-divine power – does all things better than man. Cultural as well as chronological primitivism thus seemed to be in accord with the norm of ‚nature'; all man's alterations of or additions to the ‚natural' order of things are changes to the worse." Schon im Altertum, im stoischen Ideal, habe es daher den Begriff des „einfachen Lebens", des „hard and simple life", gegeben (Beach, S. 19). Pellicer stellt immer wieder die Identität des griechischen Wortes „physis" mit dem lateinischen „natura" fest (S. 35 ff.). Die verschiedenen Bedeutungen des Wortes bringt er in zwei Hauptrubriken unter: „manière d'être" und „univers" (S. 337).

2 Gustav Rose, *Mineralogisch-geognostische Reise nach dem Ural, dem Altai und dem Kaspischen Meere.* 2. Band. *Reise nach dem Südlichen Ural und dem Kaspischen Meere* (Berlin 1842), S. 246.
3 S. 280.
4 Rose, 1. Band: *Reise nach dem Nördlichen Ural und dem Altai* (Berlin 1837), S. 34.
5 „Der Chimborazo: Beschreibung." (Reise 1802) *Pittoreske Ansichten der Cordilleren und Monumente amerikanischer Völker von Alexander von Humboldt.* 2. Heft (Tübingen 1810), S. 67 ff. In: Rudolf Borchardt (Hrsg.), *Der Deutsche in der Landschaft* (Berlin und Frankfurt 1953), S. 155. Alles nach Borchardt Zitierte trägt von nun an den Vermerk B, gefolgt von der Seitenzahl.
6 Martin Heinrich Karl Lichtenstein, „Die Karroo." *Reisen im südlichen Africa in den Jahren 1803, 1804, 1805 und 1806.* Th. I (Berlin 1811), S. 195 ff. B 112–113.
7 Carl Ritter, Der Montblanc: Aufbau des Massivs. *Geographisch-historisch-topographische Beschreibung zu K. W. Kummer's Stereorama oder Relief des Montblanc-Gebirges und dessen nächster Umgebung* (Berlin 1824), S. 1 ff. und S. 37 ff. B 173.
8 B 190.
9 Carl Ritter, „Hayti." *Naturhistorische Reise [1819–1822] nach der westindischen Insel Hayti* (Stuttgart 1836), S. 174 ff. B 216.
10 B 156.
11 *Personal Narratives of Travels to the Equinoctial Regions of America during the years 1799–1804.* Written in French by Alexander von Humboldt, translated and edited by Thomasina Ross in 3 vols. (New York 1971), Vol. II, S. 20. Zitate aus dieser Ausgabe werden von nun an mit dem Buchstaben H bezeichnet. Die deutsche Übersetzung ist, da das Original auf französisch erschien, von mir.
12 „Der Chimborazo: Besteigung." B 111.
13 H II 317.
14 „Der Chimborazo: Beschreibung." B 158.
15 Ulrich Jasper Seetzen, „Besteigung des Horeb". *Reisen durch Syrien, Palästina, Phönicien, die Transjordan-Länder, Arabia Petraea und Unter-Aegypten.* Herausgegeben und commentiert von Prof. Dr. Fr. Kruse in Verbindung mit Prof. Dr. Hinrichs, Dr. G. Fr. Hermann Müller und mehreren andern Gelehrten. Bd. III (Berlin 1855), S. 67 ff. B. 98.
16 Wilhelm von Humboldt, „Übergang in die Pyrenäen". (Reise 1801) *Wilhelm und Caroline von Humboldt in ihren Briefen.* Herausgegeben von Anna von Sydow. Bd. II. Von der Vermählung bis zu Humboldts Scheiden aus Rom 1791–1808 (Berlin 1907), S. 85 ff. B 83.

17 Rainer Gruenter, Landschaft. Bemerkungen zur Wort- und Bedeutungsgeschichte (1953). In: Alexander Ritter (Hrsg.), *Landschaft und Raum in der Erzählkunst* (Darmstadt 1975), S. 193.
18 H II 317.
19 Eduard Friedrich Poeppig, „Kamm der Anden". *Reise in Chile, Peru und auf dem Amazonenstrome, während der Jahre 1817–1832.* Bd. II (Leipzig 1836), S. 244 ff. B 227/228.
20 Vgl. auch Gruenter, S. 196.
21 Alexander von Humboldt: „Fälle des Orinoko". *Ansichten der Natur mit wissenschaftlichen Erläuterungen.* Bd. I (Stuttgart und Tübingen 1849), S. 268 ff. B 139.
22 H III 99.
23 Carl Friedrich Philipp von Martius, „Physiognomie des Pflanzenreiches in Brasilien" (Rede 1824). *Festreden der baierischen Akademie 1822–1825.* B 236.
24 Martius, „Brasilianischer Urwaldtag". *Reise in Brasilien in den Jahren 1817 bis 1820 gemacht von weiland Dr. Joh. Bapt. von Spix und Dr. Carl Friedr. Phil. von Martius.* Dritter und letzter Theil, bearbeitet und herausgegeben von Dr. C. F. P. von Martius (München 1831), S. 889 ff. B 222.
25 Eduard Friedrich Poeppig, „Kamm der Anden" (s. Anm. 19).
26 August Langen, Verbale Dynamik in der dichterischen Landschaftsschilderung des 18. Jahrhunderts (1948/49). In: Alexander Ritter (s. Anm. 17).
27 Wilhelm Humboldt: „Übergang in die Pyrenäen" (s. Anm. 16). Alle Zitate B 77–79.
28 Vgl. in diesem Zusammenhang auch noch einmal die oben zitierte Äußerung von Martius (Anm. 23), wo von „einer neuen Welt", „einer früher nie vernommenen Sprache" die Rede ist.
29 Adelbert von Chamisso, Reise um die Welt mit der Romanzoffischen Entdeckungs-Expedition in den Jahren 1815–1818 auf der Brigg Rurik, Kapitän Otto von Kotzebue. Erster Teil Tagebuch (Stuttgart o. J.). In: *Chamissos Gesammelte Werke in vier Bänden.* Hrsg. von Max Koch, 3. Bd., S. 7.
30 Ebd., S. 10.
31 S. 14.
32 S. 51.
33 Ebd.
34 H I 381. Oder er rühmt sich, „vom Gipfel des Berges von Manimi" eine Landschaft gesehen zu haben, „die noch nie ein Reisender beschrieben hat" (H II 299).
35 H I 364. Offenbar hält das Bewußtsein der dort gewonnenen Freiheit lange vor, wie aus einem Wortspiel hervorgeht, das Humboldt noch Jahre später macht. Mitten auf einer Reise in die Gebiete des Ural und Altai entschuldigt er sich für eine in die Hauptstadt gerichtete Bitte mit den Worten: „Sie verzeihen solche Freiheit dem Reisenden aus den Orinoco-Wäldern!" In: *Im Ural und Altai. Briefwechsel zwischen Alexander von Humboldt und Graf Georg von Cancrin aus den Jahren 1827–1832* (Leipzig 1869), S. 66.
36 H II 159.
37 H II 153/154.
38 Chamisso, S. 83.
39 H III 188.
40 Chamisso, S. 149. Auch Humboldt empfindet, daß der Naturzustand vorbei ist: „Und in diesem Paradies der amerikanischen Wälder ebenso wie anderwärts hat eine traurige und lange Erfahrung alle Wesen gelehrt, daß Güte sich selten mit Stärke paart" (H II 154).
41 H II 218/219.

42 Chamisso, Zweiter Teil, S. 90. Denselben Ausdruck gebrauchten die Amerikaner für die brutalen Maßnahmen, mit denen die Vietnamesen gefügig gemacht werden sollten. *Plus ça change* . . .! Auch sonst klagt Chamisso die kirchliche Verwaltung an: „Die Mönche, die das Volk beherrschen, saugen es auf vielfache Weise aus" (Zweiter Teil, S. 86).
43 H II 349.
44 II 346–348.
45 Rousseauistisch wirkt auch folgende Bemerkung Chamissos: „Man findet den regsten Sinn und das größte Talent für den Witz unter den Völkern, die der Natur am wenigsten entfremdet sind, und besonders wo die Milde des Himmels dem Menschen ein leichtes, genußreiches Leben gönnt" (Zweiter Teil, S. 110). Humboldt, dem Rousseauismus weniger zugeneigt, sieht das anders: „Mitten in dieser verschwenderischen, in ihren Hervorbringungen so mannigfaltigen Vegetation bedarf es sehr mächtiger Motive, um den Menschen zur Arbeit zu veranlassen, ihn aus seiner Lethargie zu rütteln und seine geistigen Fähigkeiten aufzurufen" (H II 56).
46 Angesichts der vielen unbezweifelbaren Berichte über Menschenfresserei zitiert Humboldt einen „Poeten des Ostens": „Unter allen Tieren ist der Mensch das phantastischste in seinen Sitten und das liederlichste in seinen Neigungen" (H II 354).
47 H III 84.
48 H II 248/249.
49 H II 202/203.
50 H II 214. Ein Lieblingsgedanke Humboldts, den er sogar auf Tiere überträgt: „Durch lange Unterdrückung" werde meist „bei Tieren wie bei Menschen die schnelle Reaktionsfähigkeit der Sinne beeinträchtigt" (H II 101).
51 H II 348.
52 H II 214.
53 Ebd.
54 „Die Überlieferungen der Völker weisen, was den Ursprung der Welt betrifft, überall die gleiche Physiognomie auf und bewahren Ähnlichkeiten, die uns mit Erstaunen füllen. Die auf vernichtete Völkerschaften und die sich erneuernde Natur bezüglichen Traditionen weichen in der Tat kaum voneinander ab, wenn ihnen gleich jede Nation ihr Lokalkolorit leiht" (H II 183).
55 H III 124. Diese Ideale sieht Humboldt zu seiner Zeit lediglich in den USA verwirklicht, dem einzigen Asyl für unglückliche Flüchtlinge. Er folgert: „Eine Regierung, die stark ist, weil sie frei ist, vertrauend, weil gerecht, hat nichts zu fürchten, wenn sie den Verbannten Zuflucht gewährt" (H II 57).
56 H III 272.
57 H II 27. Sein Gefühl für Freiheit geht so weit, daß er melancholisch wird, wenn die Affen in den Käfigen mit denen in der Wildnis Schreie austauschen: „Diese Kommunikationen zwischen Tieren derselben Art, von denen ein Teil die Freiheit genießt, die der andere entbehrt, haben etwas Melancholisches und Bewegendes an sich" (H II 216).
58 H II 519.
59 H II 2.
60 H III 171.
61 H II 9.
62 H II 49.
63 H III 9.
64 H III 264.
65 H III 270.
66 H III 271. Es wäre aber irrig anzunehmen, jeder deutsche Reisende reagiere in der

gleichen Weise. Ein Besucher der Vereinigten Staaten im frühen 19. Jahrhundert zählt z. B. die Sklaverei zu den Annehmlichkeiten Missouris. „Besitzt ein Pflanzer zwei Sclaven", berechnet er, „so darf er sich gänzlich auf die Aufsicht beschränken, ohne selbst Hand anzulegen, und die Hausfrau wird sich dann eben so wenig über die Geschäfte des inneren Haushalts zu beklagen haben." Gottfried Duden, *Bericht über eine Reise nach den westlichen Staaten Nordamerikas* (Elberfeld 1829), S. 79.

67 August Langen (s. Anm. 26), besonders S. 125, S. 157 ff.
68 Beach (s. Anm. 1), besonders S. 4 und 5.

JAMES D. STEAKLEY

Vom Urschleim zum Übermenschen. Wandlungen des monistischen Weltbildes

Bereits wenige Wochen nach der englischen Erstausgabe von Charles Darwins *The Origin of the Species* – man schrieb das Jahr 1859 – entschied sich der Paläontologe Heinrich Bronn, dieses Buch ins Deutsche zu übersetzen. Darwin erfuhr von diesem Projekt und schrieb ermutigend an Bronn: „I am most anxious that the great and intellectual German people should know something about my book."[1] Im März 1861 erklärte er in einem Brief an seinen deutschen Kollegen Wilhelm Preyer, der ebenfalls ein Anhänger der Evolutionstheorie war: „The support that I receive from Germany is my chief ground for hoping that our views will ultimately prevail."[2] Die Ergebnisse von Bronns Bemühungen entsprachen jedoch keineswegs Darwins Erwartungen. Die Übersetzung wirkte trocken, ja geradezu hölzern. Doch was noch schlimmer war: Bronn hatte gewisse Stellen, die ihm unhaltbar vorkamen, einfach weggelassen und dem Ganzen darüber hinaus eine Liste kritischer Äußerungen angehängt. Es ist wohl selten ein Buch herausgekommen, in welchem der Text und zugleich eine Kritik an ihm zwischen den gleichen Buchdeckeln erschienen. Doch das war nun einmal Darwins Los.

Diese unerhörte Begebenheit wird hier nicht nur wegen ihres Kuriositätscharakters mitgeteilt, sondern weil sie – in einem weiteren Sinne – für die Schwierigkeiten symptomatisch ist, welche die Darwinsche Theorie bei dem von ihm so hochgeschätzten ‚großen und geistigen deutschen Volk' hatte. Darwin hatte gehofft, daß Deutschland zum eigentlichen Zentrum der biologischen Evolutionslehre würde, was ja dann später auch eintrat. Aber zwischen 1860 und 1918 – also jener Periode, die wir hier ins Auge fassen wollen – entwickelte sich der Darwinismus in Deutschland auf eine Weise, die den besonderen sozialen und politischen Umständen dieses Landes entsprach und die Darwin manchmal verwunderte, wenn nicht verärgerte. Schließlich fand er einen neuen und ungleich besseren Übersetzer in Viktor Carus, der bereits 1875 eine deutsche Ausgabe von Darwins gesammelten Werken vorlegte. Obwohl also Darwins Schriften allgemein verfügbar waren, wurde er weniger gelesen als diskutiert. Dazu kommt, daß jene Deutschen, die sich wirklich für Darwins Theorien interessierten, eher die Schriften seiner Popularisatoren lasen als die des Meisters selbst. Wohl der einflußreichste dieser Popularisatoren vor der Jahrhundertwende war Ernst Haeckel, dessen Hauptwerke nicht nur in Deutschland, sondern auch in England erschienen und dort mit jenen Darwins konkurrierten. Wenn auch vieles an Haeckels Theorien heute veraltet erscheint, so gebührt doch ihm noch immer ein Ehrenplatz in der Geschichte der Naturbetrachtung, da er jenen Begriff ‚Ökologie' prägte, dessen Implikationen in den letzten hundert Jahren immer umfassender geworden sind. Nach 1900 wurde der Einfluß Haeckels langsam von dem

Wilhelm Bölsches verdrängt, der sich in die Reihe der Evolutionstheoretiker einfügte, indem er 1898 eine Biographie von Darwin und zwei Jahre später eine Biographie von Haeckel publizierte.

Der Unterschied dieser beiden Popularisatoren des Darwinismus läßt sich kurz folgendermaßen umreißen: Haeckel war ein angesehener Gelehrter und Universitätsprofessor, dessen Forschungsergebnisse längst zum Gemeingut des internationalen Biologieunterrichts geworden sind (jedenfalls mußten wir, als ich die High School besuchte, noch immer Haeckels biogenetisches Grundgesetz „Ontogeny recapitulates phylogeny" chorisch rezitieren). Bölsche andererseits war ein Universitäts-Dropout, der sein (recht beträchtliches) Einkommen als freier Schriftsteller verdiente, indem er die Theorien anderer in eine eingängige Form brachte. Haeckels *Welträtsel* (1899) waren zwar, trotz ihrer akademischen Umständlichkeit, auch ein beachtenswerter Erfolg, das heißt erlebten eine Auflage von 300 000 Exemplaren im wilhelminischen Deutschland und wurden in etwa 25 Sprachen übersetzt. Bölsches Auflagen waren jedoch noch größer. Alles in allem, war er mit seinen verschiednen Darwiniana wohl der erfolgreichste aller sogenannten Sachbuchautoren in deutscher Sprache vor 1933.[3] Doch beide Autoren beschränkten sich nicht nur auf das Medium des gedruckten Wortes. Da sie die frohe Botschaft des Darwinismus möglichst vielen Menschen verkünden wollten, unternahmen sie auch ausgedehnte Vortragsreisen: Haeckel mit einer Sammlung von Affenskeletten und Bölsche mit einer Vielfalt von Lichtbildern,[4] mit denen sie – in der Form eines biologischen Panoramas – jene Version des Darwinismus unter die Leute zu bringen versuchten, die sie ‚Monismus' nannten. Und die prophetische Leidenschaft, mit der sie ihre Theorien vortrugen, wurde vom Publikum keineswegs als übertrieben empfunden, sondern durchaus als eine Herz und Geist umfassende neue Ordnung akzeptiert.

Der Monismus löste sich dabei im Laufe der Jahre und Jahrzehnte immer stärker von der wissenschaftlichen Grundlage des Darwinismus. Und doch verdankte er ihm als Ausgangsimpuls, der durchaus revolutionären Charakter hatte und viele der alten religiösen und moralischen Werte in Frage stellte, einen entscheidenden Grundgestus. Wie wir wissen, wurde Darwin von seinen Zeitgenossen immer wieder mit Galilei oder Kopernikus verglichen, was dazu führte, daß seine Theorien heutzutage ebenso anerkannt sind wie der Lehrsatz, daß sich die Erde um die Sonne dreht. Trotzdem ist es unumgänglich, an dieser Stelle ein wenig auf den Darwinismus einzugehen, schon um ihn dann vom späteren Monismus unterscheiden zu können. Nach den Lehren Darwins gehen alle Formen des tierischen und pflanzlichen Lebens, die wir heute auf der Erde finden, auf eine Urzeit zurück, in der wesentlich weniger Lebensformen existierten. Alle Lebensformen haben, wie er erklärt, variable und vererbbare Eigenschaften, die sich im fortdauernden Kampf ums Dasein günstig oder ungünstig auswirken können. Die biologische Variabilität der einzelnen Merkmale innerhalb einer bestimmten Spezies führt nach Darwins Meinung zu einer entweder erfolgreichen oder weniger erfolgreichen Anpassung an eine sich ständig verändernde Umwelt. Den Prozeß solcher Anpassungsvorgänge nennt Darwin die ‚Natürliche Auslese', die zum Überleben sowie zur weiteren Ausdifferenzierung der Tüchtigen und zur Ausmerzung der Untüchtigen führt. Nur wenige dieser Einsichten waren, als Darwin sie zu Papier brachte, wirklich neu. Neu, ja geradezu umwälzend war dagegen seine allumfassende Optik, die alle bisherigen Entwicklungskonzepte plötzlich biologisch untermauerte, indem er für seine Einsichten wesentlich mehr Material und wesentlich wahrscheinlichere Erklärungen als irgendeiner seiner Vorgänger herbeibringen konnte. Auf diese Weise unterwarf Darwin die organische Welt den gleichen mechanistischen, auf Ursache und Wirkung aufgebauten Prinzipien, mit denen sich ein Newton die anorganische Welt gefügig gemacht hatte, und zerstörte somit die quasi-theologische Fundierung all jener biologischen Wissenschaften, in denen noch immer die biblische Version der Schöpfungsgeschichte tonangebend war.[5] Im Gefolge des Darwinismus wurden darum Disziplinen wie Anthropologie, Psychologie und Soziologie, aber auch viele andere wie etwa die Geschichte der moralischen, juridischen und politischen Institutionen geradezu umgekrempelt und einer verweltlichten, evolutionären Perspektive unterworfen. „Entwicklung", wie Haeckel einmal fast visionär erklärte, wurde so das „Zauberwort" des Jahrhunderts, mit dem man alle bisherigen Rätsel des Universums Schritt für Schritt zu lösen hoffte.[6]

Im viktorianischen England wie auch in den verschiedenen deutschen Staaten der Nachmärzära faßten dagegen die Vertreter der privilegierten Oberklassen den Darwinismus erst einmal als eine Bedrohung jener etablierten Ordnung auf, die auf Thron und Altar beruhte. Sie setzten ihn mit jenem atheistischen Materialismus gleich, der die Flammen der Französischen Revolution angefacht hatte. Die Idee, daß sich alles unausweichlich verändere, mußte deshalb von den Vertretern des Status quo notwendig brüsk abgelehnt werden. Es dauerte viele Jahre, bis diese Leute endlich einen Dreh fanden, selbst den Darwinismus in ihren Dienst zu stellen, indem sie die apologetische Theorie des Sozialdarwinismus entwickelten. Zu Anfang sah sich jedoch der Darwinismus in Deutschland drei Hauptgegnern gegenüber: der Kirche, dem Staat und dem akademischen *ancien régime,* das an den angesehenen Universitäten noch immer einer idealistischen Naturphilosophie anhing. Als daher Darwins *Die Entstehung der Arten* 1861 in Deutschland erschien, wurde es nur von einer Handvoll von Wissenschaftlern, die sowohl jung und unkonventionell in ihren religiösen oder sozialen Anschauungen waren als auch an kleineren, weniger angesehenen Universitäten lehrten (falls sie überhaupt eine akademische Anstellung hatten), als wahrhaft epochestiftendes Werk begrüßt.[7]

Unter jenen Wissenschaftlern, welche den Darwinismus sofort übernahmen, befand sich ein recht berüchtigtes Trio von Männern, die aufgrund ihrer Unterstützung der Achtundvierziger Revolution ihre akademischen Positionen in Deutschland verloren hatten. Jakob Moleschott war in Heidelberg entlassen worden und schließlich nach Italien gegangen, um dort eine Stellung zu finden. Ludwig Büchner, der Bruder Georg Büchners, hatte damals ebenfalls seine Lehrtätigkeit aufgeben müssen und konnte danach keine neue mehr finden. Karl Vogt schließlich war in Gießen ‚gegangen' worden und fand später eine Anstellung in Genf. In der Geschichte der Naturwissenschaften werden Moleschott, Büchner und Vogt meist in einem Atemzug als die bekanntesten mechanistischen Vulgärmaterialisten der fünfziger Jahre charakterisiert.[8] Unter ‚mechanistisch' wird dabei die völlige Unterwerfung unter das Prinzip von Ursache und Wirkung verstanden, das jedes Schicksal oder jeden höheren Zweck von vornherein ausschließt. Als ‚materialistisch' gilt dagegen die Ansicht, im Leben ein rein mechanistisches Phänomen zu sehen, das sich letztlich auf Bewegung und Kohlenstoff oder, wie es Büchner im Titel seines berühmtesten Buchs ausdrückte, auf *Kraft und Stoff* (1855) reduzieren läßt. Kraft war nach Ansicht dieser Forscher nur ein Attribut des Stoffes. Für die Idee eines nicht an den Stoff gebundenen Geistes (und damit eines Gottes) blieb in dieser Lehre kein Raum. Wie ‚mechanistisch' dieser Materialismus war, geht etwa aus der Tatsache hervor, daß Vogt erklärte, das Gehirn produziere die Gedanken in derselben Weise wie die Leber die Galle oder die Nieren den Harn.[9] Ludwig Feuerbach prägte deshalb in einer Rezension eines Buchs von Moleschott das geflügelte Wort: „Der Mensch ist, was er ißt."[10] Solche wissenschaftlichen Ansichten mußten dem Establishment ebenso bedrohlich vorkommen wie ihre politischen Folgeerscheinungen. Den Radikaldemokraten gab dagegen die Publikation der Darwinschen Theorie – nach einem Jahrzehnt exilhafter Abgeschlossenheit – gerade wegen ihrer Kompromißlosigkeit neuen Mut. Auf wissenschaftlicher Ebene bestätigten die darwinistischen Konzepte, welche den Idealismus der romantischen Naturphilosophie durch einen neuen Empirismus zu ersetzen versuchten, durchaus ihre eigenen materialistischen und mechanistischen Ansichten. Doch auch politisch bestärkte sie der Darwinismus, indem er ihren Glauben an die leitende Funktion der Wissenschaft auf dem Wege zu einer besseren Menschheit unterstützte. Überhaupt erschien ihnen die Wissenschaft als etwas im Prinzip Demokratisches, das sich gegen Unwissenheit und Aberglauben, die beiden Hauptsäulen der staatlich-kirchlichen Autorität, wandte. Sie waren der festen Überzeugung, daß die Menschheit, wenn solche Illusionen erst einmal überwunden seien, im Zeichen der Wissenschaft und Technologie in eine neue, befreite Ära eintreten werde, wo die Führerrolle automatisch den Wissenschaftlern zufallen würde. In der äußerst repressiven und zugleich zunehmend chauvinistischen Atmosphäre der sechziger Jahre war das für all jene, welche die Hoffnung auf eine unmittelbar politische Aktion verloren hatten, eine höchst willkommene Botschaft.

Ernst Haeckel war etwas jünger als diese Radikaldemokraten, das heißt hatte die Revolution von 1848 nicht mit vollem politischen Bewußtsein erlebt und teilte daher auch deren ideologische Anschauungen nicht. Während der fünfziger Jahre, als die ‚Materialisten' noch weitgehend als Außenseiter galten, besuchte er angesehene Universitäten wie Würzburg und Berlin, wo die romantische Naturphilosophie noch immer die führende, wenn auch nicht mehr unangezweifelte Lehrmeinung war. Die Ansichten eines Goethe, Schelling oder Lorenz Oken (in deren Schriften eine idealistische, ja kontemplative Betrachtung der Natur vorherrscht), übten darum auf den jungen Haeckel einen großen Einfluß aus, ja wurden durch seinen renommierten Lehrer Johannes Müller, der ihn stark beeindruckte, noch weiter vertieft. Grob gesprochen, betrachteten die romantischen Naturwissenschaftler die Natur als eine harmonische Entwicklung verschiedenster Erscheinungsformen, die schließlich im Menschen, als der Krone der Schöpfung, ihren Höhepunkt erlebe. Natur war für sie in erster Linie die äußere Erscheinungsform jener Schöpfungsordnung, die man auch ‚Gott' nennen könne. Obwohl also auch sie die Höherentwicklung der Lebensformen vom ‚Urschleim' zum Menschen[11] und damit die grundsätzliche Einheit alles Lebens betonten, was fast evolutionistisch klingt, unterschieden sie sich dabei grundsätzlich von Darwin (wenn auch Haeckel sie später als seine Vorläufer und Propheten hinzustellen versuchte). Die Entwicklung, wie sie die Romantiker sahen, war in Wirklichkeit eine zeitlose, statische, die sich letztlich allein im Geiste ihres Schöpfers vollzieht und im Gegensatz zum Darwinismus überhaupt keine Basis in der realen, historischen Entwicklung der Welt besitzt. Während Darwin gerade das ‚Fressen und Gefressenwerden', das sich aus dem Kampf ums Dasein ergibt, betonte, faßten die Romantiker nur jene korrespondierende Harmonie ins Auge, die zwischen dem makrokosmischen Standpunkt des Schöpfers und seiner Widerspiegelung im Mikrokosmos des menschlichen Geistes besteht. Dies führte dazu, daß sie sich vor allem der hingebenden Betrachtung widmeten (wodurch das Mikroskop und Teleskop ihre Lieblingsinstrumente wurden) und darüber das Experimentieren vernachlässigten. Und dieses kontemplative Element blieb auch das Hauptmerkmal in Haeckels wissenschaftlicher Laufbahn, was unter anderem in seinen recht bedeutsamen Aquarellen und Ölgemälden zum Ausdruck kommt. Kein Wunder also, daß zu seinen beliebtesten Werken jene verschwenderisch ausgestatteten Foliobände *Kunstformen der Natur* gehörten, die zwischen 1900 und 1904 erschienen. Kurzum: Das Konzept ‚Evolution' – wenn auch nicht als unbarmherziger Prozeß der ‚Natürlichen Auslese' verstanden – war mit den romantischen Theorien einer mystischen Kette des Daseins und damit der grundsätzlichen Einheit alles Lebens durchaus vereinbar. Beide, sowohl die mechanistischen Materialisten als auch die Romantiker, fanden also in Darwins Entwicklungstheorie etwas Wahlverwandtes. Und es war Haeckels Monismus, der die grundsätzliche Gegensätzlichkeit dieser beiden Standpunkte in einer höheren Synthese aufzuheben versuchte.

Die Gelegenheit einer Synthese zwischen seiner idealistischen Ausbildung und den materialistischen Lehren Darwins bot sich für Haeckel zum erstenmal im Jahre 1863, als er aufgefordert wurde, vor der Versammlung Deutscher Naturforscher und Ärzte in Stettin eine öffentliche Ansprache zu halten. Haeckel, der kurz zuvor an der Universität Jena eine feste Anstellung gefunden und *Die Entstehung der Arten* gelesen hatte, ergriff diese Gelegenheit mit geradezu reformatorischem Eifer. Seine Rede war ein aufsehenerregendes Debut, da Haeckel sein Publikum mit einem darwinistischen Bekenntnis zu Evolution und Fortschritt konfrontierte, das weit über die Enge der akademischen Welt hinausreichte. Zuerst gab Haeckel einen ausgewogenen Überblick über Darwins Buch; dann fügte er jedoch dem Ganzen eine aufreizende Kritik aller reaktionären Institutionen an, die eher im Geiste der radikalen Achtundvierziger als in dem Darwins war. Darwin habe den unwiderleglichen wissenschaftlichen Beweis geliefert, behauptete Haeckel, daß der Staat, die Kirche und die Lehranstalten weit hinter dem unerbittlichen Fortschritt der Naturgeschichte zurückgeblieben seien. „Dieser Fortschritt ist ein Naturgesetz", erklärte er wörtlich, „welches keine menschliche Gewalt, weder Tyrannenwaffen noch Priesterflüche, jemals dauernd zu unterdrücken vermögen. Nur durch eine fortschreitende Bewegung ist Leben und Entwicklung möglich. Schon der bloße Stillstand ist ein Rückschritt, und jeder Rückschritt trägt den Keim des Todes in sich selbst. Nur dem Fortschritt gehört die Zukunft!"[12]

Haeckel versuchte zwar die politischen Implikationen seiner Sicht der Darwinschen Lehre etwas zu verbrämen, indem er sich in seiner Rede auf Goethe bezog. Aber selbst dieser Hinweis konnte nicht den radikal aufklärerischen Impuls verschleiern, der in diesem Materialismus steckte. Und damit vertrat Haeckel ein politisches Programm, das er sowohl mit Büchner, Vogt und Moleschott als auch mit einem progressiven Bürgerlichen wie dem ehemaligen Achtundvierziger und späteren Gründer der *Gartenlaube* Ernst Keil teilte. Diese Zeitschrift, die in Preußen zwischen 1863 und 1866 verboten war, wurde das führende Organ der Popularisierung Darwins innerhalb der allmählich entstehenden Massenpresse, worin von den Naturwissenschaftlern vor allem Vogt, E. A. Roßmäßler und schließlich Alfred Brehm veröffentlichten, dessen *Illustriertes Tierleben*, erstmals 1864 publiziert, ein bis heute weiterwirkender Bucherfolg wurde.

Das Wort ‚Monismus' wird von Haeckel in seiner Stettiner Rede noch nicht gebraucht. Es taucht erst sporadisch in seinen Schriften der sechziger Jahre auf. Wie es sich gerade ergab, legte Haeckel dabei den Akzent entweder auf den einen oder den anderen Pol dieses eklektischen, widersprüchlichen Konzeptes. ‚Monistisch' kann deshalb bei ihm sowohl mechanistisch, naturwissenschaftlich als auch pantheistisch im Sinne Goethes, Spinozas oder Giordano Brunos bedeuten.[13] Aufgebracht über solche Erklärungen, verlangten die Vertreter der Kirche, daß man Haeckel seines Amtes entheben solle. Doch Haeckel erfreute sich zum Glück des Schutzes des Großherzogs Karl Alexander von Sachsen-Weimar, der ihm als Rektor der Universität von Jena zwar zu verstehen gab: „So etwas denkt man wohl, mein lieberProfessor, aber man läßt es nicht drucken",[14] ihn aber sonst nicht weiter behelligte. Haeckel, ein treuer Staatsbürger, lehrte daher sein ganzes Leben in Jena. Seine anfänglich anti-preußische Gesinnung machte allerdings im Laufe der sechziger Jahre der allgemeinen Bewunderung für Bismarck und dessen Programm einer Wiedervereinigung des deutschen Reiches Platz. Es ist deshalb vielleicht nicht ganz abwegig, in der Widersprüchlichkeit des Haeckelschen Monismus – einer seltsamen Mischung aus radikaldemokratischen Elementen des Vormärz und eines kontemplativ-romantischen Pantheismus – zugleich eine ideologische Manifestation jenes historischen Klassenkompromisses zu sehen, den die deutsche Bourgeoisie damals mit der Feudalaristokratie schloß und der seine politische Besiegelung in der Gründung des Zweiten Reiches erlebte. Während des folgenden Jahrzehntes konnte daher Haeckel seinen Monismus relativ unbehindert verkünden: erstens, weil der Darwinismus von Wissenschaftlern und Laien immer stärker akzeptiert wurde, und zweitens, weil Bismarcks

‚Kulturkampf', der sich gegen die katholische Kirche wandte, bürgerlichen Liberalen wie Haeckel mit ihren antiklerikalen Konzepten unvermutet den Rükken stärkte.

Es ist sicher kein Zufall, daß der euphemistische Begriff ‚Kulturkampf' von dem berühmten Mediziner und Mitglied des Reichstags Rudolf Virchow, der zu Haeckels Lehrern gehört hatte, geprägt wurde, und es ist ebenso sicher kein Zufall, daß sich der Wandel von Haeckels erstem Monismus-Konzept zu seinem zweiten anläßlich einer öffentlichen Debatte zwischen ihm und Virchow vollzog. Während der 50. Versammlung Deutscher Naturforscher und Ärzte, die 1877 in München stattfand, hielten beide Männer bedeutende Reden. Wegen Darwins Entwicklungslehre und der „damit verknüpften monistischen Philosophie", behauptete Haeckel in seiner Eröffnungsansprache, sei die Naturwissenschaft endlich in der Lage, auf „die Frage aller Fragen", nämlich „die Frage nach der Stellung des Menschen in der Natur", eine angemessene Antwort zu geben.[15] Haeckel forderte deshalb, daß die Darwinsche Entwicklungslehre der Hauptlehrgegenstand der höheren Schulbildung werden müsse. Es war allerdings nicht nur die Biologie, an die Haeckel dabei dachte; jeder Lehrgegenstand sollte im Lichte der evolutionistischen Erkenntnisse betrachtet werden. Haeckel verlangte darum „eine weitgreifende Reform des Unterrichts",[16] um endlich allen Schülern die durchgehende Einheit der Natur und des menschlichen Wissens vor Augen zu führen. Für die christliche Religion, die in den bisherigen Lehrplänen eine zentrale Rolle gespielt hatte, blieb im Rahmen solcher Vorstellungen kein Platz mehr. An ihre Stelle sollte – nach Haeckel – eine reine Naturreligion treten, die ihre Gebote der Liebe aus jenen Geselligkeitsinstinkten ableitet, wie sie im Tierreich vorgebildet sind. Vier Tage später trat Virchow auf der gleichen Konferenz gegen Haeckel auf und behauptete, daß der Darwinismus noch immer eine unbewiesene Hypothese sei, die man auf keinen Fall in den Schullehrplänen verankern sollte. Ja, Virchow wies bereits warnend darauf hin, daß die Darwinsche Entwicklungslehre zum Sozialismus führen könne, wobei er sich auf die Ereignisse während der Pariser Commune bezog, um seinen Ansichten die nötige politische Schärfe zu geben.[17]

Virchows antisozialistische Ausfälle wirken wie ein Vorspiel zu jener wesentlich schärferen Sozialistenhetze, die sich im Gefolge von Bismarcks ‚Sozialistengesetzen' entwickelte, welche es den Sozialdemokraten über ein Jahrzehnt unmöglich machten, öffentliche Versammlungen abzuhalten und ihre politischen Meinungen im Druck zu verbreiten. Diese Maßnahmen wirkten sich auf das gesamte politische und geistige Leben der achtziger Jahre aus – und erschwerten somit auch die weitere Popularisierung des Darwinismus und des Monismus. Kein Wunder also, daß in diesen Jahren Virchows Anschauungen die herrschenden waren, während sich Haeckel an der Universität Jena vor allem auf Forschung und Lehre beschränken mußte und – jedenfalls für eine Weile – kaum noch Einladungen zu Vorträgen erhielt. Im Gegensatz zu den Sozialdemokraten konnte jedoch Haeckel seine Ansichten weiterhin im Druck verbreiten. Und zwar verband er dabei seine ursprünglich pantheistischen Anschauungen mit dem Konzept des Hylozoismus, nach dem die Substanz aller Dinge auf einen belebten Urstoff, die sogenannte ‚Hyle', zurückgeht, die sowohl Seele als auch Materie ist. Da der antiklerikale ‚Kulturkampf' in diesen Jahren merklich abebbte, neigte auch Haeckel immer stärker zu einer idealistischen Interpretation des mechanistischen oder darwinistischen Materialismus, ja gab schließlich zu, daß nicht nur menschliche Wesen, sondern alle lebenden Objekte – ob nun Tiere oder Pflanzen – etwas Beseeltes und damit Unsterbliches hätten. Darin äußert sich ein deutlicher Rückgriff auf die naturphilosophischen Spekulationen Gustav Fechners, der in seinem Buch *Nanna, oder das Seelenleben der Pflanzen* (1848) bereits eine ähnliche Theorie der Psychophysik verkündet hatte. Eine solche These stand im krassen Widerspruch zu den Anschauungen jener materialistischen Achtundvierziger, die alle gedanklichen, bewußten oder seelischen Prozesse aus Gehirnvorgängen abgeleitet hatten. Haeckel dagegen behauptete jetzt, daß alle Formen der Materie, ob nun der belebten oder der unbelebten, eine ‚Seele' aufwiesen, ja daß diese Seele bereits im kleinsten Substanzpartikel, im Atom, stecke. Diese pantheistische Vorstellung verband er mit der Erklärung, daß die Naturwissenschaft die Gesamtheit alles wahren Wissens in sich enthalte, ja daß „alle wahre Wissenschaft im Grunde Naturwissenschaft" sei.[18] In einer Zeit, als die traditionelle romantische Naturphilosophie allmählich einer mechanisch-materialistischen Naturauffassung Platz machen mußte, verteidigte also Haeckel seinen Monismus als eine neue, nichtspekulative Naturphilosophie, in der Idealismus und Materialismus, Geist und Materie in einer höheren Synthese aufgehen sollten.

Mögen solche Ideen auch heutzutage weithergeholt klingen, damals hatten sie bei eher konservativ eingestellten Naturwissenschaftlern eine beträchtliche Resonanz, weil sie ihnen erlaubten, einen klaren Trennungsstrich zwischen dem Darwinismus als einer wissenschaftlichen Lehre, deren Wahrheitsgehalt nicht länger geleugnet werden konnte, und den politisch radikalen Folgerungen der mechanistischen Materialisten zu ziehen. Schließlich war Virchow keineswegs der erste gewesen, der auf die gefährliche Nachbarschaft von Sozialismus und Darwinismus hingewiesen hatte. Engels hatte *The Origin of the Species* bereits kurz nach ihrem Erscheinen auf englisch gelesen und auch Marx aufgefordert, dieses Buch sobald wie möglich zu lesen. Marx las es daraufhin nicht nur einmal, sondern zweimal – und behauptete, daß dieses Buch auf „unbewußte" Weise durchaus eine „sozialistische Tendenz" enthalte.[19] Auf diesen Wechselbezug wurde nach der Gründung der SPD im Jahre 1863 sowohl von den Sozialdemokraten selbst als auch von ihren Gegnern immer wieder hingewiesen. Darwin selbst kommentierte diese Entwicklung in einem Privatbrief an einen Bekannten mit folgendem Satz: „What a foolish idea seems to prevail in Germany on the connection between Socialism and Evolution through Natural Selection."[20] Und auch Haeckel erklärte in einer öffentlichen Antwort auf Virchows Beschuldigungen: „Der Darwinismus ist alles andere eher als sozialistisch."[21] Doch die Beziehung zwischen beiden war nun einmal hergestellt und wurde weiter untermauert durch jene Eulogie, die Engels im Jahre 1883 auf Marx schrieb und die mit dem Satz beginnt: „Wie Darwin das Gesetz der Entwicklung der organischen Natur, so entdeckte Marx das Entwicklungsgesetz der menschlichen Geschichte."[22] Marx selbst hätte sicher einige Einwände gegen einen solchen Vergleich erhoben, da er Darwin zwar als Biologen bewunderte und auch Teile seiner Entwicklungslehre akzeptierte, jedoch dessen philosophischen Anspruch als spezifisch angelsächsisch, das heißt als ‚krud', empfand.

Diese Hinweise reichen wohl aus, um die geistigen Territorien dieser beiden Denker abzustecken: Darwin galt als der Historiker des Organisch-Naturhaften, Marx als der des Gesellschaftlich-Ökonomischen. Auch der qualitative Unterschied ließ sich kaum übersehen. Und dennoch – indem man sie immer wieder miteinander verglich und in Parallele setzte, wurden die Unterschiede zwischen ihnen allmählich verwischt. Während Marx im *Kapital* die Darwinschen Grundkonzepte noch höchst sparsam und differenziert in seine eigenen Gedankengänge einbaut, geht Engels in seiner *Dialektik der Natur* bei der Einverleibung Darwins bereits wesentlich massiver vor.[23] Vor allem, wenn er die damalige Bourgeoisie kritisiert, schreckt Engels nicht vor deutlich darwinistischen Analogien zurück. „Es ist der Darwinsche Kampf ums Einzeldasein", behauptet er im Hinblick auf solche Zustände, „aus der Natur mit potenzierter Wut übertragen in die Gesellschaft. Der Naturstandpunkt des Tieres erscheint als Gipfelpunkt der menschlichen Entwicklung."[24] Selbstverständlich glaubte Engels, daß nur der Sozialismus fähig sei, solche Verhältnisse zu überwinden und die Menschheit aus dem Zustand der Barbarei endlich in den Zustand der Zivilisation zu überführen. Indem er jedoch hierbei den darwinistischen ‚Kampf ums Dasein' in die menschliche Gesellschaft selbst verlegte, gab Engels dem Marxismus eine eigentümliche Wendung ins Biologistische, für die sich auch beim späten Marx gewisse Spuren finden lassen. Die Zukunft erschien Engels mehr und mehr als das notwendige Ergebnis eines unveränderlichen Naturgesetzes, statt sich aus der Dialektik von Idee und Tat zu ergeben. Auf diese Weise wurde aus dem Marxismus fast eine Art Szientismus – ja, noch mehr. Indem er Hegel durch Darwin ersetzte, entzog Engels dem Marxismus eine seiner wichtigsten philosophischen Grundlagen. Das unvermeidliche Ergebnis dieser Entwicklung war nicht nur eine weitgehende Neutralisierung des dialektischen Materialismus, sondern zugleich eine Abschwächung des ursprünglich revolutionären Prinzips. George Lichtheim hat darum sicher recht, wenn er behauptet, daß sich das marxistische Gedankengut in den Jahren zwischen 1840 und 1880 „from Hegel to Haeckel" entwickelte.[25] Das Resultat dieser Entwicklung war schließlich jener entkräftete, evolutionistische Sozialismus der Zweiten Internationale,[26] der allmählich im Reformismus versandete.

Diese Abschwächung des dialektischen Materialismus zugunsten eines evolutionistischen Reformismus wie auch der ständige Druck der Sozialistengesetze führten im Rahmen der SPD zu einer Arbeiterbildungsbewegung, die eine beachtliche Breitenwirkung hatte. Die meisten dieser Gruppen stützten sich dabei auf die von Wilhelm Liebknecht geprägte Maxime „Wissen ist Macht, Macht ist Wissen".[27] Die Gegenoffensive zu diesem Slogan begann bereits im Jahre 1879, als das Preußische Schulministerium (um zu beweisen, daß es die einzige Macht war, die über Wissen und Unwissen zu entscheiden hatte) den Biologieunterricht an Höheren Lehranstalten einfach verbot. Ähnliche Maßnahmen wurden kurz darauf in anderen deutschen Staaten ergriffen.[28] Obwohl die Lehrpläne vor diesem Zeitpunkt nichts wirklich Revolutionäres enthalten hatten, wurde das Fach ‚Biologie' in Preußen erst im Jahre 1908 wieder als offizielles Lehrfach zugelassen. Und sogar dann dauerte es noch bis zum Jahre 1918, bis die Erlaubnis erteilt wurde, im Unterricht auch auf Darwin hinzuweisen. Doch selbst die vordarwinistische Biologie galt in den Augen der wilheminischen Autoritäten als subversiv; und so führte der Affekt gegen alles Biologische während der Sozialistengesetze zwangsläufig zu einer engeren Fühlungnahme zwischen diesen beiden Lagern. Als August Bebel zum Beispiel während der siebziger Jahre aus politischen Gründen ins Gefängnis geworfen wurde, erbat er sich folgende Bücher zur Lektüre: Büchners *Kraft und Stoff*, Darwins *Über den Ursprung der Arten* und Haeckels *Natürliche Schöpfungsgeschichte* von 1868, in der sich der berühmte Satz findet, daß die Evolution jenes ‚Zauberwort' sei, mit dem man alle Rätsel der Menschheit lösen könne.[29] Doch auch all jene Sozialisten, die nicht ins Gefängnis wanderten und die sich nur in den Räumen angeblich ‚unpolitischer' Bildungsvereine, also den „Tempeln" der Entwicklungslehre,[30] treffen durften, begannen sich in diesen Jahren für den Monismus zu interessieren. Und dieser Trend dauerte auch in den Jahren nach 1900 an. Noch Walter Ulbricht erinnerte sich später, daß er in einem populärwissenschaftlichen Lehrgang, der von der Sozialistischen Arbeitsjugend veranstaltet wurde, Haeckels *Welträtsel* lesen mußte.[31] Franz Mehring und Lenin verwandten geradezu identische Worte, als sie Haeckels *Welträtsel* als eine „unübertreffliche, unentbehrliche Waffe des proletarischen Klassenkampfes" hinstellten.[32] Darwins Hauptwerk standen dagegen diese Kreise wesentlich kühler gegenüber (und die Gründe dafür lassen sich leicht aufzeigen). Während sich Darwin stets hütete, aus seinen wissenschaftlichen Theorien irgendwelche soziopolitischen Folgerungen zu ziehen, und darauf bestand, daß diesen Theorien lediglich eine Hypothese zugrunde liege, die auf ihre Negation warte, stellte Haeckel die biologische Entwicklung durch natürliche Auslese als ein unbezweifelbares biologisches Grundgesetz hin und erweiterte das Ganze ohne viel Umstände zu einer ins Universale tendierenden Weltanschauung.

Obwohl Haeckel erklärte, daß der Darwinismus eine eher „aristokratische" als sozialistische Doktrin darstelle,[33] konnte er nicht verhindern, daß es während der repressiven Bismarck-Ära zu einer seltsamen Mischung aus Marxismus und Monismus kam. Vor der Aufhebung der Sozialistengesetze im Jahre 1890, die zu einem entscheidenden Wandel in der Arbeiterbildungsbewegung führte, wurde die darwinistische Entwicklungslehre weitgehend von bürgerlichen Intellektuellen, aber nicht von Arbeitern selbst verbreitet. Diese Anhänger der Entwicklungslehre hielten sich damals vor allem in Berlin auf und gehörten zu einer Fraktion innerhalb der SPD, die sich gegen die Bemühungen der Parteiführung wandte, wieder den Legalitätsstatus zu erringen. Aus diesem Grunde wurden diese „Jungen", wie sie hießen, 1891 aus der Partei ausgestoßen und verloren somit ihren Rückhalt in der sozialistischen Bewegung.[34] Zwei Mitglieder dieser Fraktion, nämlich Wilhelm Bölsche und Bruno Wille, hatten kurz zuvor die sozialdemokratisch orientierte „Freie Volksbühne" gegründet, die sich für die jungen Naturalisten einsetzte, und Bölsches Essay *Die naturwissenschaftlichen Grundlagen der Poesie* (1887) hatte Zolas Programm des wissenschaftlichen Romans propagiert, das Arno Holz dann in der Formel „Die Kunst hat die Tendenz, wieder die Natur zu sein" zusammenfaßte. Im Gegensatz zu solchen Aktivitäten publizierte Wille nach dem Parteiausschluß den Aufsatz *Die Sozialaristokratie* (1893), in dem er seiner Enttäuschung über die Nivellierungstendenzen innerhalb der SPD Ausdruck verlieh und der allgemeinen ‚Gleichmacherei' das Konzept neuer Eliten entgegenstellte.

Es ist sicher kein Zufall, daß Haeckel in dem gleichen Jahr und in der gleichen Zeitschrift, nämlich der *Freien Bühne für den Entwicklungskampf*, einen Essay veröffentlichte, in dem er den dritten Paradigmawechsel des Monismus vollzog. In diesem Aufsatz, welcher unter dem Titel *Der Monismus als Band zwischen Religion und Wissenschaft* erschien, bezeichnet Haeckel den Monismus zum erstenmal als „Konfession", ja als „Glaubensbekenntnis".[35] Haeckel erklärte, daß er sich bei seinem Versuch, Religion und Wissenschaft zu verbinden, an dem Buch *Der alte und der neue Glaube* (1872) von David Friedrich Strauß orientiert habe, dem ebenfalls das Bemühen zugrunde liege, die „christliche Sittenlehre" mit der „fortgeschrittenen Naturerkenntnis" in Einklang zu bringen.[36] Die Aufhebung der Sozialistengesetze hatte also einen direkten Einfluß auf den Monismus, indem Haeckel plötzlich einen neuen Aktivismus entwickeln konnte, ohne sofort als ‚Sozialist' angeprangert zu werden. In den ersten Jahren der wilhelminischen Ära entwickelte sich daher der Monismus in eine nicht-sozialistische Reformbewegung, die sich vor allem für eugenische Maßnahmen einsetzte (um damit der drohenden ‚Degeneration' entgegenzutreten), für die Wiedereinführung des naturwissenschaftlichen Unterrichts an den Oberschulen eintrat und den Kampf gegen den „Papismus" und seinen verhängnisvollen Einfluß auf die deutsche Politik erneuerte.[37]

Während der Monismus bis zu diesem Zeitpunkt nur eine relativ geringe Wirkung auf die deutsche Literatur gehabt hatte, begann er in den folgenden Jahren innerhalb jener Bereiche, die man allgemein mit dem Schlagwort der „machtgeschützten Innerlichkeit" charakterisiert, einen kaum zu überschätzenden Einfluß auszuüben. Je aggressiver nämlich die imperialistische Politik des wilhelminischen Reiches wurde, um so mehr zogen sich die bürgerlichen Schriftsteller dieser Ära ins Mystisch-Religiöse zurück und kultivierten dort eine „neuro-mantische Stimmungskunst".[38] Die Entstehung dieser Neuro-Mantik geht Hand in Hand mit dem dritten Paradigmawechsel in Haeckels Monismus. Während er früher eher von der ‚Atom-Seele' gesprochen hatte, spricht Haeckel in seinem Buch *Die Lebenswunder* (1904) von der „Weltseele", ja in seinem Buch *Gott-Natur* (1914) von der „Allseele" und entwickelt dabei eine Identitätsphilosophie, die er mit der Spinozas vergleicht. Doch fast noch größer ist die Ähnlichkeit mit jener Identitätsphilosophie, welche die Harmonie von Mensch und Natur betont und die auf die romantischen Naturphilosophen des frühen 19. Jahrhunderts, vor allem auf Friedrich Wilhelm von Schelling, zurückgeht.³⁹ Während jedoch Schelling aus dem Bereich der reinen Spekulation in späteren Jahren allmählich ins Empirische vorstieß, vollzieht sich bei Haeckel genau die entgegengesetzte Entwicklung. Im Gefolge des allgemeinen Trends von der „Liberatio zur Religio"⁴⁰ hob Haeckel das Werk der atheistisch-mechanistischen Materialisten wieder auf. Seine neureligiöse Form des Monismus zog vor allem jene Darwinisten an, welche die SPD aus ihren Reihen ausgeschlossen hatte, weil sie ihnen erlaubte, den materialistischen Atheismus ihrer naturalistischen Jugendjahre zugunsten eines pantheistischen Glaubens an die Natur zu ersetzen, durch den sich mit den Worten eines Johannes Schlaf – die „trockenen Resultate der exakten Naturwissenschaften" in „Gefühlswerte" verwandelten.⁴¹ Außerdem mußten jene Schriftsteller, die damals in Berlin, der Metropole des neuen Reiches, lebten, notwendig ein schwärmerisches Verhältnis zur Natur entwickeln.⁴² Vor allem der Friedrichshagener Dichterkreis, welcher den grauen Häuserfronten der großen Stadt durch Ausflüge ins Grüne zu entfliehen suchte, wechselte damals von einem naturalistischen, SPD-verbundenen Engagement zu einem monistisch-impressionistischen Individualismus über. Und es war in diesem Kreis, wo sich Wilhelm Bölsche, der einflußreichste Popularisator des Darwinismus nach Haeckel, am meisten zu Hause fühlte.

Bölsche und die anderen Friedrichshagener waren der Überzeugung, daß die Einheit der Natur, welche die Romantiker nur geahnt hatten, durch Darwin endgültig bewiesen worden sei. Wille faßte das in folgende Worte: „Wir beide, Freund Bölsche, sind Idealisten, indem wir der gesamten Natur einen seelischen, geistigen Charakter zuschreiben. Zugleich bekennen wir uns zum Darwinismus, weil er bei mancher Lückenhaftigkeit doch im großen Ganzen eine durch reine Vernunft klar einleuchtende und daher in gewissem Sinne unwiderlegbare Theorie darstellt. Oft haben wir auf unseren Waldgängen Darwins Lehre in unser panpsychistisches Naturbild hineingezeichnet."⁴³ Der Versuch, den Darwinismus mit dem Panpsychismus zu versöhnen, war bereits vorher von Haeckel unternommen worden. Aber erst nach der Jahrhundertwende wurde diese widersprüchliche Synthese durch die Werke der Friedrichshagener wie auch Carl Hauptmanns, Hermann Hesses, Waldemar Bonsels' und anderer literarischer Monisten wirklich populär. Eine besondere Rolle spielte dabei Haeckels Konzept der ‚Allseele'. So führt der Held in Willes *Offenbarungen des Wacholderbaums* (1901) lange Gespräche mit Pflanzen, während in seinem Buch *Faustischer Monismus* (1907) die Natur als die Mutter aller Rätsel hingestellt wird, die nur der wahre Dichter zu lösen verstehe. Im *Phantasus* (1898–1901) von Arno Holz heißt es: „Sieben Billionen Jahre vor meiner Geburt / war ich eine Schwertlilie"⁴⁴ – worin sich ein mystisches Credo verbirgt, das fast alle Friedrichshagener teilten. In diesen und anderen Werken versuchten die literarischen Monisten allem, was bisher am Darwinismus so abstrakt erschienen war, endlich ‚Leben' einzuhauchen, wobei sie aus dem Bereich des Tierischen und Pflanzlichen schließlich bis ins Kosmische vorstießen. Und zwar zeigt sich das nirgends deutlicher als in den Werken von Bölsche.

Bölsche faßte in den neunziger Jahren die verschiedensten Projekte ins Auge, fand jedoch die „ersehnte Synthese" erst im Frühjahr 1897.⁴⁵ Es war Eugen Diederichs, der ihn damals aufforderte, für seinen eben gegründeten Verlag ein Buch über die Liebe zu schreiben, und zwar nicht in Form eines philosophischen Traktats oder eines Romans, sondern auf völlig neue Art. Das Ergebnis dieser Verhandlungen waren die drei dicken Bände über *Das Liebesleben in der Natur. Eine Entwicklungsgeschichte der Liebe*, die zwischen 1898 und 1902 erschienen. Das Ganze hatte einen unvorhergesehenen Erfolg, sowohl auf deutsch als auch in englischer Übersetzung, und etablierte Bölsche als den neuen Meister des populären Monismus. Bölsche stellte hier jene Frage, vor der sowohl Darwin als auch Haeckel zurückgescheut waren: Was ist der letzte Zweck des Universums und wie wird dieser Zweck erreicht? Und seine Antwort war: der Geschlechtstrieb. In der sexuellen Liebe fand Bölsche das grundlegende Prinzip des gesamten Universums, den Motor der Evolution. In Bölsches Sicht verwandelte sich so der Darwinismus aus der Vorstellung des unbarmherzigen Konkurrenzkampfes („Fressen und Gefressenwerden") in eine Art erotischen Monismus oder Panerotismus, das heißt ein lyrisches Konzept der Liebe. Eine solche Sicht verlangte notwendig eine neue Schreibweise. So wie Haeckel die Schellingsche Entwicklung von der Spekulation zur Empirie rückgängig gemacht hatte, versuchte jetzt Bölsche das Zolasche Konzept eines wissenschaftlichen Romans durch eine romanhafte Wissenschaft zu ersetzen. *Das Liebesleben in der Natur* ist die Geschichte der primitivsten Formen des Geschlechtstriebs (bei den Fliegen, Quallen und Bandwürmern) bis hinauf zu den erhabensten Augenblicken menschlicher Liebe, wo sich die Sexualität schließlich in den Ausdruck des Künstlerischen und Religiösen verwandelt. Kurzum: Während sich der erotische Monismus ursprünglich an Darwins Prinzip der ‚sexuellen Auslese' orientiert hatte, bevorzugte er um die Jahrhundertwende eher jene ästhetische Sicht der Natur, die bereits in der romantischen Naturphilosophie vorgeherrscht hatte.

In den Bestsellern Bölsches gleicht die Natur weitgehend einem riesigen Uhrwerk, dessen Schönheit sich im Laufe der Entwicklung immer stärker entfaltet, wobei die Entwicklung vom Anorganischen zum Organischen, von den Gesteinen bis zu den menschlichen Kunstwerken reicht. Bölsche sah in dieser ästhetischen Dimension der Natur jenes „rhythmisch-ornamentale Prinzip" am Werke,"⁴⁶ das auch zu den Grundprinzipien des deutschen Jugendstils gehört.⁴⁷ Mit der vollen Unterstützung Haeckels empfand es Bölsche als seine Hauptaufgabe, die Entfremdung des modernen Menschen von der Natur durch eine Vermischung ästhetischer Gefühle, subjektiver Erfahrungen und philosophischer Werturteile zu überwinden. Dies ging Hand in Hand mit anderen sozialen und künstlerischen Entwicklungen dieser Jahre wie etwa der Siedlungsbewegung (die einige Utopiker der Rechten und der Linken befürworteten), der Propagierung spezifisch heimatkünstlerischer Literatur im Rahmen der „Los-von-Berlin"-Bewegung sowie bestimmter Formen der Sonnenverehrung, der Freikörperkulturbewegung („Naturismus") und des Vegetarismus. Auch Bölsche nahm an diesem sektiererischen Geist der Ordens-, Kreis- und Bundgründungen teil, indem er mit Bruno Wille und Rudolf Steiner zum Mitherausgeber der *Flugschriften des Giordano-Bruno-Bundes*, der führenden Zeitschrift der organisierten monistischen Religion, wurde. Und er propagierte auch in den folgenden Jahrzehnten in Form kurzer Feuilletons oder „Plaudereien", die in den verschiedensten Zeitschriften erschienen und schließlich auch als Sammelbände herauskamen, immer wieder eine spezifisch religiöse Vision des Monismus.

Doch als ebenso wichtig wie diese neuromantische Welle erwies sich der Einfluß vitalistischer Strömungen, die zum Teil bis auf Schopenhauer und Nietzsche zurückgehen, auf die monistische Bewegung. Nach den Anschauungen des frühen Schopenhauer manifestiert sich die absolute Realität im Willen – einer unbewußten, drängenden, irrationalen Macht jenseits von Zeit und Raum. Seit den fünfziger Jahren sieht jedoch Schopenhauer die Objektivationen des Willens mehr und mehr im Prozeß der kosmischen, geologischen und biologischen Evolution. Jedes Individuum verkörpert jetzt den Willen zum Leben, was auf das Verlangen des Willens nach höchstem Ausdruck zurückgeführt wird. Und so entwickelt sich bei Schopenhauer eine höchst eigenartige Evolutionsphilosophie auf der Basis eines idealistischen, ja geradezu mystischen Weltbildes. Obwohl diese Weltsicht schon einige Schriftsteller der fünfziger Jahre beeinflußte (darunter Storm, Raabe und Busch), war es erst Nietzsche, der ihr zu voller Wirkung verhalf. Nietzsche empfand, daß innerhalb der darwinistischen Evolutionslehre viel zuviel Nachdruck auf die äußere Welt, das heißt die Beziehung zwischen Individuum und Milieu, gelegt werde, wodurch man die eigentlichen Antriebskräfte hinter dieser Entwicklung weitgehend übersehen habe. Er erblickte daher den Schöpfer aller neuen Lebensformen in jenem Lebensprinzip, das sich nicht auf einen deterministischen Kausalnexus zurückführen läßt. Auf der Grundlage solcher Anschauungen sah Nietzsche schließlich sogar im Menschen nur ein Übergangsprodukt auf dem Wege zu höheren Wesen, zu Übermenschen. Ja, er glaubte, daß man diese Entwicklung mit voluntaristischen, schöpferischen Impulsen befördern könne.

Solche Anschauungen standen nicht in Widerspruch zu Haeckels Monismus, der breit und eklektisch genug war, sowohl Bölsches erotischen Darwinismus als auch die Nietzschesche Sehnsucht nach dem Übermenschen in sich aufzunehmen. Doch wie verschieden waren die Folgerungen, die andere daraus zogen! So behauptete etwa Alexander Tille, der stellvertretende Geschäftsführer des deutschen Industriellenverbands, in seinem Buch *Von Darwin bis Nietzsche* (1895), daß Humanität, Gleichheit und Demokratie lediglich Wahnvorstellungen biologisch Untüchtiger seien. Er fand, daß den Slums die nützliche Funktion zufalle, die Entarteten zu dezimieren.[48] Otto Ammon, ein anderer Vertreter des Sozialdarwinismus, erklärte in seinem Buch *Die Gesellschaftsordnung und ihre natürlichen Grundlagen*, ebenfalls 1895, daß alle Menschen von Natur aus egoistisch veranlagt und daher Altruismus oder Sozialismus etwas Unnatürliches seien. Ja, Ammon entblödete sich nicht, die meisten Sozialistenführer mit degenerierten Kretins zu vergleichen, die in früheren Zeitaltern sicher Selbstmord begangen hätten.[49] Den gleichen Klassenhochmut hegte man selbstverständlich den

Schwarzen in den deutschen Kolonien in Afrika gegenüber, deren Versklavung von den Sozialdarwinisten als absolut ‚natürlich' angesehen wurde.

Im Jahre 1906 gründete Ernst Haeckel den Deutschen Monistenbund, um so all jenen, die sich wie er für Schulreform und Kirchenaustritt einsetzten, einen organisatorischen Rückhalt zu geben. Eine Abordnung dieses Verbandes fuhr daraufhin nach Rom, wo sich Haeckel allen Ernstes zum Gegenpapst krönen ließ. In den Jahren vor dem Ersten Weltkrieg war der Vizepräsident dieses Verbandes ein gewisser Dr. Johannes Unold. In einer Reihe von Publikationen, unter anderem dem Buch *Politik im Lichte der Entwicklungslehre* (1912), versuchte dieser Unold den deutschen Monisten den Sozialdarwinismus schmackhaft zu machen. Er bezog dabei eine vehement anti-marxistische Position und setzte sich für straff gegliederte Gesellschaftsordnungen ein. Im Staate sah er die naturgegebene, organische Form der gesellschaftlichen Organisationen, innerhalb deren die Menschen ihren natürlichen Funktionen nachgehen könnten, nämlich früh aufzustehen und dann schwer zu arbeiten. Der Sozialismus erschien Unold dagegen wie eine unnatürliche Regression, die er mit der Wiederkehr des Kindischen bei senilen Menschen verglich. Jede „einseitige, brutale, kommunistische" Regierungsform, erklärte er, führe notwendig zur Unterdrückung der Qualität durch die Quantität.[50] Allerdings gab auch Unold zu, daß die gegenwärtige Arbeiterklasse von den ‚plutokratischen' Kapitalisten schamlos ausgebeutet werde. Er hielt jedoch daran fest, daß es der sozialistischen Bewegung nur dann gelingen werde, einen vernünftigen Beitrag zur gesellschaftlichen Entwicklung zu leisten, falls sie ihre radikalen Revolutionsphantasien aufgeben würde. Haeckel akzeptierte all diese Forderungen ohne irgendwelche Bedenken. Außer den Vorschlägen zur Schulreform oder den Angriffen auf den Vatikan empfand er sich selbst als durchaus unpolitischen Menschen. Doch die fünfzigjährige Entwicklung des Monismus und ihre drei Paradigmawechsel haben wohl zur Genüge bewiesen, wie politisch diese angeblich unpolitische Entwicklung war. Daß diese Bewegung einen solchen Erfolg hatte, hängt sicher damit zusammen, daß sie trotz ihrer verschiedenen Wandlungen in all diesen Jahren immer das bürgerliche Recht auf männlich-individuelle Freiheit auf ihre Fahnen schrieb.

Was noch kurz zum Abschluß zu diskutieren bleibt, ist die Frage, ob sich in all diesen Paradigmawechseln des Monismus eine Tendenz ins Positive oder Negative ablesen läßt. Wenn ich recht sehe, hängt der Wert jeder Ideologie oder wissenschaftlichen Theorie weitgehend davon ab, mit welchen Werten die politischen oder wissenschaftlichen Autoritäten einer bestimmten Zeit solche Theorien aufzuladen versuchen.[51] Innerhalb eines Bezugsrahmens historisch vorgegebener Faktoren wird daher der ‚Wert' bestimmter miteinander konkurrierender Theorien oft viel stärker von jenen äußerlichen Faktoren als von ihrer inhärenten wissenschaftlichen Qualität bestimmt. Im Hinblick auf ihre Wirkung wäre es daher verfehlt zu fragen, ob wissenschaftliche Theorien als solche einen bestimmten gesellschaftlichen oder politischen Nutzwert haben. Statt dessen sollten wir unsere Aufmerksamkeit viel stärker auf jene sekundären Bindeglieder zwischen Wissenschaft und Nutzwert lenken, die von den jeweiligen politischen und sozialen Bedingungen, den technologischen Möglichkeiten und der Dominanz der herrschenden Ideologien bestimmt werden.

Eine solche Sehweise läßt sich leicht als Argument dafür gebrauchen, daß Wissenschaft im Grunde wertfrei sei und man deshalb den Wissenschaftler für seine Anschauungen nicht zur Verantwortung ziehen könne. Eine wertfreie Deutung der Entwicklungslehre ist jedoch nur dann möglich, wenn man diese Lehre von der sie umgebenden Gesellschaft trennt und in abstrakter Isolierung sieht. Jede wissenschaftliche Lehre und jeder technische Fortschritt ist jedoch notwendig Teil einer bestimmten sozialen und politischen Situation – und so kann die Wirkung gewisser Theorien oder Ideologeme im Rahmen der verschiedensten Kombinationen durchaus massiv sein. In der Regel sind es die herrschenden und nicht die schwachen Gruppen innerhalb einer Gesellschaft, welche Wissenschaft und Technologie zu ihrem Nutzen ausschlachten – und so unterstützten Wissenschaft und Technologie meist die Werte und die Machtpositionen der herrschenden Klasse. Die traurige Geschichte der Verwandlung des Darwinismus in den Sozialdarwinismus und des Monismus aus einer radikaldemokratischen Weltanschauung in ein Wertsystem, das sowohl vitalistische als auch nationalistisch-rassistische Elemente aufweist, enthält daher eine deutliche Lehre – auch im Hinblick auf die heutige Atomwissenschaft oder Genetik, die beide das Potential geradezu unvorstellbarer Schrecken in sich bergen. Vielleicht sollten wir unsere Aufmerksamkeit in Zukunft weniger auf die Technologie selber als auf jene Eliten lenken, die sie beherrschen.

(Aus dem Amerikanischen von Jost Hermand)

ANMERKUNGEN

1 *The Life and Letters of Charles Darwin.* Hrsg. von Francis Darwin (New York 1896), II, 71.
2 Ebd., II, 270.
3 Alfred H. Kelly, *Between Poetry and Science: Wilhelm Bölsche as Scientific Popularizer* (Diss., Univ. of Wisconsin, 1975), S. 190–192.
4 Vgl. Dolf Sternberger, *Panorama oder Ansichten vom 19. Jahrhundert* (Hamburg 1955), Kapitel 4 („Evolution").
5 *Hundert Jahre Evolutionsforschung. Das wissenschaftliche Vermächtnis Charles Darwins.* Hrsg. von Gerhard Heberer und Franz Schwanitz (Stuttgart 1960).
6 Ernst Haeckel, Vorwort zur ersten Auflage (1868), *Natürliche Schöpfungsgeschichte* (Berlin [8]1889), S. VIII.
7 William M. Montgomery, Germany. In: *The Comparative Reception of Darwinism.* Hrsg. von Thomas F. Glick (Austin 1974), S. 83–85.
8 Vgl. u. a. *Vogt, Moleschott, Büchner. Schriften zum kleinbürgerlichen Materialismus in Deutschland.* Hrsg. von Dieter Wittich (Berlin/DDR), 2 Bde., sowie Werner Bröker, *Politische Motive naturwissenschaftlicher Argumentation gegen Religion und Kirche im 19. Jahrhundert* (Münster 1973).

9 Erik Nordenskjöld, *Die Geschichte der Biologie* (Jena 1926), S. 457.
10 G. Büchmann, *Geflügelte Worte* (Berlin ³²1972), S. 329.
11 E. Nordenskjöld, S. 292.
12 Haeckel, Über die Entwicklungstheorie Darwins (1863). In: E. H., *Gemeinverständliche Vorträge und Abhandlungen* (Bonn ²1902), I, 30.
13 Vgl. Niles R. Holt, Ernst Haeckels's Monistic Religion. In: *Journal of the History of Ideas* 32 (1971), S. 265–280.
14 Zit. nach Johannes Hemleben, *Ernst Haeckel* (Reinbek 1964), S. 115.
15 Haeckel, Über die heutige Entwicklungslehre im Verhältnisse zur Gesamtwissenschaft (1877). In: E. H., *Gemeinverständliche Vorträge und Abhandlungen* (Bonn ²1902), II, 121.
16 Ebd., II, 136.
17 Rudolf Virchow, Die Freiheit der Wissenschaft im modernen Staat. In: *Amtlicher Bericht der 50. Versammlung deutscher Naturforscher und Ärzte* (München 1877), S. 65–77.
18 Haeckel, Die Grenzen der Naturwissenschaft. In: *Das monistische Jahrhundert* 7 (1913), S. 837.
19 *MEW*, XXXII, 53.
20 *The Life and Letters of Charles Darwin*, II, 413.
21 Haeckel, Freie Wissenschaft und freie Lehre (1878). In: E. H., *Gemeinverständliche Vorträge und Abhandlungen* (Bonn ²1902), II, 283.
22 *MEW*, XIX, 335.
23 Vgl. Erhard Lucas, Marx' und Engels' Auseinandersetzung mit Darwin: Zur Differenz zwischen Marx und Engels. In: *International Review of Social History* 9 (1964), S. 433–469.
24 *MEW*, XX, 255.
25 George Lichtheim, *Marxism: An Historical and Critical Study* (New York, 1961), S. 244.
26 Vgl. Hans-Josef Steinberg, *Sozialismus und deutsche Sozialdemokratie: Zur Ideologie der Partei vor dem 1. Weltkrieg* (Hannover ³1972), S. 43–60.
27 So der Titel eines Vortrags, den W. Liebknecht 1872 bei der Eröffnung des Dresdner Arbeiterbildungsvereins hielt.
28 Vgl. J. Norrenberger, *Geschichte des naturwissenschaftlichen Unterrichts an den höheren Schulen Deutschlands* (Leipzig 1904).
29 August Bebel, *Aus meinem Leben* (Stuttgart 1911), II, 263–264.
30 Edward Aveling, *Die Darwinsche Theorie* (Stuttgart 1887), S. 71.
31 Peter Klein, *Ernst Haeckel, der Ketzer von Jena* (Leipzig 1966), S. 244.
32 Zit. nach Heribert Dorber und Werner Plesse, Zur philosophischen und politischen Position des von Ernst Haeckel begründeten Monismus. In: *Deutsche Zeitschrift für Philosophie* 26 (1968), S. 1339.
33 Haeckel, Freie Wissenschaft und freie Lehre, II, 283.
34 Hans Manfred Bock, *Geschichte des ‚linken Radikalismus' in Deutschland* (Frankfurt 1976), S. 38 f.
35 Haeckel, Der Monismus als Band zwischen Religion und Wissenschaft (1892). In: E. H., *Gemeinverständliche Vorträge und Abhandlungen*, I, 314.
36 Ebd., I, 316, 343.
37 Ebd., I, 342.
38 Richard Hamann und Jost Hermand, *Impressionismus* (Frankfurt 1977), S. 308 f.
39 Vgl. Holt, Ernst Haeckel's Monistic Religion, S. 279.

40 Hamann und Hermand, *Stilkunst um 1900* (München 1973), S. 121 f.
41 Zit. nach Hamann und Hermand, *Impressionismus*, S. 309.
42 Vgl. Herbert Scherer, *Bürgerlich-oppositionelle Literaten und sozialdemokratische Arbeiterbewegung nach 1890* (Stuttgart 1974), S. 28 f., 41 f.
43 *Darwins Weltanschauung*. Hrsg. von Bruno Wille (Heilbronn 1906), S. XII.
44 Arno Holz, *Das Werk* (Berlin 1924), II, 1.
45 Zit. nach Kelly, *Between Poetry and Science*, S. 119.
46 Bölsche, *Stirb und Werde!* (Jena 1913), S. 159.
47 Vgl. Hamann und Hermand, *Stilkunst um 1900*, S. 248, 256.
48 Fritz Bolle, Darwinismus und Zeitgeist. In: *Zeitschrift für Religions- und Geistesgeschichte* 14 (1962), S. 168–169.
49 Otto Ammon, *Die Gesellschaftsordnung und ihre natürlichen Grundlagen* (Jena ³1900), S. 203.
50 Johannes Unold, *Politik im Lichte der Entwicklungslehre* (München 1912), S. 123.
51 Vgl. Loren R. Graham, Science and Values: The Eugenics Movement in Germany and Russia in the 1920s. In: *American Historical Review* 82 (1977), S. 1160 f.

JOST HERMAND

Gehätschelt und gefressen: Das Tier in den Händen der Menschen

I

Wie wir wissen, enthalten auch die unglaubwürdigsten Märchen und Mythen manchmal ein Körnchen Wahrheit. Das gilt selbst für das oft belächelte *1. Buch Mose*. Hier werden die ersten Menschen als Vegetarier geschildert, die sich im Garten Eden lediglich von den „Früchten der Bäume" und später – nach ihrer Vertreibung – vor allem vom „Kraut der Felder" ernähren: sich also von Früchtesammlern zu Ackerbauern entwickeln. In dieser Ära hatten deshalb die Tiere vom Menschen noch wenig zu fürchten. Zum Karnivoren wurde der Mensch, wenn wir dieser Quelle Glauben schenken sollen, erst dann, als sich die Wasser der Sintflut wieder verlaufen hatten. An dieser Stelle sagt Jahve zu Noah und seinen Söhnen:[1]

> Seid fruchtbar, und mehret euch, und erfüllet die Erde. Eure Furcht und Schrecken sei über alle Tiere auf Erden und über alle Vögel unter dem Himmel, über alles, was auf dem Erdboden kreucht, und über alle Fische im Meer; in eure Hände seien sie gegeben. Alles, was sich regt und lebt, das sei eure Speise; wie das grüne Kraut hab ich's euch allen gegeben. [...] Gott hat den Menschen zu seinem Bilde gemacht. Seid fruchtbar und mehret euch, und reget euch auf Erden, daß euer viel drauf werden.

Und an diese Lehre, die letztlich auf eine fortschreitende Verdrängung und Ausrottung aller Tiere hinausläuft, haben sich die meisten Juden und Christen dann auch getreulich gehalten. Im Gegensatz zu polytheistisch-naturverehrenden Religionen wie dem Hinduismus und Dschainismus, welche die innere Verwandtschaft aller lebenden Wesen betonen, blieb die mosaisch-christliche Einstellung dem Tier gegenüber stets die von Herr und Knecht oder Jäger und Beute. In all jenen Herrschaftsbereichen, in denen man glaubte, daß nur der Mensch nach dem Bilde Gottes gemacht sei, waren daher die Tiere übel dran. Hier trat ihnen der Mensch vor allem mit Peitsche und Messer entgegen, um sie zu knechten, ihnen das Fell über die Ohren zu ziehen, sie zu schuppen, sie zu rupfen – und sie schließlich aufzufressen. Ja, selbst auf symbolisch-allegorischer Ebene galten sie im Rahmen solcher Erwähltheitsideologien als das ‚Niederste': als das Animalische, Dreckige, Stinkende, Ungezügelte, Triebhafte, Schweinige, Hündische, Bestialische, wenn nicht Diabolische. Soweit deshalb die Stimme dieses Gottes und seiner Stellvertreter drang, wurde unter allen lebenden Wesen nur dem Menschen eine gewisse Würde zugestanden. Nur er galt als Ebenbild des Höchsten, als Krone der Schöpfung – und fühlte sich darum als schrankenloser Gebieter über alle für ihn geschaffenen Kreaturen.[2]

An dieser alttestamentlich-christlichen Grundeinstellung dem Tier gegenüber hat sich – von wenigen Ausnahmen abgesehen – auch im Hochmittelalter und in der beginnenden Neuzeit nicht viel geändert. So wird in den Werken des Thomas von Aquino, welche die Summe christlichen Denkens im 13. Jahrhundert bilden, nur dem Menschen eine höhere Lebensqualität zuerkannt. Tiere sind für Thomas rein instinkthaft-mechanische Wesen. Sie haben weder eine Seele noch einen Anspruch auf ewiges Leben, das heißt haben überhaupt keinen Eigenwert, sondern sind nur für den Menschen da.³ Selbst im Zuge der Renaissance und des Rationalismus des 17. Jahrhunderts wurden solche Vorstellungen nicht erschüttert oder höchstens durch eine säkularisierte Hybris ersetzt. Das führte zwar zu einer merklichen Aufwertung des menschlichen Erkenntnisvermögens, änderte jedoch an der menschlichen Einstellung zum Tier nicht das geringste. Da diese Wesen nach Descartes keine „Ratio" besitzen, wertet er sie zu Objekten, zu *res extensa* ab, ja vergleicht sie in seinem berühmten Brief an den Marquis von Newcastle mit total gefühllosen Maschinen, die wie ein Uhrwerk operieren und deren Nerven und Muskeln lediglich von Gasen in Gang gehalten werden.⁴ Als daher Malebranche, ein kartesianischer Philosoph, einer schwangeren Hündin einen Tritt versetzte und ihn Fontenelle auf ihr schmerzverzerrtes Gesicht aufmerksam machte, sagte er lediglich: „Cela ne sent rien!" („Die fühlen ja nichts!")⁵ Und so wurden von den Naturwissenschaftlern dieser Richtung bald Hunderte von Tieren bei lebendigem Leibe auseinandergeschnitten, seziert, verbrannt oder ausgehungert – und ihr schmerzliches Winseln als eine rein ‚äußerliche' Regung abgetan.

Wie wir wissen, traten diesem absolutistischen Rationalismus, der in vielem ein Spiegelbild der höfischen Gesellschaftshierarchie der Barockära ist, im 18. Jahrhundert eine Reihe aufklärerischer und empfindsamer Strömungen entgegen, die sich in ihrem mitleidsbetonten Einfühlungsdrang – wie Bernard Mandeville in seiner *Bienenfabel* von 1714 – schließlich auch der ‚notleidenden Kreatur' annahmen. Allerdings vollzog sich dieser Wandel sehr langsam, da die ‚Befreiung in den Kapitalismus' im Rahmen des aufsteigenden Bürgertums zu einem gesellschaftlichen Strebertum und Tüchtigkeitskult führte, der sich wiederum in neuen Überlegenheitsgefühlen entlud. Obendrein wurde die Freiheit von diesen Schichten wesentlich energischer verfochten als die Gleichheit oder gar Brüderlichkeit, welche bald einem bürgerlich-kapitalistischen Herrschafts- und Bereicherungsdrang weichen mußten. Und doch kam es im 18. Jahrhundert – aufgrund der universal verkündeten Aufklärung – immer wieder zu Parolen einer allgemeinen Emanzipation aller bisher Benachteiligten – ob nun der Bürger, der Dienstboten, der Bauern, der Frauen, der Juden, der Homosexuellen, der Schwarzen, der Sklaven und schließlich auch der Tiere. Die meisten dieser Parolen blieben zwar weitgehend abstrakt, wiesen aber als uneingelöste Forderungen auch in Zukunft ständig auf die Widersprüche der sich entwickelnden bürgerlichen Gesellschaft hin.

Im Hinblick auf das Tier lassen sich dabei fünf Tendenzen unterscheiden, an denen sich das Postulat einer steigenden Aufwertung dieser niedersten aller Kreaturen festzumachen versuchte. Dazu gehören erstens die historischen Rückverweise auf die Antike, das heißt auf den Respekt, den etwa Plutarch vor Tieren hatte, oder den oft zitierten Hund des Odysseus, welcher der einzige war, der seinen Herrn nach langer Trennung sofort wiedererkannte – und damit Odysseus zu Tränen rührte. Und dazu gehören zweitens die ebenso beliebten Rückverweise auf die Heiligen und Eremiten des frühen Christentums, die in der Einsamkeit der Berge und Wälder mit den Tieren angeblich in einem geradezu paradiesischen Frieden gelebt haben sollen. Andere wiesen in diesem Zusammenhang auf Androkles und den Löwen, auf Antonius von Padua oder den Heiligen Franz hin, die selbst den Fischen und Vögeln das Wort des Herrn zu vermitteln suchten.[6] Ja, selbst Luther soll – trotz seines grundsätzlich hierarchischen Gesellschaftsdenkens – ein kleines Mädchen einmal mit der Aussage getröstet haben, daß auch die „Belferlein und Hundelein in den Himmel kommen" können.[7]

Doch all das blieben historische Reminiszenzen. Als wesentlich wichtiger für das 18. Jahrhundert erwies sich – drittens – jene von Rousseau ausgelöste Strömung, die sich gegen Descartes wandte[8] und für eine konsequente „Einbeziehung der Tiere in das Naturgesetz" eintrat.[9] Durch das Motto „Zurück zur Natur" ging gerade von hier eine steigende Anerkennung des Tieres als eines dem Menschen verwandten Naturwesens aus – was selbst einen Kant bewegte, den Menschen als „Sinnenwesen" zu den Tieren zu rechnen und ihn nur als „Vernunftwesen" als Species sui generis zu betrachten. Doch nicht nur Rousseau, auch die Naturforscher des 18. Jahrhunderts sahen sich – als vierte Gruppe – aufgrund empirischer Studien schließlich gezwungen, den prinzipiellen Unterschied zwischen Mensch und Tier in Zweifel zu ziehen. So zählt Linné schon 1735 in seinem *System der Natur* den Menschen mit den Affen und Faultieren zu den „Anthropomorpha". Und auch Georges-Louis de Buffon spricht in den siebziger Jahren mit prädarwinistischer Zielsetzung von einem graduellen Übergang des Tierischen ins Menschliche.[10]

Die fünfte Richtung wäre jene, die von der Empfindsamkeit herkommt. Hier äußert sich ein steigendes Bedürfnis nach verstärkter Kontaktaufnahme mit allen seelisch-fühlenden Wesen, das entweder ins Idyllisch-Pastorale oder ins Idyllisch-Familiäre tendiert. In diesen Bereichen wird schon zwischen 1750 und 1780 ständig von jener Bruderschaft von Mensch und Tier gesprochen, die dann in der Romantik eindeutig pantheistische Züge annimmt und zum Gedanken der totalen Allharmonie überleitet. Doch nicht nur in dieser gefühlsmäßig-optimistischen Richtung, auch in den eher hypochondrisch gestimmten Werken der Empfindsamkeit spielt das Tier eine große Rolle. In ihnen erscheint es meist als Kompensationsobjekt jener liebesbedürftigen und zugleich frustrierten Außenseiter, die im Zuge der gesellschaftlichen Fragmentierung, Individualisierung, Liberalisierung und damit zunehmenden Kälte und Konkurrenzgesinnung in allen anderen Menschen nur noch berechnende Widersacher erblicken und sich darum ihre wahren Freunde unter den Tieren suchen. „Seit ich die Menschen kenne, liebe ich die Tiere", war ein vielkolportierter Ausspruch dieser Jahre.[11] Und so entwickelte sich im Rahmen der gesellschaftlich Unangepaßten – der Waisen, Verstoßenen, Verkrüppelten, alten Jungfern, unnützen Greise, verkannten Frauen und überkultivierten Intellektuellen – bereits um 1750 eine notwendig überspannte Heimtierverkultung, die dazu führte, im zwitschernden Kanarienvogel, im drolligen Kätzchen, im sprechenden Papagei und vor allem im treuen Hund die einzigen mitfühlenden Seelen aller wirklich Einsamen zu sehen.

Und dies ist die Ebene, auf der auch die Literatur ins Spiel kommt und zu einer steigenden Aufwertung des Tieres beigetragen hat. Tiere hat es in der Kunst selbstverständlich schon immer gegeben: in neuerer Zeit vor allem als Fabeltiere, Allegorien, Embleme, symbolische Vertretungen bestimmter menschlicher Haltungen oder als Besitztümer, Jagdobjekte und Statussymbole (wie Pferd und Falke).[12] Doch das Tier als ein Wesen, das man als Heimtier entweder sentimental verhätschelt oder als gehetztes, getötetes, eingesperrtes Wildtier zutiefst bedauert, wird erst durch die bürgerliche Empfindsamkeit des 18. Jahrhunderts in den Mittelpunkt gerückt. Von vorbildlicher Bedeutung war dabei die englische Literatur.[13] So drückt schon James Thomson in seinen *Seasons* (1726–1730) ein tiefgefühltes Mitleid für alle herzlos gejagten Tiere aus. Noch intensiver werden solche Klagen und Anklagen in der zweiten Hälfte des Jahrhunderts.[14] Dafür spricht das Gedicht von Robert Burns *On Seeing a Hunted Hare Which a Fellow had Just Shot At*, wo es unter anderem heißt:

> Inhuman man! curse on thy barb'rous art,
> And blasted be thy murder-aiming eye;
> May never pity soothe thee with a sigh,
> Nor ever pleasure glad thy cruel heart.

Doch nicht nur die bürgerliche Indignation über das feudalaristokratische Jagdprivileg kommt in den Versen dieser Zeit zum Ausdruck, sondern ein wesentlich umfassender ‚humanitärer' Appell. „I would not enter on my list of friends", schrieb William Cowper, „the man / Who needlessly sets foot upon a worm." Ja, William Blake behauptete empört: „A robin redbreast in a cage / Puts all Heaven in a rage."

Nicht minder nachdrücklich nahm sich die empfindsame Literatur in Deutschland aller gnadenlos getöteten Wildtiere an – und wies zugleich auf all jene Heimtiere hin, deren unwandelbare Anhänglichkeit den Menschen eigentlich zutiefst beschämen müsse. Man denke an das *Schreiben eines parforcegejagten Hirschen an den Fürsten, der ihn parforcegejagt hatte* von Matthias Claudius, das in die bittere Pointe mündet:[15]

> Ich liege hier und mag meinen Kopf nicht aufheben, und das Blut läuft mir aus Maul und Nüstern. Wie können Ihre Durchlaucht es doch übers Herz bringen, ein armes unschuldiges Tier, das sich von Gras und Kräutern nährt, zu Tode zu jagen? Lassen Sie mich lieber totschießen, so bin ich kurz und gut davon.

In dem Gedicht *Als der Hund tot war* beerdigt derselbe Claudius seinen Alard unter jener Eiche, wo dieser in „stiller Nacht" oft stundenlang mit ihm ausgeharrt habe und so auf allen Zeiten in sein „Gedächtnis" eingegangen sei.[16] Wohl das bezeichnendste Gedicht dieser Art ist das *Klagelied eines Schiffbrüchigen auf einer wüsten Insel über den Tod seines Hundes* von Friedrich von Göckingk, wo das Motiv der Freundschaft zwischen Herr und Hund in besonders ‚rührender' Form behandelt wird:[17]

> Jammer! Meinen Freund hab' ich verloren.
> Meinen einzigen auf dieser Welt!
> Ach, da liegt er mit gesenkten Ohren,
> Der mir oft Mut ins Herz gebellt
> Und mir Trost hat zugewedelt! –
> Ach, da liegt mein Letztes in der Welt!

Doch zu solchen eher empfindsam gestimmten Gedichten, welche sich mit einem Wiedersehen im Jenseits vertrösten, gesellten sich im Zeitalter der Französischen Revolution auch Proklamationen, die sich nicht nur mit Trauer, Klage und Protest begnügten. Im Zuge jener Entwicklung, die sich für alle bisher Benachteiligten einzusetzen versuchte, wurden neben den Rechten des Dritten Standes plötzlich auch die Rechte der Frauen, die Rechte der Sklaven und schließlich auch die Rechte der Tiere entdeckt. Die Vertreter dieser Richtung wollten weder zurück zur Natur noch vorwärts in jenes Elysium, das sich erst nach dem Tode eröffnet. Ihnen ging es um das Hier und Jetzt, das heißt um ein sinnvoll geordnetes Gemeinwesen, in dem es keine Rohheit, keine Ausbeutung, keine erzwungene Unterordnung, kein Abschlachten der einen durch die anderen mehr gibt.

Und wieder ist es England, wo sich – im Hinblick auf die Tiere – die fortschrittlichsten Stimmen dieser Art finden. Von Humphry Primatts *On the Duty of Mercy and Sin of Cruelty to Brute Animals* (1761) bis zu John Oswalds *The Cry of Nature, or An Appeal to Mercy and Justice in Behalf of the Persecuted Animals* (1797), Thomas Youngs *An Essay on Humanity to Animals* (1798) und den Schriften von Mary Wollstonecraft[18] findet sich hier eine geradezu ununterbrochene Folge von Traktaten, in denen die quasi-kantische Forderung aufgestellt wird, daß man Tiere so behandeln solle, wie man selber gern behandelt werden möchte. Diese Autoren folgten nicht nur der Stimme ihres Herzens, sondern forderten auch für Tiere gesetzlich verankerte Rechte, um sie endlich aus dem Zustand der völligen Ungeschütztheit zu befreien. „The day may come", schrieb Jeremy Bentham 1789 in seiner *Introduction to the Principles of Morals and Legislation,* „when the rest of the animal creation may acquire those rights which never could have been withholden from them but by the hand of tyranny."[19] Manche, wie Oswald und Nicholson, stießen dabei in ihren Schriften – zum Teil unter Berufung auf die „zarter fühlenden Inder" – schon damals bis zum Postulat des Vegetarismus vor, um so der Forderung nach ‚Universal Benevolence' einen konkreten Sinn zu geben. Sie empfanden das Jagen und Schlachten der Tiere bereits als Bruder- oder Schwestermord, ja als Kannibalismus und wiesen darauf hin, daß der Mensch – wie sein Mangel an Reißzähnen beweise – von Natur aus zum Früchtesammler bestimmt sei. Erst wenn alle Menschen Vegetarier würden, schrieben sie, werde es möglich sein, das Ideal des ‚Ewigen Friedens' zu verwirklichen.

Doch all das war leichter gesagt als getan. So wie die Sklavenbefreiung und die Frauenbefreiung durch die Niederschlagung der Französischen Revolution und die einseitige Befreiung in den Kapitalismus notwendig Stückwerk blieb oder überhaupt nicht angefangen wurde, so blieb auch die ‚Befreiung der Tiere‘ eine bloße Floskel. Da sich das Bürgertum in den Augen des Adels als der vernünftigste, tugendhafteste und fleißigste Stand zu qualifizieren versuchte, blieb das unvernünftige, sündhafte und untätige Tier auch in den Händen der neuen, sich emanzipierenden Klasse weiterhin ein Objekt der Geringschätzung, Ausbeutung, Belustigung oder Ausschlachtung. Und zwar wurde diese Haltung der qualitativen Überlegenheit entweder mit dem überlieferten ‚Vernunft‘-Argument oder dem naturrechtlichen Argument der Macht des Stärkeren über die Schwächeren untermauert. Für das ‚Vernunft‘-Argument griff man dabei gern auf Kants *Grundlegung zur Metaphysik der Sitten* (1785) zurück, wo die Überlegenheit des Menschen, als eines seinen Zweck in sich selber tragenden Wesens, mit folgenden Worten ‚bewiesen‘ wird:[20]

> Die Wesen, deren Dasein [...] auf der Natur beruht, haben dennoch, wenn sie vernunftlose Wesen sind, nur einen relativen Wert, als Mittel, und heißen daher *Sachen*, dagegen werden vernünftige Wesen *Personen* genannt werden, weil ihre Natur sie schon als Zwecke in sich selbst, d. i. als etwas, das nicht bloß als Mittel gebraucht werden darf, auszeichnet, mithin so fern alle Willkür einschränkt (und so ein Gegenstand der Achtung ist).

Genauso hatten sich schon Jahve und Descartes geäußert! Und auch die Vertreter des ‚Naturrechts‘, das immer stärker im Sinne des entstehenden Manchester-Liberalismus und seiner Parole ‚Freie Bahn dem Tüchtigen‘ ausgelegt wurde, argumentierten nicht viel anders.

All jene, die sich für das ‚Recht der Tiere‘ einsetzten, wurden deshalb noch höhnischer ausgelacht als jene, die für Frauen oder Sklaven eintraten. Bei Frauen und Sklaven handelte es sich immerhin um halbwegs beseelte, ja zum Teil sogar um halbwegs vernünftige Wesen, wie es damals hieß. Was sollte man dagegen mit unvernünftigen und seelenlosen Tieren anfangen? Der Forderung, etwas zu ihrem *Schutz* zu tun, stimmten zwar fast alle Aufklärer bei. Sie wandten sich daher nachdrücklich gegen das Schächten oder Sezieren von Tieren und verdammten zugleich öffentliche ‚Belustigungen‘ wie Hahnenkämpfe, das Totbeißen von Ratten, das Augenausstechen bei Vögeln, das Amschwanzaufhängen von Katzen oder die verbreitete Unsitte, Hunden Feuerwerkskörper an den Leib zu binden und diese dann anzuzünden.[21] Aber wirkliche *Rechte* für Tiere hielten selbst die meisten Aufklärer für unnötig. Sogar ein Bentham sah in ihnen, trotz aller großen Worte, letztlich bloße Mittel zum Zweck, das heißt Fleischlieferanten für den menschlichen Gaumen. „We deprive animals of life", heißt es bei ihm, „and that is justifiable; their pains do not equal our enjoyment."[22] Ebenso sophistisch äußerte sich Lord Chesterfield:[23]

> My scruples remained unreconciled to the committing of so horrid a meal, till upon serious reflection I became convinced of its legality from the general order of Nature,

which has instituted the universal preying upon the weaker as one of her first principles.

Und so blieb die anthropozentrische Perspektive Tieren gegenüber auch im Zeitalter der Französischen Revolution durchaus dominierend. Die Schriften der radikalen Tierfreunde und Tierschützer galten weiterhin als lächerliche Sentimentalitäten, ja forderten ihre Gegner zu rabiaten Gegenschriften heraus. Man denke an die Schrift *A Vindication of the Rights of Brutes*, die 1792 anonym in London erschien und sich wie eine Parodie auf die Schriften von Thomas Paine und Mary Wollstonecraft liest. Hier wird das forcierte Erbarmen mit den Niederen als eine bedauerliche Überspanntheit hingestellt, die eines Tages die Forderung nach sich ziehen könne, nicht nur zu Frauen und Dienstboten, sondern auch zu Tieren ‚freundlich' sein zu müssen!

II

Bevor es also zu wirklichen Tierschutzgesetzen kam, mußten im Verhältnis von Mensch zu Tier noch eine Reihe weiterer Veränderungen vor sich gehen. Nicht ohne Einfluß war dabei der romantische Pantheismus, der schließlich bewirkte, daß Tieren, wenn schon keine ‚Vernunft', so doch eine ‚Seele' zugesprochen wurde. Und so erschien im Laufe des 19. Jahrhunderts eine reiche Literatur zum Thema ‚Tierseele', für die man in Deutschland auf Bücher wie *Beiträge zur Philosophie der Seele* (1830) von Karl von Flemming, *Versuch einer vollständigen Tierseelenkunde* (1840) von Peter Scheitlin, *Das Seelenleben der Tiere, insbesondere der Haussäugetiere im Vergleich mit dem Seelenleben der Menschen* (1854) von Christian Josef Fuchs und *Über das Seelenleben der Tiere* (1865) von Maximilian Perty hinweisen kann.[24] Alle diese Autoren sind davon überzeugt, daß es zum Prinzip lebender Organismen gehört, „beseelt" zu sein,[25] ja daß das Seelenleben der Tiere „dem menschlichen viel verwandter sei", als man bisher angenommen habe.[26] Nicht nur Menschen, auch Tiere besäßen Klugheit, Dankbarkeit, Großmut, Rechtsgefühl, Mutterliebe, seelischen Ausdruck und sogar einen Sinn für Kunst, liest man in diesen Schriften immer wieder. Doch fast noch folgenreicher für die steigende Hochschätzung des Tieres als all diese Beseelungsversuche war der in den sechziger Jahren des 19. Jahrhunderts einsetzende Darwinismus, der die Kluft zwischen Mensch und Tier auf ein Minimum reduzierte und schließlich aufhob. Durch Darwins Theorien wurden die Menschen noch stärker als schon bei Linné und Buffon mit der Tatsache konfrontiert, daß die Überlegenheit der Menschen über die Tiere lediglich darin besteht, das vorläufig letzte Produkt innerhalb einer langen Entwicklungskette zu sein, die nur graduelle, aber keine prinzipiellen Unterschiede kennt.

Aber selbst diese Thesen hätten nicht ausgereicht, das Verhältnis zwischen Mensch und Tier grundsätzlich zu ändern, wenn nicht im Laufe des 19. Jahrhunderts durch die fortschreitende Verstädterung, gesellschaftliche Fragmentierung und damit Vereinzelung der Menschen die bereits bestehende Heimtierliebe, ja

Heimtiersentimentalität zu einem emotional aufgeladenen Massenphänomen geworden wäre. Noch stärker als in der Empfindsamkeit setzt in diesem Zeitalter – aus Angst vor der verschärften Konkurrenz – ein Rückzug aller ‚feinfühligen' Menschen in die Privatheit und damit zu Heim und Tier ein. Erst jetzt kommt es durch die absolute Trennung von öffentlicher und privater Existenz zu jener ‚Entfremdung', in der das Heimtier zum Ersatzobjekt für die im Leben verfehlten Bereicherungspartner wird. All jene Frustrierten, Unzufriedenen, Einsamen, hypochondrisch Gestimmten, die sich von der grauen Normalität der bürgerlichen Gesellschaft abgestoßen fühlen, kompensieren daher ihr ‚nichtgelebtes' Leben mehr und mehr mit Kunstgenuß, Ausflügen in die Natur und dem traulichen Umgang mit ihren Tieren.

Die bürgerlichen Interieurs des 19. Jahrhunderts verwandeln sich im Zuge dieser Entwicklung immer stärker in jene Eigenheime, jene Fluchträume, jene inselhaften Paradiesgärtlein oder ‚grünen Stellen', wie Friedrich Theodor Vischer alles außerhalb der bürgerlichen Konventionalität Liegende nennt. Erst sind es die Hunde, Katzen, Vogelkäfige und Topfpflanzen, die Einzug in diese Wohnungen halten; später kommen ganze Palmen, Volieren, Aquarien, ja sogar Hamster, Äffchen und Eichhörnchen hinzu. Das relativ kahle Biedermeier-Interieur wird so nach 1848 zu einer Gegenwelt des Grünenden, Blühenden, Belebten, Zwitschernden, Miauenden inmitten einer total verstädterten und kommerzialisierten Industriegesellschaft. Während man sich ‚draußen' den herrschenden Konventionen unterwirft, sind in diesem Bereich die bürgerlichen Herrchen und Frauchen unumschränkte Gebieter. Hier brauchen sie nicht zu dienen. Im Gegenteil. Hier werden sie von allen geliebt und umschmeichelt. Die viktorianischen und nachmärzlich-wilhelminischen Heimtiere sind darum gar keine Tiere, sondern völlig anthropomorph gesehene Wesen, die man wie kleine Kinder erzieht, verhätschelt, verwöhnt, emotional ausschlachtet, zu einem Leben erotischer Abstinenz verurteilt, die man streichelt, krault, küßt, in parfümiertem Wasser badet, mit ins Bett nimmt, zu denen man spricht, für die man Parties veranstaltet, denen man im Winter wärmende Mäntelchen anzieht, die auf gestickten Kissen ruhen, aus geblümten Schälchen essen – bis sie fett und asthmatisch werden, verscheiden und im Garten tränenreich beerdigt werden.[27] Doch nicht nur das. Man liest auch unentwegt über sie, ob nun in der *Gartenlaube* (ab 1853) oder in Brehms *Tierleben* (1864), hängt sich Tier- und Landschaftsbilder an die Wände, stellt ausgestopfte Vögel auf die Vitrinen, drückt Kindern Tierbücher und Tierspielzeug in die Hand,[28] wandert an Wochenenden ins ‚Grüne' oder zieht sich in kleinbürgerlich-proletarische Schreber-Gärten (ab 1864) zurück.

Es gibt kaum ein ‚fühlendes Herz' unter den deutschen Dichtern und Wissenschaftlern des 19. Jahrhunderts, welches solche Neigungen nicht geteilt hätte. Fast alle haben mit Tieren gelebt, diese Tiere innig geliebt und ihre Tierliebe offen zugegeben. Wohl am intensivsten war diese Verbundenheit mit dem Tier bei Arthur Schopenhauer, dessen Tierliebe ein bewußtes Pendant zu seiner Misanthropie, Frustrierung und Weltverachtung ist. Schopenhauer zögerte nicht, in seinen *Parerga und Paralipomena* (1851) von einer „Identität des Wesentlichen in Mensch und Tier" zu sprechen und in deutlicher Anlehnung an den Hinduismus zu erklären, daß „das ewige Wesen, welches, wie in uns, auch in allen Tieren lebt, als solches erkannt, geschont und geachtet werden" müsse.[29] Für Schopenhauer sind daher Tiere nicht einfach Sachen, Dinge oder Nutzobjekte für unsern Gebrauch. Statt sich in diesem Punkt an die Meinungen des „jüdischen" oder „christlichen Pöbels" zu halten,[30] sieht er in ihnen Geschöpfe, die mit dem gleichen Recht auf Erden sind wie der Mensch. Ja, in mancher Hinsicht stellt er sie sogar über den Menschen. So ist ihm das ‚ehrliche' Gesicht eines Hundes allemal lieber als die durch Falschheit und Heimtücke verzerrten Gesichter der üblichen Spießer. Aus diesem Grunde empfand es Schopenhauer nicht als Blasphemie, seinen Pudel ‚Atma', das heißt ‚Weltseele', zu nennen[31] und energisch für eine verstärkte Schonung, aller Tiere, ja Liebe zu ihnen einzutreten.

Die Tierdichtung und Tiermalerei des 19. Jahrhunderts, die sich an diese Gesinnung anschließt, betont daher bei der Darstellung von Heim- und Haustieren vor allem ihre Unverstelltheit, Wahrheit, Anhänglichkeit und Treue. Ob nun Adalbert Stifter, Friedrich Hebbel, Gottfried Keller, Wilhelm Busch, Friedrich Theodor Vischer oder Richard Wagner: alle rühmen an ihren Tieren, daß diese keinen anderen „Lebensinhalt" hätten, als in der „Liebe" für ihren Herrn aufzugehen (Stifter) oder ihrem Herrn eine „unbedingte Ergebenheit" zu beweisen (Wagner).[32] Wie Schopenhauer, traten daher auch sie wiederholt für eine größere Schonung aller Tiere ein. Bei Vischer war diese Tierliebe so groß, daß Keller zu seinem 80. Geburtstag schrieb:[33]

> Er wettert herrlich für die wehrlos gequälte Natur; denn als ein ganzer Mann erbarmt er sich ihrer, und wenn er ein alter Heiliger wäre, so würde ihn einst eine große Schar erlöster Tiere ins Himmelreich begleiten.

Bei den Tiergeschichten des bürgerlichen Realismus und der auf ihn folgenden Literatur stehen deshalb meist folgende Aspekte im Vordergrund: 1. Die Hilflosigkeit der Wildtiere, die vom Menschen unbarmherzig gejagt, gequält, gefoltert, gefangen oder getötet werden. Da diese Tiere von argloser Natürlichkeit sind, haben sie gegen den heimtückischen Menschen von vornherein keine Chance. Ihr naives Wildtierdasein wirkt darum wie eine Folie für die grausame Niedertracht des Menschen, der alles, was ihm über den Weg läuft, einfach tottritt oder abknallt. 2. Die Treue der Heimtiere, die den Menschen durch ihre unwandelbare Anhänglichkeit moralisch weit überlegen sind, indem sie sich selbst bei unachtsamer oder gar schnöder Behandlung alle Mühe geben, ihren jeweiligen Herrchen oder Frauchen zu gefallen. Obwohl es auch Geschichten gibt, in denen Menschen mit zahmen Eichhörnchen, Affen, Wieseln, ja sogar Antilopen oder Löwen zusammenleben, stehen im Bereich der Heimtiere meist die Hunde und Katzen im Vordergrund. Und von diesen beiden ist es wiederum der Hund, dem die meiste Beachtung geschenkt wird.

Der Hund galt unter den Autoren des 19. und frühen 20. Jahrhunderts als das einzige Tier, das dem Menschen ohne ‚Distanz' gegenübertritt, das also das spezifisch Tierisch-Fremde bereits hinter sich gelassen hat und als denkendes wie auch fühlendes Wesen menschenähnlich geworden ist. Die Hundegedichte und

Hundeerzählungen aus diesem Zeitraum sind deshalb geradezu Legion. Und zwar wird dabei der Hund – in anthropomorpher Perspektive – meist als der einzige Freund, Begleiter, Helfer, Schützling oder auch Beschützer all jener Hagestolze, alten Jungfern, Blinden, Waisenkinder, Taubstummen, Häftlinge, Bettler, Misanthropen, verkannten Frauen, verschrobenen Intellektuellen und anderer gesellschaftlich Unangepaßten hingestellt, die im Umgang mit ihrem Hund die im Leben vermißte Liebe und Treue suchen – und zumeist auch finden. So lobt schon Lord Byron, obwohl es ihm an menschlichen Partnern wahrlich nicht fehlte, seinen Boatswain als den „treuesten Freund der Welt".[34] Noch hundefreundlicher wirkt die viktorianische Literatur, was die vielen Hunde in den Romanen von Dickens oder den Gedichten eines Lord Tennyson belegen.[35] Bei den Russen waren es vor allem Leskow, Turgenew, Dostojewski und Kuprin; bei den Deutschen Vischer, Ebner-Eschenbach und Fontane, in deren Werken Hunde eine wichtige Rolle spielen. So empört sich Vischer in *Auch Einer* (1878) gegen die allgemeine Lieblosigkeit der Menschen und preist dafür jene Hunde, die ihren Herrn bis zum Tod die Treue halten[36] – ja behauptet, daß man bürgerlichen Idyllen wie Goethes *Hermann und Dorothea*, in denen kein Hund vorkomme, das „Prädikat des Vollkommenen" vorenthalten solle.[37] Bei Ebner-Eschenbach sind es Hundegeschichten wie *Krambambuli* und *Die Spitzin*, in denen ein einsamer Förster und ein Waisenjunge von der Treue eines Hundes so beschämt werden, daß sie erschüttert in sich gehen.[38] Ebenso zeittypisch ist die Schlußszene von Fontanes *Effi Briest* (1895), wo der Hund Rollo seiner Herrin ins Grab nachfolgen will, und sich zwischen den beiden alten Briests folgendes Gespräch anspinnt:

> Sieh, Briest, Rollo liegt wieder vor dem Stein. Es ist ihm doch tiefer gegangen als uns. Er frißt auch nicht mehr.
> Ja, Luise, die Kreatur. Das ist es ja, was ich immer sage. Es ist nicht so viel mit uns, wie wir glauben.

Im 20. Jahrhundert gehören zu den berühmtesten Beispielen solcher Hundegeschichten wohl *Herr und Hund* (1919) von Thomas Mann, wo der drollige Bauschan erst dem Prozeß der „Eingewöhnung und bürgerlichen Festigung" unterworfen wird und sich dann seine „Lebenswürde" in „ergebener Knechtsfreundschaft" verdienen muß,[39] sowie Virginia Woolfs *Flush* (1933), in dem die Biographie jenes Cocker Spaniels nachgezeichnet wird, bei dem die einsame und hochsensible Elizabeth Barret-Browning Verständnis und Liebe zu finden hoffte.[40]

III

Aufgrund all dieser Tierliebe, die sich seit der Mitte des 18. Jahrhunderts entwickelt und dann im 19. Jahrhundert immer intensiver wird, würde man erwarten, daß es schon um 1800 zu den ersten Tierschutzgesetzen kam. Doch so schnell ging es nicht. Wer für Tiere eintrat, setzte sich damals – wie zum Teil noch heute – bei allen Sonntagschristen und Philistern zwangsläufig der Lächerlichkeit aus und wurde als ein „Wilberforce of Hacks" verhöhnt.[41] Selbst in England, dem ökonomisch und sozial fortgeschrittensten Land in Europa, waren deshalb die Bemühungen um eine durchgreifende Tierschutzgesetzgebung lange Zeit zum Scheitern verurteilt. Erst im Jahre 1822 gelang es hier Richard Martin, genannt „Humanity Dick", im Parlament ein erstes Tierschutzgesetz durchzubringen, den „Martin Act" oder die „Animals' Magna Charta", die den Mißbrauch gewisser Haus- und Heimtiere erstmals unter Strafe stellte. Daraufhin gründeten Martin und Wilberforce 1824 in London den ersten Tierschutzverein, aus dem später die ‚Royal Society for the Prevention of Cruelty to Animals' (RSPCA) und viele andere Tierschutzvereine hervorgingen, die sich als Teil einer größeren ‚Humane Movement' verstanden.[42] Diese Bewegung griff anschließend auch auf andere ‚zivilisierte' Länder in Westeuropa und Nordamerika über, was die Gründungsdaten folgender Tierschutzvereine belegen: Dresden (1839), Berlin (1841), München (1843), Paris (1845), Wien (1846), New York (1866) usw.[43]

All diese Vereine traten für folgende Verbesserungsvorschläge ein: eine ‚humanere' Behandlung von Haus- und Heimtieren, eine größere Schonung von Pferden und Hunden im Krieg, eine staatliche Kontrolle aller Schlachthäuser, die Einführung ‚besserer' Tötungsmethoden durch die Verwendung der „Behr"-Pistole und der „Bruneau"-Maske, eine angemessenere Behandlung von Zirkustieren, ein grundsätzliches Verbot aller Stier-, Hahnen- und Hundekämpfe sowie aller Rodeos und schließlich die Ersetzung der alten Käfigmenagerien durch großräumige Tiergehege im Sinne des Hagenbeckschen Tierparks in Hamburg. Manche dieser Vorschläge wurden von bestimmten Stadt- oder Länderverwaltungen sogar aufgegriffen und in Gesetze verwandelt. Doch letztlich blieben all diese Änderungen rein kosmetischer Natur, da selbst die meisten Vertreter der Humane Movement gegen Fleischkost, gegen die Ausbeutung von Tieren in der Landwirtschaft, gegen Zoologische Gärten oder gegen die Haltung bestimmter Heimtiere im Prinzip nichts einzuwenden hatten. Doch nicht allein das: In der zweiten Hälfte des 19. Jahrhunderts kam es zu so durchgreifenden technischen, medizinischen und bevölkerungspolitischen Umwälzungen, daß sich dagegen selbst die stärksten Tierschutzvereine und die von ihnen inaugurierten Gesetze als machtlos erwiesen.

So war es zwar äußerst nobel, daß sich Männer wie Henry S. Salt und George Bernard Shaw um die Jahrhundertwende mit Wort und Tat energisch für ein verbrieftes ‚Recht der Tiere' einsetzten, das heißt Tiere in den Rang gesetzlich anerkannter ‚Personen' zu erheben suchten.[44] Aber mit Appellen dieser Art war dem Rad der Zeit nicht mehr in die Speichen zu greifen. Was dem entgegenstand, war vor allem die Parvenügesinnung der sich immer rücksichtsloser gebärdenden Bourgeoisie, die es nach Jahrhunderten der Sparsamkeit und Ergebenheit jetzt dem Adel endlich gleichtun wollte, indem sie auch fashionable Jagden veranstaltete, ihre Häuser auch mit Trophäen schmückte, ihre Tische auch mit Wildpret belud, ihre Frauen auch mit Pelzen und Federn ausstaffierte. Und so stieg – mit dem steigenden Lebensstandard dieser Klasse – der Fleischbedarf geradezu ins

Astronomische. Im Gefolge dieser Entwicklung wurden nicht nur die Schlachthäuser, sondern auch der Hunger nach Ausdehnung, Ausbreitung, Vermehrung, neuen Ländern immer größer. Es scherte diese Klasse nicht im geringsten, wieviel Naturvölker oder Tierarten bei diesem imperialistischen Kolonisierungsdrang draufgingen. Während der weißen Rasse um 1800 erst 35 Prozent der Erdoberfläche gehörten, waren es um 1900 glatte 85 Prozent. Trotz einiger Proteste von seiten der Tierschutzvereine wurden dabei in aller Welt Unmassen von Tieren abgeschlachtet, ja ganze Arten ausgerottet, um so weiteren Platz für die kapitalistisch-bürgerliche ‚Kultur' zu schaffen. So verkündete etwa General Sheridan im Hinblick auf die Abermillionen nordamerikanischer Büffel: „Let them kill, skin und sell until the buffalo is exterminated, as it is the only way to bring lasting peace and allow civilization to advance."[45] Manche der hier Angesprochenen töteten daher bis zu 200 Büffel am Tag und weideten sich geradezu am Sterben dieser Tiere. Dies waren die Jahre, als in den Schlachthäusern Chicagos für Touristen und andere Schaulustige Schilder mit der Aufschrift hingen: „This way to see the Killing."

Gegen all das hatte die ‚Humane Movement' kaum etwas einzuwenden. Schließlich handelte es sich hierbei nicht um ‚Pets', sondern um bloßes Nutzvieh oder gar ‚wilde Tiere'. Die meisten Mitglieder dieser Bewegung sahen noch gar keinen Widerspruch darin, ihren Hund zu streicheln – und gleichzeitig mit größter Wonne eine Fasanenbrust oder auch nur ein Beefsteak zu fressen. Erregt wurden diese Kreise erst dann, als man den Artgenossen ihrer kleinen Lieblinge – nämlich anderen Hunden, Katzen, Affen, Hamstern und Mäusen – das Fell über die Ohren zog, ihnen bei lebendigem Leibe den Bauch aufschlitzte oder sie anderen ebenso gräßlichen Experimenten und Vivisektionen unterwarf.[46] Dies empfand man als einen Verstoß der kalten Wissenschaft gegen die warme Humanität! Seit 1870 wimmelte es deshalb in vielen liberalen Zeitungen und Zeitschriften nur so von Protesten gegen die Vivisektion.[47] Von John Ruskin, Richard Wagner und Robert Browning, dem Vizepräsidenten der englischen ‚Anti-Vivisection Society', bis zu Mark Twain, George Bernard Shaw und Henry S. Salt: es gab in diesen Jahren kaum einen engagierten Tierfreund, der sich nicht in den Dienst dieser Kampagne gestellt hätte.[48] Die führende Rolle spielten dabei die englischen Liberalen. Doch auch in Deutschland kam es schon 1879 zur Gründung einer ‚Liga gegen Tierquälerei'. 1882 bzw. 1883 wurden in Paris und New York ähnliche Organisationen ins Leben gerufen.

Doch trotz all dieser Proteste gegen die verschiedensten Formen der Tierquälerei und Tierausrottung hielten die meisten der viktorianisch-wilhelminischen Tierschützer weiterhin am Konzept der qualitativen Überlegenheit des Menschen über alle anderen Lebewesen und damit am Recht auf ungehemmte Vermehrung und Ausbreitung sowie am Recht auf Fleischfresserei fest. Nur die wirklich Radikalen innerhalb dieser Bewegung gingen noch einen Schritt weiter und erklärten, daß jedes humanitäre Bekenntnis im Hinblick auf die Tiere mit einem Bekenntnis zum Vegetarismus zu beginnen habe. Hinter solchen Proklamationen steht selbstverständlich eine lange Vorgeschichte. Schon bei den Orphikern und

Pythagoräern,⁴⁹ in der Gnosis, bei den Manichäern und Katharern, bei Männern wie Leonardo da Vinci, Montaigne, Milton, Voltaire, Rousseau, Isaac Newton, Gassendi und Benjamin Franklin finden sich aus religiös-asketischen, moralisch-ethischen oder diätetisch-medizinischen Gründen Bekenntnisse zum Vegetarismus. Doch zu einer wirklichen Bewegung wurde der Vegetarismus erst im 19. Jahrhundert, als ihm auch Charles Darwin, Richard Wagner, Henry Thoreau, Susan B. Anthony, Ralph Waldo Emerson, George Bernard Shaw, Leo Tolstoi sowie H. G. Wells ihre Stimme liehen. Von entscheidender Bedeutung waren dabei wiederum die Anregungen, die von England ausgingen, da sich hier durch die Kontakte mit dem indischen Buddhismus und die fortschreitende Verstädterung die stärkste Tierliebe entwickelt hatte. Als Anreger dieser Bewegung fungierten vor allem der bereits erwähnte Aufklärer John Oswald mit seinem Buch *The Cry of Nature* (1791) und dann romantische Pantheisten wie Percy Bysshe Shelley, die von einer ‚Bruderschaft aller lebenden Wesen' träumten.⁵⁰ Die erste ‚Vegetarian Society' wurde 1811 in London gegründet und setzte eine Bewegung in Gang, die seit den vierziger Jahren auch auf viele Frühsozialisten, Utopisten, Pazifisten, Lebensreformer und schließlich Theosophen übergriff.⁵¹ Obwohl diese Bewegung von Macauly und Carlyle, welche sich auf das ‚göttliche Recht' des Menschen über die Tiere beriefen, offen ausgelacht wurde und auch von der RSPCA keine offizielle Unterstützung erhielt, hatte sie zwischen 1880 und 1910 dennoch eine beachtliche Breitenwirkung, da auch Shaw, Wells und Salt für sie eintraten und statt bloßer Tiersentimentalität „Universal Justice" für alle Lebewesen forderten.⁵² Besonders engagiert setzte sich die Fabierin und spätere Theosophin Annie Besant für eine ‚blutlose Diät' ein und erklärte in ihrem Büchlein *Vegetarianism in the Light of Theosophy* (1894) unter Berufung auf den Heiligen Franz und indische Hindupriester, daß der Mensch nur dann zu einem höheren Bewußtsein gelangen könne, wenn er auf Fleisch und Alkohol verzichte und sich zu einer ‚gereinigten' Alliebe bekenne. Als Inbegriff des Horrors auf Erden erschienen ihr daher die Schlachthäuser Chicagos, von denen geradezu ein Pesthauch der Verrohung auf die ganze Stadt ausgehe.⁵³

Neben England war es vor allem Deutschland, in dem die vegetarische Bewegung schnell Fuß faßte. So unterhielt der englische *Vegetarian Advocate* bereits 1849 einen ausländischen Korrespondenten in Berlin. Schopenhauer war kein Vegetarianer, wie sich die Vertreter dieser Richtung anfangs nannten, sondern hielt einen mäßigen Fleischgenuß in den nördlichen Zonen der Erde noch für unvermeidlich. Wirklich aufmerksam wurde man auf die deutschen Vegetarianer erst im Jahre 1867, als Eduard Baltzer den ‚Verein für naturgemäße Lebensweise' gründete.⁵⁴ Ab 1868 gab derselbe Baltzer das *Vereinsblatt für Freunde der natürlichen Lebensweise (Vegetarianer)* heraus. Im gleichen Jahr rief Gustav von Struve – wie Baltzer ein enttäuschter Achtundvierziger, der bereits vorher vegetarische Schriften und Romane publiziert hatte – die ‚Vegetarische Gesellschaft' ins Leben. Im Jahre 1869, in dem Struve sein Buch *Pflanzenkost. Grundlage einer Weltanschauung* herausbrachte, trafen sich die verschiedenen Vegetariergruppen zu ihrem ‚Ersten Vereinstag der deutschen Vegetarier' in Nordhausen. 1873 veröffentlichte Baltzer sein Buch *Ideen zur sozialen Reform,* in dem er erklärte, daß der Mensch von Natur aus kein „Fleischfresser", sondern ein „Fruchtesser" sei (was schon sein reißzahnloses Gebiß nur allzu deutlich beweise), und daß nur eine blutlose „naturgemäße" Lebensweise zu Reinheit, Glück, sozialem Gleichgewicht und damit Frieden führen könne.[55] Neben den medizinischen Aspekten hob er dabei vor allem die ökonomische Seite dieser Bewegung hervor. Er sei nun einmal bekannt, schrieb er, daß Fleischfresser *zehnmal* soviel Land benötigten wie Pflanzenesser, und daher schon die steigende Bevölkerungszahl gebiete, endlich zur blutlosen Diät überzugehen.[56]

Eine gleichsam höhere Weihe erhielten all diese Bestrebungen durch die offenen Bekenntnisse Richard Wagners zum Vegetarismus, der – von Pythagoras, Schopenhauer und Gleizes beeinflußt – 1871 in Bayreuth das erste vegetarische Speisehaus Deutschlands mitbegründete und sich auch in Aufsätzen wie *Religion und Kunst* sowie *Was nützt diese Erkenntnis?* für eine Regeneration des Menschengeschlechts durch den Vegetarismus einsetzte und zugleich eine vegetarische Abendmahlsauffassung vertrat. Ihren dichterischen Ausdruck fand diese Gesinnung in jener Szene, wo Gurnemanz den jungen Parsifal, der gerade einen Schwan getötet hat, auf die Heiligkeit aller lebenden Wesen hinweist – und Parsifal daraufhin tiefbeschämt seinen Bogen zerbricht.

Damit war die Basis für jenen Vegetarismus gelegt, der um 1900 von der deutschen Lebensreformbewegung verkündet wurde. Bei dieser Richtung handelt es sich um ein höchst komplexes Gemisch aus verschiedenen Gruppen und Grüppchen, die sich – in ihrem romantisch-utopischen Antikapitalismus – neben dem Vegetarismus auch zur Bodenreformbewegung, zu Gartenstadtideen, zur naturgemäßen Lebensweise, zur Freikörperkultur und anderen Reformkonzepten bekannten. Die meisten dieser Gruppen wurden von bestimmten ‚Gurus' geleitet und organisierten sich aus Protest gegen das ‚barbarische' Leben innerhalb der modernen Großstädte in enklavehaften Kommunen, Siedlungen und Künstlerkolonien.[57] Zu ihren ersten Vertretern zählte ein Verächter der „Schlachthaus-Zivilisation" wie Johannes Gutzeit, der bereits in den achtziger Jahren die deutschen Lande als Apostel des Vegetarismus durchstreifte.[58] Der nächste Vertreter dieser ‚Großen Weigerung' war Karl Wilhelm Diefenbach, der 1887 im Isartal bei Höllriegelskreuth mit dem jungen Fidus und anderen Anhängern die erste deutsche Landkommune der ‚Sonnenmenschen' ins Leben zu rufen versuchte, jedoch wie Gutzeit von der Mehrheit der Bourgeoisie als „Kohlrabi-Apostel" verulkt wurde.[59] 1893 gründete Bruno Wilhelmi die vegetarische Obstbaumkolonie „Eden" bei Berlin, die sich schnell zu einer wirklichen Reformsiedlung entwickelte. 1896 veröffentlichte Adolf Just sein Buch *Kehrt zur Natur zurück!* und eröffnete zugleich sein Naturheilkundeinstitut ‚Jungborn' bei Stapelburg im Harz, wo man vornehmlich Rohkost aß und sich Kneippschen Wasserkuren unterzog. Im Jahre 1900 folgte die Gründung der berühmten Vegetariersiedlung auf dem Monte Verità bei Ascona. Im gleichen Jahr wurden in Deutschland die ersten ‚Reformhäuser' eröffnet.[60] Kurz darauf gründete Fidus in Woltersdorf bei Berlin seinen St. Georgsbund, der sich ebenfalls zu Freikörperkultur und Vegetarismus bekannte.

Während bei all diesen Gründungen (trotz mancher okkulten Marotten) bis zum Jahre 1900 noch weitgehend hygienische, naturgemäße, theosophische oder ethisch-humanitäre Gesichtspunkte überwogen, macht sich nach 1900 innerhalb der deutschen Vegetarierbewegung ein steigender Trend zum Rassischen, Arischen und schließlich Präfaschistischen bemerkbar. Zeitschriften wie *Die Lebenskunst* und *Vegetarische Warte* oder auch Bücher wie *Philosophie des Vegetarismus* (1910) von Friedrich Jaskowsky versuchten zwar auch weiterhin an ‚ethischen' Konzepten festzuhalten. Doch andere Gruppen entwickelten in dieser Zeit bereits eindeutig regressive Tendenzen. Man denke an den ‚Treubund für aufsteigendes Leben', den Richard Ungewitter 1910 als arische ‚Lichtbewegung auf rein vegetarischer Grundlage' gründete, oder an Hermann Poperts Roman *Helmut Harringa* (1910) und seine Zeitschrift *Der Vortrupp* (ab 1912), in der ein „germanischer Rassebund auf vegetarisch-alkoholfreier Basis" propagiert wird.[61] Ebenso überspannt wirkt das von Johannes Balzli herausgegebene ‚Zentralblatt für praktischen Okkultismus' *Prana* (ab 1910), dessen Vegetarismus im Laufe der Jahre zusehends ins Schlepptau von Aposteln der nordischen Rasse wie Lanz von Liebenfels geriet und schließlich bei einem Arierkult landete, der trotz aller Ausflüge ins Rosenkreuzerische und Theosophische letztlich auf einen nackten Imperialismus hinausläuft.[62]

Und so verkam die deutsche Vegetarierbewegung schließlich in jenem Sumpf des Präfaschismus, aus dem nach 1918 ein kleinbürgerlicher Rassenfanatiker wie Adolf Hitler auftauchte, der sich ständig mit seiner Tierverbundenheit und seiner Vorliebe für ‚blutlose' Kost brüstete. Es war daher dieser Hitler, der bereits im November 1933 ein umfassendes Tierschutzgesetz für Deutschland unterzeichnete und 1934 einen Internationalen Tierschutzkongreß nach Berlin einberufen ließ. Während der Vegetarismus ursprünglich der Idee der ‚Bruderschaft aller lebenden Wesen' gehuldigt hatte, wurde er in den Händen der Nazis schließlich zum Teil eines okkulten Rassenwahns. Und damit war die Vegetarierbewegung in Deutschland erst einmal auf Jahrzehnte hinaus korrumpiert.[63]

IV

Doch nicht nur die deutsche Vegetarierbewegung ist gescheitert; alle Tierschutzbewegungen dieser Art – und zwar in allen Ländern der Erde – haben in den letzten Jahren an Einfluß verloren.[64] Der Gesamtprozeß der fortschreitenden Industrialisierung, Verstädterung, Bevölkerungsvermehrung und zugleich steigenden Lebenserwartung war eben doch stärker als alle noch so eindringlichen Gegenstimmen. Es gibt zwar immer noch vereinzelte Proteste von seiten der Humane Movement, der Tierschutzvereine, der Vegetarierbünde und neuerdings der ‚Grünen'.[65] Doch selbst in diesen Kreisen wird weitgehend am Konzept der grundsätzlichen Überlegenheit des Menschen und damit einer anthropozentrischen Sicht der Tiere festgehalten. Und so sind die Tiere heute schlimmer dran als je zuvor – und zwar nicht nur die gnadenlos verfolgten Wildtiere, sondern auch die einer ebenso gnadenlos mechanisierten Lebensweise unterworfenen Nutztiere.

Noch am besten haben es die sogenannten Wohnzimmertiere, deren Zahlen in den hochindustrialisierten Ländern weiterhin ansteigen. Durch die zunehmende Fragmentierung, Vereinzelung und damit Kontaktlosigkeit ist selbstverständlich auch das Kompensationsbedürfnis der „Lonely Crowd" größer geworden. Was sich dabei als Tierliebe gibt und von manchen Psychologen als wirksames Mittel gegen „Vereinsamung und Lieblosigkeit" empfohlen wird,[66] artet im Einzelfall oft in Narzißmus oder Affektationssüchtigkeit aus. Während es früher die Buchverleger waren, welche viele Menschen mit Gefühls- und Liebessurrogaten versorgten, sind es heute die Pet-Züchter, welche diese Funktion erfüllen – was zu einer geradezu unglaublichen Heimtiersentimentalität beigetragen hat. So sehen etwa 70 Prozent der BRD-Bürger in ihren Hunden, Katzen und Vögeln durchaus Wesen mit Seele, also ‚Personen'. 82 Prozent behaupten von sich selbst, äußerst „tierlieb" zu sein. Ja, die Mehrheit der BRD-Bürger hält „Tierquälerei" für „strafwürdiger als Kindesmißhandlungen oder Prügel für die Ehefrau".[67] Wenn deshalb auf den Tierfriedhöfen am Grab des verstorbenen „Putzi" oder „Schnutzi" das *Lied vom guten Kameraden* angestimmt wird, fließen oft mehr ‚echte' Tränen als bei den üblichen Beerdigungen.[68]

Diese Kreise sind daher besonders empört, wenn sie hören, daß im Krieg Hunde mit angeschnallten Minen gegen feindliche Panzer eingesetzt werden oder daß man Katzen, Hunde, Affen, Meerschweinchen und andere ihrer Lieblinge noch immer den grausamsten naturwissenschaftlichen Experimenten unterwirft;[69] denn trotz aller Gesetze, die sich gegen solche Experimente wenden, sind selbst in England die Vivisektionen von 250 im Jahre 1880 auf 6,6 Millionen im Jahre 1971 angestiegen.[70] Weltweit gesehen, werden heute alljährlich etwa 200 Millionen Tiere zu wissenschaftlichen Experimenten ‚verbraucht', wovon auf die USA 50 Millionen und die BRD 20 Millionen entfallen.[71] Nach Meinung führender Wissenschaftler sind 45 Prozent dieser Experimente, von denen die Mehrzahl ohne Narkose durchgeführt wird,[72] glatter „Unfug".[73] Noch immer werden Zehntausende von Hunden zerschnitten, um Studenten Einblicke in die Blutzirkulation zu geben, anstatt für diese Aufgabe *einen* Film zu verwenden. Noch immer werden Millionen von Tieren im ‚Kampf um die gesunde Zigarette' getötet. Noch immer fallen Abermillionen von Tieren dem weiblichen Schmuck- und Kosmetikbedürfnis zum Opfer. Und auch folgende Tierexperimente gelten an den meisten Universitäten oder Forschungsinstituten noch immer als völlig ‚natürlich': ob nun Reizung der Augen, Durchbohren der Knochen mit glühenden Nadeln, langsames Ersticken in Wasser oder flüssigem Gips, Herausschneiden lebender Organe, Verstopfung des Gebärmutterausgangs bei tragenden Hündinnen, Pfoten- und Nasenverkohlung mit Bunsenbrennern, Einatmen von Flammen, Zerplatzen der Lunge durch Druckluft, Erzeugung von Magengeschwüren, langsames Einfrieren, Einführung von Elektroden ins Gehirn, Ausdehnung des Magens durch Wasser, Verstopfung der Speiseröhre, Zerquetschen der Hoden, Schlafverhinderung, Vergiftung usw. Und zwar werden den größeren Tieren dabei vorher die Stimmbänder durchgeschnitten, um ‚unnötiges' Winseln zu vermeiden.

All das gehört selbstverständlich zu den Tabus unserer Gesellschaft – und wird möglichst geheimgehalten. Als daher Horst Stern 1978 im BRD-Fernsehen eine Dokumentation über den Hunde- und Katzenverbrauch innerhalb der pharmakologischen Industrie zeigte, entfesselte er den größten Entrüstungssturm in der Geschichte des westdeutschen Fernsehens. Bei dieser Sendung fühlten sich alle Heimtierliebhaber auf den Plan gerufen. Wenn es dagegen um Haus- oder Nutztiere geht, verhalten sich die gleichen Kreise wesentlich desinteressierter. Sie sind zwar empört, wenn Hunden oder Katzen etwas geschieht, aber sie wollen weiterhin ihr Rindersteak fressen und ihr Hühnchen im Topfe schmoren. Ja, sie möchten nicht weniger, sondern immer mehr Fleisch fressen, wie der steigende Fleischbedarf fast aller hochindustrialisierten Länder beweist. In den Ländern der Ersten Welt wird heute etwa siebzigmal soviel Fleisch pro Kopf der Bevölkerung gefressen wie in den Ländern der Dritten Welt (deren Einwohner noch weitgehend Vegetarier sind). Doch selbst das ist den Menschen der Ersten Welt noch nicht genug. Um ein Maximum an Fleisch und Eiern zu produzieren, pfercht man in diesen Ländern immer mehr Nutztiere in geradezu bestialische Massenzuchtanstalten. So werden in der BRD heute über 24 Millionen Legehennen, das heißt 50 Prozent aller Hühner, in vollmechanisierten ‚Batterien' gehalten, wo sie im Laufe ihres legeintensiven Lebens nie das Tageslicht oder irgend etwas Grünes zu sehen bekommen, nie ‚scharren' können, nie erfahren, was ein Hahn oder was Küken sind – und schließlich alle Federn verlieren. Nicht viel besser geht es den meisten Schweinen oder Kühen, die in viel zu kleine Boxen eingesperrt werden, damit sie nur ja keine Energie verbrauchen und in kürzester Zeit in die gewünschten Steaks oder Koteletts zerhackt werden können.[75] Kein Wunder daher, daß in der BRD zwischen 1960 und 1975 etwa 50 Prozent der tierhaltenden Bauernhöfe verschwunden und durch eine wesentlich geringere Anzahl solcher fensterlosen, KZ-ähnlichen ‚Animal Factories' ersetzt worden sind.

Doch fast noch schlimmer sind heute die Wildtiere dran. Sie werden geradezu von allen Seiten bedroht: durch die zunehmende Verpestung der Meere, die Abholzung der Wälder, die in der Landwirtschaft benutzten Chemikalien, die Verseuchung der Flüsse, die verwilderten Haustiere, die fortgesetzte Jagd auf Pelze, Federn und andere Trophäen, die Gourmetgier nach Bärentatzen und Leopardensteaks, die menschliche Lust am Töten – und den nach mehr und mehr Lebensraum drängenden Menschen schlechthin. Tausende, ja Zehntausende der bisherigen Tierarten sind daher in den letzten Jahrzehnten ausgerottet worden oder fristen nur noch ein kümmerliches Schwunddasein. So gab es 1977 nur noch sieben javanische Tiger, nur noch fünf Wölfe in ganz Skandinavien, nur noch eine Handvoll Kiwis in Neuseeland usw. Fast jede Tierzeitschrift ist heutzutage voll mit solchen Nachrichten. Und zwar wird diese Entwicklung nicht nur durch die allgemeine Chemikalienpest, sondern auch durch die trophäen- und mordlüsternen Menschen befördert. So wurden in Italien bis vor wenigen Jahren noch jährlich bis zu 400 Millionen Vögel abgeschossen. In England sterben jedes Jahr allein 2 Millionen Vögel unter den Rädern der Autos. In Alaska jagt man die Karibus heute von Flugzeugen aus. In Europa sind in den letzten Jahrzehnten etwa 50 Prozent der Libellen und 40 Prozent der Großschmetterlinge durch Insektensammler ausgerottet worden. In Ostafrika sind es die Nashörner und Elefanten, die immer noch sinnlos abgeschlachtet werden. In den USA hat man in den letzten Jahren (nach dem Verbot der Pelzeinfuhr) fast alle einheimischen Luchse abgeschossen. In Norwegen und Kanada werden alljährlich 200 000 Sattelrobben niedergeknüppelt. Im Pazifik mußten jahrelang Zehntausende von Delphinen durch unsachgemäße Netze beim Thunfischfang ihr Leben lassen. Und so ist heute bereits die Hälfte aller Wildtierarten von der Ausrottung bedroht.[76] Doch auch den Wildpflanzen, von denen in der Ersten Welt momentan 20 000 Arten vernichtet werden, geht es nicht besser.

Genau besehen, erfüllt damit der weiße Mensch jenes Gebot Jahves, mit dem wir begonnen hatten: er betrachtet alles, was sich da „reget und lebet", als seine „Speise" und „mehret" sich selber so ungehemmt, bis er schließlich die ganze Erde „erfüllet". Für alle anderen Kreaturen bleibt dabei immer weniger Lebensraum. Sie werden ausgerottet, sie ziehen sich zurück, sie gedeihen nur noch in abgelegenen Winkeln. Die meisten Städter wissen heutzutage überhaupt nicht mehr, was ‚Wildes' ist. So kennt in Europa von den Fünfundzwanzigjährigen nur noch jeder Hundertste mehr als fünf Wildblumen und nur noch jeder Siebzigste mehr als sieben einheimische Wildtiere. Und es gibt immer noch Menschen, die diesen Trend als ‚zwangsläufig' empfinden und sich keine großen Gedanken über solche Entwicklungen machen. Ja, die Mehrheit vertraut weiterhin in dumpfem Köhlerglauben darauf, daß es auch in Zukunft schon ‚irgendwie' weitergehen wird. Doch solche Gefühle sind höchst trügerisch. Schließlich wendet sich diese skrupellose Ausbreitung des Menschen heute zum erstenmal nicht nur gegen Pflanzen und Tiere, sondern auch gegen den Menschen selbst; denn durch diese Überfüllung der Erde und die damit verbundene Verschmutzung und Verseuchung, die sich aus dem maßlosen Durchsetzungsanspruch der rein anthropomorph eingestellten weißen Rasse ergeben hat, entzieht sich der Mensch als Spezies allmählich den Boden unter den Füßen. Eingebunden in ein System der Steigerung, Habgier und Völlerei, das nur die Befriedigung seiner hochgespannten Lebenserwartungen im Auge hat, bedroht mit in seiner Vernichtung alles Lebendigen letztlich auch sich selbst.

Nachdem der monotheistisch, imperialistisch und kolonialistisch ausgerichtete Mensch der weißen Rasse in den letzten 150 Jahren alle bisher bewohnbaren Gebiete der Erde immer stärker zersiedelt, technifiziert, verseucht und mit Müllhalden überzogen hat, wodurch von den Wildtieren und Wildpflanzen fast nichts übrig geblieben ist, dringt er heute als Siedler, Tourist, Bodenspekulant, Wissenschaftler oder Jäger mit Allantriebsauto und Snowmobile selbst in die letzten Tierparadiese ein und knallt auch hier alles nieder, was es überhaupt noch aufzustöbern gibt. Und dabei lebten 1976 bereits 4 Milliarden Menschen auf der

Erde. Bis zum Jahre 2013 werden es höchstwahrscheinlich 8 Milliarden sein. Doch nicht allein das: Dieser Amoklauf wird von vielen Kirchen und Regierungen immer noch begrüßt, obwohl schon heute eine Milliarde Menschen nicht mehr genug Trinkwasser hat, obwohl die landwirtschaftlich nutzbaren Böden zwischen 1882 und 1932 von 85 auf 51 Prozent abgenommen haben, obwohl in den letzten 30 Jahren etwa 50 Prozent der tropischen Regenwälder abgeholzt worden sind, obwohl sich die Wüsten jedes Jahr um 50 000 Quadratkilometer ausdehnen, obwohl allein in den letzten 15 Jahren 200 Öltanker in den Weltmeeren versunken sind usw. Wohin wir auch blicken: Alles nimmt ab – nur der Mensch nimmt immer noch gewaltig zu. Wenn wir daher als Spezies überleben wollen, müssen wir uns eine ganz neue Einstellung zu Boden, Pflanze, Tier und Wasser angewöhnen. Vielleicht sollte der Wert eines Menschen in Zukunft vor allem daran bemessen werden, wie bescheiden er ist, wie wenig er verbraucht, wie wenig Abfall er erzeugt, ja welche Achtung er für andere Lebewesen hat; denn im Umgang mit der Natur zeigt sich wohl am besten, ob Menschen altruistisch oder egoistisch eingestellt sind. Nur so würde sich jene Gesinnung überwinden lassen, nach der alles nur dem Menschen dient und von ihm ungehemmt ausgeschlachtet werden kann. Wenn schon nicht aus ethischen oder gefühlsmäßigen Gründen, so sollten wir uns wenigstens um unseres eigenen Überlebens willen zu einer solchen Haltung durchringen. Nur dann gäbe es Respekt, Bruder- und Schwesterschaft, ja eine tatsächliche Demokratie aller lebenden Wesen. Bisher haben wir auf diesem Gebiet – trotz einiger noblen Ansätze – den Menschen (vor allem den weißen, bürgerlichen, kapitalistischen) fast nur als ein unachtsames, habgieriges, grausames, ja kannibalisches Wesen erlebt.[77]

ANMERKUNGEN

1 1. Mose 9,1–7.
2 Vgl. Heinz Meyer, *Der Mensch und das Tier. Anthropologische und kultursoziologische Aspekte* (München 1975), S. 104 ff.
3 Vgl. Ernest S. Turner, *All Heaven in a Rage* (London 1964), S. 24 f.
4 Vgl. Gerald Carson, *Men, Beasts, and Gods. A History of Cruelty and Kindness to Animals* (New York 1972), S. 38 f.
5 Leonora Cohen Rosenfield, *From Beast-Machine to Man-Machine* (New York 1940), S. 70.
6 Vgl. Turner, S. 25.
7 Zit. bei Meyer, S. 117.
8 Vgl. Hester Hastings, *Man and Beast in French Thought of the Eighteenth Century* (Baltimore 1936).
9 Meyer, S. 121.
10 Vgl. Arthur O. Lovejoy, Buffon and the Problem of Species. In: *Forerunners of Darwin. 1745–1859*. Hrsg. von Bentley Glass (Baltimore 1959), S. 84 ff.
11 Ausspruch Friedrich des II. Zit. bei Meyer, S. 118.

12 Vgl. hierzu u. a. Reinhard Piper, *Das Tier in der Kunst* (München 1910) und Kenneth Clark, *Animals and Men* (New York 1977).
13 Vgl. Dix Harwood, *Love for Animals and How it Developed in Great Britain* (New York 1928), S. 115 ff.
14 Vgl. zum folgenden *Poetry's Plea for Animals*. Hrsg. von Frances E. Clarke (Boston 1927), S. VII ff.; Guy Richardson, *Animals as Seen by the Poets* (Boston 1930), S. 16 ff.; Turner, *All Heaven in a Rage*, S. 69 ff.
15 Jo Mihaly, *Von Mensch und Tier. Eine Sammlung der schönsten Tiergeschichten* (Einsiedeln 1961), S. 102.
16 Zit. in Hans Schumacher, *Die armen Stiefgeschwister der Menschen* (Zürich 1977), S. 189.
17 *Hundegeschichten*. Hrsg. von Dora Meier-Jaeger (Zürich 1968), S. 220 f.
18 Harwood, *Love for Animals*, S. 169 f.
19 Zit. in Ernest S. Turner, Animals and Humanitarianism. In: *Animals and Man in Historical Perspective*. Hrsg. von Joseph und Barrie Klaits (New York 1974), S. 151.
20 Immanuel Kant, *Werke*. Hrsg. von Wilhelm Weischedel (Wiesbaden 1956), IV, 60.
21 Vgl. Ulrich Klever, *Keysers Hundebrevier* (Heidelberg 1960), S. 122 ff.
22 Zit. in Henry S. Salt, *Animal Rights* (New York 1894), S. 44.
23 Ebd., S. 45.
24 Im 18. Jahrhundert finden sich solche Thesen bereits in dem *Versuch eines neuen Lehrgebäudes von den Seelen der Tiere* (1750) von G. F. Meier und in den *Allgemeinen Betrachtungen über die Triebe der Tiere* (1762) von Reimarus.
25 Friedrich Kirchner, *Über die Tierseele* (Halle 1890), S. 10.
26 Maximilian Perty, *Über das Seelenleben der Tiere* (Leipzig 1865), S. 1.
27 Vgl. Klever, *Hundebrevier*, S. 177 ff.
28 Vgl. *Katze, Kuh und Kakadu. Tiere im Kindermuseum* (Karlsruhe 1975).
29 Arthur Schopenhauer, *Sämtliche Werke* (Leipzig o. J.), V, 406 und 409.
30 Ebd., V, 404.
31 Vgl. Ludwig Zukowsky, *Tiere um große Männer* (Frankfurt 1938), S. 70.
32 Zit. in Schumacher, *Die armen Stiefgeschwister*, S. 190 f.
33 Ebd., S. 210.
34 *Hundegeschichten*. Hrsg. von Dora Meier-Jaeger (Zürich 1968), S. 275.
35 Vgl. Cumberland Clark, *The Dogs in Dickens* (London 1926).
36 Friedrich Theodor Vischer, *Auch Einer* (Leipzig o. J.), II, 29.
37 Ebd., II, 145.
38 Vgl. Elfriede Stutz, Studien über Herr und Hund (Marie von Ebner-Eschenbach – Thomas Mann – Günter Grass). In: *Das Tier in der Dichtung*. Hrsg. von Ute Schwab (Heidelberg, 1970), S. 200 ff.
39 Thomas Mann, *Herr und Hund* (Berlin 1919), S. 31, 33.
40 Vgl. hierzu auch Maurice Maeterlinck, Beim Tode eines jungen Hundes. In: *Hundegeschichten*, S. 57 ff. Maeterlinck bezeichnet den Hund als das einzige Wesen, das den Menschen – „wenigstens dem Anschein nach" – liebt (S. 66).
41 Vgl. Gerald Carson, *Men, Beasts, and Gods. A History of Cruelty and Kindness to Animals* (New York 1972), S. 49 f.
42 Vgl. u. a. Roswell C. McCrea, *The Humane Movement. A Descriptive Survey* (New York 1910); Arthur W. Moss, *Valiant Crusade. The History of the RSPCA* (London 1961); Charles D. Niven, *History of the Humane Movement* (New York 1967).
43 Vgl. Karl Walcker, *Der Tierschutz und die Tierquälereien* (Sondershausen 1905) und Meyer, S. 145 f.

44 Vgl. Henry S. Salt, *Animal Rights* (New York 1894); *The New Charter. A Discussion of the Rights of Men and the Rights of Animals.* Hrsg. von Henry S. Salt (London 1896); *Killing for Sport.* Hrsg. von Henry S. Salt mit einem Vorwort von George Bernard Shaw (London 1915).
45 Zit. in A. D. Graham, *The Gardeners of Eden* (London 1974), S. 93.
46 Über die Vivisektionspraktiken dieser Jahrzehnte vgl. Gennaro Ciaburri, *Die Vivisektion* (Dresden 1933), S. 26 ff.
47 Vgl. Richard D. French, *Antivivisection and Medical Science in Victorian Society* (Princeton 1975), S. 27 ff.; McCrea, *The Humane Movement*, S. 9 f.
48 Vgl. *Shaw on Vivisection.* Hrsg. von G. H. Bowker (London 1949) und John Vivyan, *The Dark Face of Science* (London 1971), S. 24 ff.
49 Vgl. Johannes Hausleiter, *Der Vegetarismus in der Antike* (Tübingen – Berlin 1935).
50 Vgl. William E. A. Axon, *Shelley's Vegetarianism* (New York 1971).
51 Vgl. Carson, *Men, Beasts, and Gods*. S. 127 ff. und R. N. Gammage, *On the Best Methods of Promoting Stability in the Vegetarian Movement* (London 1857).
52 Salt, *Animal Rights*, S. 21.
53 Annie Besant, *Vegetarianism in the Light of Theosophy* (London 1894), S. 12 ff. Vgl. auch H. F. Lester, *Behind the Scenes in Slaughter Houses* (London 1892).
54 Vgl. Janos Frecot/Johann Friedrich Geist/Diethart Kerbs, *Fidus. Zur ästhetischen Praxis bürgerlicher Fluchtbewegungen* (München 1972), S. 32 ff. – Vgl. zum folgenden auch allgemein Georg Hermann, *100 Jahre deutsche Vegetarierbewegung* (Obersontheim 1968).
55 Eduard Baltzer, *Ideen zur sozialen Reform* (Nordhausen 1873), S. 68.
56 Ebd., S. 109.
57 Zum Vegetarismus in den Utopien dieser Jahre vgl. meinen Aufsatz „Ganze Tage unter Bäumen. Ökologisches Bewußtsein in den Utopien des ausgehenden 19. Jahrhunderts". In: J. H., *Orte. Irgendwo. Formen utopischen Denkens* (Königstein 1981), S. 41 ff.
58 Vgl. Frecot u. a., *Fidus*, S. 84.
59 Vgl. meinen Aufsatz „Meister Fidus. Vom Jugendstil-Hippie zum Germanenschwärmer". In: J. H., *Der Schein des schönen Lebens. Studien zur Jahrhundertwende* (Frankfurt 1972), S. 58 ff.
60 Vgl. aus dem Umkreis dieser Richtung auch folgende Bücher: Frederick Knauer, *Der Niedergang unserer Tier- und Pflanzenwelt* (1911), Ludwig Ankenbrand, *Erziehung des Kindes zur Tierliebe* (1911), Ders., *Naturschutz und Naturschutzparks* (1911), Wilhelm Hotz, *Vegetarierkalender* (ab 1911), Gustav Selß, *Fleischkost und Pflanzennahrung* (1912), Paul Förster, *Die Vivisektion oder die wissenschaftliche Tierfolter* (1912), K. Klein, *Aus öffentlichen und privaten Schlachthäusern* (1912) und Gustav Simons, *Die deutsche Gartenstadt* (1912).
61 Vgl. Richard Hamann/Jost Hermand, *Stilkunst um 1900* (Berlin 1967), S. 179 ff.
62 Vgl. meinen Aufsatz „Germania germanicissima. Zum präfaschistischen Arierkult um 1900". In: *Der Schein des schönen Lebens*, S. 39 ff.
63 Hans Weigels *Der grüne Stern* (1946), einer der ersten Romane, der nach dem Zusammenbruch des Dritten Reiches erschien, parodiert daher die Nazis vor allem als Vegetarier.
64 Eine rühmliche Ausnahme in dieser Hinsicht bildet der Roman *Vineta* (1955) von Hans Albrecht Moser, der trotz mancher religiösen Überspanntheiten wertvolle Hinweise zu modernen Tierschutzkonzepten enthält (vgl. S. 1025 ff.).
65 Vgl. *Das Recht der Tiere in der Zivilisation.* Hrsg. von Wilhelm Brockhaus (München 1975), S. 286 ff.

66 Klaus Mehnert, *Jugend im Zeitumbruch* (Stuttgart 1976), S. 263.
67 Vgl. Meyer, S. 139.
68 Ebd.
69 Ebd., S. 9. – Vgl. hierzu auch Peter Baumann/Ortwin Fink, *Wie tierlieb sind die Deutschen?* (Frankfurt 1979).
70 French, *Antivivisection*, S. 394.
71 Vgl. Horst Stern, *Tierversuche in der Pharmaforschung* (München 1979), S. 217f.
72 Vgl. Monica Hutchins und Mavis Caver, *Man's Dominon: Our Violation of the Animal World* (London 1970), S. 149.
73 Vgl. *Das Tier* (Dezember 1977), S. 72. Dieser Zeitschrift, welche die auflagenstärkste Tierillustrierte der Welt ist, sind auch die meisten der folgenden Beispiele entnommen.
74 Stern, *Tierversuche*, S. 7ff.
75 Vgl. hierzu die Schriften des ‚Vereins gegen Massentierhaltung' oder das Buch *Animal Factories* (1980) von Jim Mason und Peter Singer.
76 Vgl. Norman Myers, *The Sinking Ark* (Oxford 1979).
77 Rebecca Boehling, die mir bei der Materialbeschaffung zu diesem Aufsatz half, sei auch an dieser Stelle noch einmal herzlichst gedankt.

WOLFGANG EMMERICH

Kein Gespräch über Bäume. Naturlyrik unterm Faschismus und im Exil

I

Naturlyrik: Das Wort hat zunächst etwas Anheimelndes, Haltgebendes, scheint einen Flucht- und Ruhepunkt zu signalisieren inmitten einer zeitgenössischen sozialgeschichtlich orientierten Literaturwissenschaft, der alle Gattungsbezeichnungen und ästhetischen Begriffe als gesellschaftlich und geschichtlich sich verändernde zu zerfließen drohen. „Das spezifische Naturgedicht" – ist es nicht tatsächlich, wie Edgar Marsch noch 1980 schrieb, schlicht eines, „das den Naturausschnitt beschreibt"? In dem sich, in einem „stationären" Gegenüber von Mensch und Natur, ersterer als Beobachtender, Betrachtender und dann das Beobachtete mimetisch Abbildender zeigt?[1] Naturlyrik als die Zeiten überdauerndes, nachgerade klassisches Exempel einer statischen Nachahmungspoetik: Gewiß, das hat es gegeben und gibt es noch. Und doch heißt Naturlyrik so zu verstehen eine Einengung des Terrains – thematisch, ästhetisch, geschichtlich –, der ganz entscheidende Ausprägungen des dichtenden Umgangs mit der Natur entgleiten müssen und die am Ende kaum mehr als *einen* Strang deutscher Naturlyrik, nämlich die binnendeutsche der Jahre 1930 bis 1955, übrigbehält.

Wer über Naturgedichte reden will, bewegt sich, der so konkret scheinenden Materie zum Trotz, im Bodenlosen, wenn er nicht vorab und unterwegs bereit ist, ein wenig über das Verhältnis zwischen Mensch und Natur zu reflektieren. Nichts unbedingt Neues ist dabei auszudenken, vielmehr sinnreich Vorgedachtes nachzuvollziehen und zu explizieren.[2]

Natur – das ist auf den ersten Blick das mit dem Menschen Unidentische, nicht Subjekteigene, kurzerhand alles, was außer ihm ist und was er vorfindet. Bereits diese allererste Bestimmung von Natur, die vom Menschen abzusehen versucht, macht zugleich deutlich, daß dieses ein künstlicher Akt ist: Wir können Natur ‚an sich' nie wahrnehmen, weil sie, banal genug, immer schon Natur ‚für uns' ist; „die Natur, abstrakt genommen, für sich, in der Trennung vom Menschen *fixiert*, ist für den Menschen *nichts*",[3] heißt es beim jungen Marx. Sie wahrnehmend, erkennend, an ihr arbeitend, aus ihr heraus – z. B. auch ästhetisch – produzierend, begibt sich der Mensch, indem er sein Leben alltäglich gestaltet, in einen Austauschprozeß mit der Natur und verändert deren eigenen bisherigen Status, bloßer Naturstoff, Materie, Erde, geschichtsfremdes Substrat zu sein. Es beginnt, und setzt sich unaufhörlich fort, „das Werden der Natur für den Menschen". Die Natur, die für sich ja bereits Geschichte hat – Naturgeschichte –, wird gleichsam hineingezogen in einen qualitativ neuen historischen Prozeß: in die von Menschen gemachte Gesellschaftsgeschichte.

Zu gleicher Zeit ist Natur nicht nur das Subjektfremde, Außermenschliche. Als nach Naturgesetzen organisiertes und sich reproduzierendes Lebewesen ist – und bleibt – der Mensch Naturwesen (dies, in der sozialpolitischen Zuspitzung gegen alle ‚ungleichen' Verhältnisse, eine Entdeckung erst des 18. Jahrhunderts). Das Paradox ist festzuhalten, seine Auflösung unmöglich: Die Menschen-Natur ist Bestandteil der Natur-Natur – und tritt gleichzeitig als bewußt erkennende, tätig eingreifende, diese aneignende aus sich selbst heraus. Den Vorgang des menschlichen aus und mit der Natur Produzierens (der gleichzeitig einer des Konsumierens, des Verzehrens von Naturstoffen ist) hat Marx von den Frühschriften bis zum *Kapital* im physiologischen Bild des Stoffwechsels zu fassen versucht.[5] Ich greife es auf und benütze es im weiteren als leitende Kategorie – scheint es mir doch am besten geeignet, dem Verhältnis Mensch – Natur den vermeintlichen Charakter eines statischen Gegenübers zu nehmen – sei es in der menschlichen Praxis schlechthin, sei es im Gedicht als einer ihrer Formen. Daß man beileibe kein dialektischer Materialist sein muß, um die Vorstellung vom Stoffwechsel zwischen Mensch und Natur billigen zu können, bezeugt die lange Reihe von Naturdichtungen deutscher Sprache, die gerade die Kommunikation, den Austausch, das tätige Ineinander-Verschränktsein von Natur und Mensch (selten freilich den handfesten Arbeitsprozeß) thematisieren. So Klopstocks Ode *Der Zürchersee* (schon in seiner ersten Strophe):

> Schön ist, Mutter Natur, deiner Erfindung Pracht
> Auf die Fluren verstreut, schöner ein froh Gesicht,
> Das den großen Gedanken
> Deiner Schöpfung noch *einmal* denkt.[6]

So das von Goethe inspirierte Fragment *Die Natur* von 1782, in dem es heißt: „Wir leben mitten in ihr [der Natur], und sind ihr fremde. Sie spricht unaufhörlich mit uns, und verräth uns ihr Geheimniß nicht. Wir wirken beständig auf sie, und haben doch keine Gewalt über sie. [. . .] Die Menschen sind alle in ihr und sie in allen. Mit allen treibt sie ein freundliches Spiel, und freut sich, je mehr man ihr abgewinnt."[7] So Bertolt Brechts 1920 entstandener „Zweiter Psalm", an dem mir weniger wichtig als die unterstellten nihilistischen oder existentialistischen Momente der vitalistisch zugespitzte Stoffwechselgedanke zu sein scheint.[8]

Gerät hier wie bei Goethe und in vielen anderen Beispielen die Stoffwechselbeziehung zur Natur zu einem personifizierten Liebesverhältnis voll pulsierender Kraft und Lebensfreude, so ist damit auch schon ein Wunschbild, nur mehr begrenzt Wirklichkeit bezeichnet. Ein ungestörter Stoffwechselprozeß zwischen Mensch und Natur war geschichtlich nur so lange als *Natur*zusammenhang gegeben, wie die Arbeitsteilung die Grundlage von Geschlechts- und Altersunterschieden, innerhalb einer Familie oder eines Stammes noch nicht überschritten hatte. Die gesellschaftliche Arbeitsteilung durch Produktentausch über diesen Zusammenhang hinaus, die aus der Herstellung von Gebrauchsgegenständen diejenige von Waren macht, zersetzt den Stoffwechsel als Naturzusammenhang.

Verfügte der Mensch in allen Ökonomien auf der Basis von Grundeigentum und Landwirtschaft tatsächlich über die Erde, war er nie abstrakt Arbeitender, so kommt es im Zuge der entstehenden Warenproduktion, zugespitzt im Verhältnis von Lohnarbeit und Kapital, endgültig zur „*Trennung* zwischen den unorganischen Bedingungen des menschlichen Daseins [= ‚Natur'] und diesem [Menschen-]Dasein";[9] – ein ‚Fortschritt', der Befreiung so gut wie Entfremdung bedeutete. Der Stellenwert der Natur für den Menschen ändert sich dadurch in mindestens zweifacher Hinsicht. Wo es nicht mehr nur um einfache Produktion, Selbsterhaltung des Menschen geht, sondern um Wertschöpfung, wird die gleichsam unschuldige Aneignung der Natur abgelöst von ihrer gezielten Ausbeutung. Mehr und mehr verwandelt sich Natur in ein – bislang ökonomisch wertloses – Wertepotential, das als noch unbearbeitetes seiner Verwirklichung harrt.[10] Weiter: Indem sich das gesellschaftliche Tauschgeschehen durchsetzt, indem Natur-Dinge zu Waren werden und den Gebrauchsgegenständen eine zweite (abstrakte) Eigenschaft, ihre „Wertgegenständlichkeit",[11] zuwächst, entsteht überhaupt erst für das Subjekt ein Objekt, mit dem man nicht mehr nur empirisch-praktisch umgeht, sondern das man ‚an sich', abstrakt beobachten, in seiner Gesetzmäßigkeit im Verhältnis zu anderem Seienden untersuchen und erkennen kann. Nach Alfred Sohn-Rethel ist damit das Erkenntnissubjekt überhaupt erst geboren, gleichzeitig aber auch möglich geworden, daß das als für sich seiend, fetischhaftdinglich *gesetzt* wird, was bislang integrierter Bestandteil des Lebensprozesses war: Natur-Dinge, aber auch, und vor allem, Begriffe, Ideen. Es ist von eindrucksvoller geschichtlicher Logik, daß eine entsprechende Erkenntnistheorie – die Immanuel Kants – und eine entsprechende philosophische Ästhetik – die Friedrich Schillers – sich gerade in dem historischen Augenblick ausbilden, als gesellschaftliche Arbeitsteilung und Warenproduktion sich durchzusetzen beginnen. Nicht nur, daß die Nabelschnur zwischen den Menschen und den Kräften und Erscheinungen der Natur auf schmerzliche Weise durchtrennt ist, beschäftigt die Philosophen; auch, daß der Mensch im Zuge seiner rationellen Ordnung und Bearbeitung der Natur außer ihm wie in ihm (man pflegt das ‚Zivilisation' zu nennen) seiner eigenen Naturhaftigkeit zumindest teilweise verlustig gegangen ist – was ihn die unversehrte Natur *außer ihm* suchen läßt. So kann Schiller seine Abhandlung *Über naive und sentimentalische Dichtung* mit dem Satz beginnen: „Es gibt Augenblicke in unserem Leben, wo wir der Natur in Pflanzen, Mineralen, Tieren, Landschaften, [...] nicht weil sie unsern Sinnen wohltut, auch nicht, weil sie unsern Verstand oder Geschmack befriedigt [...], sondern bloß *weil sie Natur ist*, eine Art von Liebe und von rührender Achtung widmen."[12] Und an anderer Stelle heißt es: „*Daher* kommt es, weil die Natur bei uns aus der Menschheit verschwunden ist und wir sie nur außerhalb dieser, in der unbeseelten Welt, in ihrer Wahrheit wieder antreffen."[13] Der Bruch zwischen Mensch und Natur (auch wenn die Triebnatur des Menschen dadurch nicht verschwindet), ihre Fixierung aufs Gegeneinander, die Unterbrechung des Stoffwechsels resp. seine Verengung (*und* Erweiterung!) auf die kalkulierte, rationale Wertschöpfung des Menschen aus der Natur – bei fortschreitendem Absehen von der verzehrenden, vernichtenden Tendenz, die dieser Form ‚aufgeklärter' Naturaneignung innewohnte –, war damit besiegelt.[14]

Dieses ‚moderne' Mensch-Natur-Verhältnis der bürgerlichen Gesellschaft hat seither verschiedene Stadien durchlaufen, deren eines – das Stadium des deutschen Faschismus an der Macht 1933–45 – mich hier beschäftigen soll, insoweit sich deutschsprachige Lyrik davon betreffen läßt. Dabei fasse ich im Sinne des bisher Gesagten solches ‚Betroffensein' extrem weit, schon aus heuristischen Gründen. Wer schon vorab weiß und normativ setzt, was ein Naturgedicht sei und was nicht – etwa im Sinne Marschs –, der wird nur vorgefaßte Meinungen bestätigen können. Die Zahl der Möglichkeiten, Natur zu erleben, ist groß – konstant ist nur *ein* Sachverhalt: „Die Basis dieser vielfach divergenten Erlebnisse ist nicht die Natur an sich, sondern der Stoffwechsel der Gesellschaft mit der Natur; es offenbart sich also dabei nicht die Natur an sich, sondern das gesellschaftlichgeschichtliche Wesen des Menschen."[15] Pointiert gesagt: Wer aus Naturgedichten etwas über die *Natur* erfahren will, wird oft genug enttäuscht werden – über den *Menschen* und die *Verhältnisse*, in denen er lebt, erfährt er darum um so mehr. Gewiß, das Verfahren der Anthropomorphisierung der Natur im *ursprünglichen* Sinne, als magische Personifizierung unbegriffener Naturkräfte, schwindet mit fortschreitender Durchsetzung von Rationalität und Zivilisation. Im *allgemeinen* Verstand bleibt es erhalten: als die Projektion je historischer Bedürfnisse, Eigenschaften, Haltungen, Sehnsüchte auf die Natur, und damit als eine – sublime – Form des Austauschs zwischen Mensch und Natur. Nichts anderes macht die Produktionsweise von Naturdichtung aus.

Eine weitere Vorbemerkung ist nötig. Hier wird der Versuch unternommen, an *einem* literarischen Exempel, dem Naturgedicht, jener Aufspaltung der deutschsprachigen Literatur zur Zeit des Faschismus in zwei, zuweilen drei Rumpfliteraturen entgegenzuarbeiten, wie sie in der Forschung seit Jahrzehnten üblich ist. Aus einer von den Nazis erzwungenen Not – der Vertreibung und Exilierung des zweifellos bedeutenderen Teils der deutschen Literatur – wurde eine vermeintliche Tugend der Forschung gemacht, die diese Aufspaltung quasi sanktionierte, indem sie deutsche Literatur 1933–45 überwiegend nach geographischen Kriterien untersuchte, wobei sich für jeden der zwei resp. drei Bereiche – Exilliteratur, binnendeutsche Literatur (der Nazis und der sog. Inneren Emigration) – Expertenzirkel entwickelt haben, die nur teilweise voneinander Kenntnis nehmen. Daß damit oft genug das Heterogenste für homogen erklärt, umgekehrt Fäden, Verflechtungen, Zusammenhänge ästhetischer, thematischer, politischer Art zwischen inner- und außerdeutscher Literatur eliminiert wurden, läßt sich unter vielen Aspekten nachweisen, u. a. unter dem der Naturlyrik.

II

Die Entfernung des Menschen aus der Natur, ihre Objektivierung ihm gegenüber seit dem 18. Jahrhundert vorausgesetzt: noch blieb sie, die Natur, jedoch ein unbezweifelbares Gegenüber, in das man sich hineindenken, vor allem aber hineinfühlen konnte – wie und mit welchen Folgen auch immer. Das lehrt u. a. die Naturlyrik der Romantik, des Biedermeier, des Realismus. Bis an die Jahrhundertwende heran stand außer Frage, daß man mit der Natur und über sie sich austauschen und sprechen konnte. Erster Weltkrieg, Revolution und Nachkriegskrise waren es erst, die, mit einen Wort Walter Benjamins, die tradierten Erfahrungen gründlich Lügen straften: „die strategischen durch den Stellungskrieg, die wirtschaftlichen durch die Inflation, die körperlichen durch die Materialschlacht, die sittlichen durch die Machthaber. Eine Generation, die noch mit der Pferdebahn zur Schule gefahren, stand unter freiem Himmel in einer Landschaft, in der nichts unverändert geblieben war als die Wolken und unter ihnen, in einem Kraftfeld zerstörender Ströme und Explosionen, der winzige gebrechliche Menschenkörper."[16] Immerhin: Die *Wolken* waren offenbar die gleichen wie vor der gesellschaftlichen Katastrophe, und Brecht scheint das zu bestätigen, wenn er, schon 1920, in seinem *Ersten Psalm* schreibt:

> 2. Über der Welt sind die Wolken, sie gehören zur Welt. Über den Wolken ist nichts.[17]

Daß Brecht mit diesem parodischen Psalmwort den göttlichen Schöpfungsmythos („Über den Wolken ist nichts") widerruft, interessiert an dieser Stelle nicht weiter – bemerkenswert ist die fraglose Existenz- und Zusammengehörigkeitserklärung von Natur (Wolken) und (menschlicher) Welt. So hat denn auch der junge Brecht eine Vielzahl von *Natur*gedichten, immer wieder vor allem die Motive ‚Baum' und ‚Wolke' verwendend, geschrieben, in denen sich ihm sein *gesellschaftlich-irdisches* Wesen angemessen ausdrückte. Wie viel anders klingt das etwa drei Jahrzehnte später zum Beispiel bei Günter Eich:

> *Vorsicht*
>
> Die Kastanien blühn.
> Ich nehme es zur Kenntnis,
> äußere mich aber nicht dazu.
>
> *Zwischenbescheid für bedauernswerte Bäume*
>
> Akazien sind ohne Zeitbezug.
> Akazien sind soziologisch unerheblich.
> Akazien sind keine Akazien.
>
> *Ode an die Natur*
>
> Wir haben unsern Verdacht

gegen Forelle, Winter
und Fallgeschwindigkeit.¹⁸

Ingeborg Bachmann empfiehlt: „Wirf die Fische ins Meer. / Lösch die Lupinen!"¹⁹ und auch Karl Krolow fragt, das Naturgedicht negierend: „Lohnt es sich noch / Nach den Blumen zu sehen, / Die mit den zärtlichen Worten / Umkommen?"²⁰ Was hat, so fragt sich, in den dazwischenliegenden 30 bis 40 Jahren die Naturlyrik kompromittiert?

Zunächst einmal waren Weltkriegszeit und Anfänge der Weimarer Republik schon durchaus kein Eldorado des Naturgedichts. In der Einleitung zur *Menschheitsdämmerung* schrieb Kurt Pinthus 1919: „Weil der Mensch so ganz und gar Ausgangspunkt, Mittelpunkt, Zielpunkt dieser Dichtung ist, deshalb hat die Landschaft wenig Platz in ihr."²¹ Die Jahre danach änderten an dieser Feststellung wenig. Zuzeiten enormer gesellschaftlicher Bewegung – Revolution, Konterrevolution, Inflation und schließlich die Stabilisierung des Kapitalismus (und in seinem Gefolge die Mode des Amerikanismus) – war die ‚erste Natur' – die Natur-Natur – für Intellektuelle und Literaten entschieden weniger interessant als die ‚zweite Natur' – verstanden als im Stadium der Verfestigung, der undurchschauten Naturwüchsigkeit stehengebliebene warenproduzierende Gesellschaft. Dies ist ein Stadium, das Max Horkheimer so charakterisiert hat: „Der Prozeß [kapitalistischer Produktion] vollzieht sich nicht unter der Kontrolle eines bewußten Willens, sondern als *Naturvorgang*. Das Leben der Allgemeinheit ergibt sich blind, zufällig und schlecht aus der chaotischen Betriebsamkeit der Individuen, der Industrien und Staaten."²² In der Lyrik sind es vor allem Kurt Tucholsky, Erich Weinert und Bertolt Brecht, die dieses Jahrhundertthema bearbeiten, durchaus unter Zuhilfenahme von Metaphern aus dem Bereich der ‚ersten Natur'. Man denke an Tucholskys *Rückkehr zur Natur* und *Feldfrüchte*²³ oder an Brechts *Lesebuch für Städtebewohner*.

Doch die stabilisierte Weimarer Republik der ‚goldenen zwanziger Jahre' blieb nicht, die sie war. Seit etwa 1929 setzt eine dreifache gesellschaftliche Krise ein: die (internationale) Krise der Kapitalverwertung (Weltwirtschaftskrise), damit verflochten die Krise der republikanischen Staatsgewalt (manifest seit dem Rücktritt des Kabinetts Müller im März 1930), schließlich auch eine Krise der dem Anschein nach liberalen kulturellen Öffentlichkeit, die sich vordergründig äußerte in einer Fülle von Zensur- und Justizmaßnahmen gegen all jene, die die Rechtsentwicklung von links kritisierten (Beispiele sind die Inhaftierung von Intellektuellen wie Johannes R. Becher, Friedrich Wolf, Ludwig Renn, Carl von Ossietzky oder die Einschüchterung kritischer Autoren im Schutzverband Deutscher Schriftsteller 1931–33). Theodor W. Adorno hat die Diskriminierung nonkonformistischer Kultur sogar schon früher – mit der Stabilisierungsphase – angesetzt, wenn er sagte: „Was Hitler an Kunst und Gedanken ausgerottet hat, führte längst zuvor die abgespaltene und apokryphe Existenz, deren letzte Schlupfwinkel der Faschismus ausfegte. Wer nicht mittat, mußte schon Jahre vorm Ausbruch des Dritten Reichs in die Innere Emigration."²⁴

,Innere Emigration' schon vor 1933: Dieses Stichwort hat vor allem Hans Dieter Schäfer aufgegriffen und seinen guten Sinn in mehreren verdienstlichen Arbeiten expliziert.²⁵ In ihnen wird deutlich, wie das Krisenbewußtsein seit etwa 1929, das sich schon im „wilden Vitalismus der völkischen Ideologie" wie in der „passiven Depression des existenzphilosophischen Denkens"²⁶ (1927 war Heideggers *Sein und Zeit* erschienen, 1932 folgte Karl Jaspers' *Philosophie*) angekündigt hatte, sich in einer übrigens auch international zu beobachtenden Abkehr von der Avantgarde und der Rückwendung zu politischer wie ästhetischer Restauration zu beruhigen suchte: „Die Tendenz, in der Kunst Altes und Bewährtes wieder herzustellen, ist kein Ergebnis der Kulturpolitik Hitlers, sondern Produkt ein und derselben geschichtlichen Krise, die auch den Nationalsozialismus zum Sieg geführt hat."²⁷ Die ideologische und ästhetische Gegen-Offensive der Linken, die zumindest noch bis ins Jahr 1932 zu beobachten ist – man denke an die junge proletarisch-revolutionäre Literatur, an Brechts Lehrstücktheorie und -praxis, an den Film *Kuhle Wampe* – ist kein Gegenbeweis, sondern nur die widersprüchliche Ergänzung zum herrschenden Trend. So wird auch das Thema ‚Natur' wieder literaturfähig, bei Lyrikern wie Oskar Loerke und Wilhelm Lehmann, aber auch – und symptomatisch – bei den Angehörigen der jüngsten Autorengeneration. Vor allem die Zeitschrift *Die Kolonne. Zeitung der Jungen Gruppe Dresden*, getragen von Peter Huchel, Günter Eich, Horst Lange, Martin Raschke und Eberhard Meckel, war ein Sprachrohr dieses neuen Aufbruchs, der sich rasch als „Regression in entlegene Sphären"²⁸ erwies. Bereits in ihrer ersten Nummer (Dezember 1929) publizierte die Gruppe ein existentialistisch eingefärbtes Bekenntnis gegen die Neue Sachlichkeit, weil sie „den Dichter zum Reporter erniedrigt und die Umgebung des proletarischen Menschen als Gefühlsstandard des modernen Dichtens propagiert",²⁹ und rief statt dessen zur kontrolliert empfindsamen Einkehr in die Natur auf. Natur wurde zum passenden Bezugsobjekt des Künstlers, weil sie die gleiche dysfunktionale, den niederen Zwecken der Gesellschaft abgekehrte Seinsweise zu haben schien, wie sie der von der Krise gebeutelte Literat sich selber wünschte. „Verantwortung vor der Zeit?", fragte sich Günter Eich. „Nicht im Geringsten. Nur vor mir selber. [. . .] Man kann vom Regen sagen, er fördere das Wachstum der Pflanzen; aber niemandem wird es einfallen, deswegen zu behaupten, das sei die Absicht des Regens. Die Größe der Lyrik und aller Kunst aber ist es, daß sie, obwohl vom Menschen geschaffen, die Absichtslosigkeit eines Naturphänomens hat."³⁰ Wie sich solches Konzept von gesellschaftlicher Wirklichkeit, Natur und dichtendem Subjekt im Naturgedicht der Jahre 1933–45 entfaltete, gilt es im folgenden zu zeigen.

III

Ich beginne mit Gedichten Wilhelm Lehmanns aus den dreißiger und vierziger Jahren, der (neben Oskar Loerke) allgemein als Hauptvertreter der naturmagischen Schule und gleichzeitig der Inneren Emigration gilt und dessen eher komplizierte lyrische Gebilde zu Befunden führen, die in zumeist schlichterer, zuweilen auch primitiver Weise für andere zeitgenössische binnendeutsche Naturlyriker, einschließlich der aus der „Kolonne" hervorgegangenen Autoren, ebenso gelten.

Leiser Herbstwind

Der Wegstaub pudert die Malven,
Es kraust sich die Wolle am Lamm.
Der Wind ist die Puderquaste,
Der Wind der zärtliche Kamm.

Es summt in den leeren Linden
Wie Bienengeisterschar,
Die Stirn streift Spinnenfaden,
Oder ist es mein eigenes Haar?

Ich bin schon halb vergangen,
Das Auge wird mir dumm,
Auf den wespengelben Stoppeln,
Geht ein Gestorbener um.

Der Wind nimmt mich auf den Rücken,
Ich bin ihm nicht zu schwer;
Hase und Maus und Amsel
Fliehen vor mir nicht mehr.

Mit dem Winde staub ich die Malven
Und krause die Wolle dem Lamm,
Ich bin die Puderquaste,
Ich bin der flüchtige Kamm.[31]

In durchaus traditionellen, teilweise endreimenden Vierzeilern, deren Rhythmus und Wohlklang fast romantisch anmuten, setzt sich ein menschliches Subjekt zur herbstlichen Natur ins Verhältnis – zunächst anschauend. Doch die beobachteten Natur-Details werden von der ersten Zeile an vermenschlicht, subjektiviert: Naturkräfte und -dinge sind es, die agieren, oder besser: die durch die suggestive Geste, die sprachliche Beschwörung des Autors als handelnde erscheinen:

Der Wegstaub pudert die Malven,
Es kraust sich die Wolle am Lamm.
Der Wind ist die Puderquaste,
Der Wind der zärtliche Kamm.

Vom menschlichen Subjekt geht keine Aktivität aus; vielmehr drücken schon die letzten beiden Verse der zweiten Strophe aus, daß das Subjekt im Begriff ist, sich der geschauten, gefühlten Natur zu übereignen:

Die Stirn streift Spinnenfaden,
Oder ist es mein eigenes Haar?

Die letzten drei Strophen vollenden diesen Vorgang der Selbstauflösung in die Natur, des Absterbens der Individualität zugunsten der natürlichen Totalität. Die einzige bewahrte Aktivität des Subjektes, das Sehen, schwindet („Das Auge wird mir dumm"); als gestorbenes, körperloses Wesen kann es vom Wind aufgenommen und fortgetragen werden – und gewinnt eine neue Wunsch-Identität: integrierter, zurückgenommener Bestandteil der Natur zu sein. In diesem Sinne nimmt die letzte Strophe die erste, sie umkehrend, auf:

> Mit dem Winde staub ich die Malven
> Und krause die Wolle dem Lamm,
> Ich bin die Puderquaste,
> Ich bin der flüchtige Kamm.

Das Gedicht beschreibt, besser: beschwört in diesem Vorgang das Grundbedürfnis fast aller im Nazi-Deutschland gebliebenen Poeten: Wo die Einvernahme in die menschenverachtende Volksgemeinschaft der Nazis nicht gewollt wird, folgt der Rückzug auf die eigene Subjektivität; wo diese sich als unerträglich eng, als autistisch gefährdet erweist, setzt die zweite Etappe des Rückzugs ein: der Versuch, ersatzweise statt mit Menschen mit der Natur zu kommunizieren. Sie endet in der freiwilligen Rück-Einverleibung in die Natur-Natur, in der Reduktion des Menschenwesens aufs Naturwesen. Ein Freund und Wegbegleiter Lehmanns, Moritz Heimann, hat das schon 1923 mit Bezug auf den Autor bestätigt: „Das Gras, der Käfer, der Vogel, die Wolke und der Mensch stehen unter demselben Gesetz."[32] Bei Loerke wird ein vergleichbarer Wunsch formuliert: „O daß wir alle Vogelseelen wären!"[33] Und Günter Eich schließlich hat in einem im letzten Kriegsjahr entstandenen Gedicht die sich ins Schreckliche verkehrende Vision:

> Den Alptraum gibt mir der Wind ein, daß wir verwandelt werden in Insekten,
> am Morgen erwachen als riesige Ameisen, Heuschrecken und langbeinige Weberknechte,
> mit kugligen Facettenaugen uns anglotzen, gierig nach Beute, längst überdrüssig,
> anzugehören dem Menschengeschlechte.[34]

Die produktiv-tätige Stoffwechselbeziehung zwischen Mensch und Natur, wie sie immerhin einen Teil der bisherigen Menschheitsgeschichte bestimmt hat, ist damit stillgestellt. Das in Gang gesetzte Gespräch mit der Natur bricht dort ab, wo die Reintegration des Menschen in die Natur, die Verwandlung zum sowohl seines Bewußtseins wie seiner Verantwortung ledigen Wesen abgeschlossen ist.

Fragt sich dabei, ob, wenn schon nicht der *Mensch* in seinen produktiven Möglichkeiten gezeigt wird, wir nicht wenigstens *Natur* gesteigert erfahren durch solcherart Lyrik. Auch da ist, wie mir scheint, Skepsis angebracht. Schon das eine vorgestellte Gedicht Lehmanns führt den Menschen in einer einzigen Haltung der Natur gegenüber vor: der des Schauenden, sich meditativ in sie Versenkenden –

dem freilich „das Auge dumm" wird, wie es treffend (von Lehmann freilich anders gemeint) heißt. Die Gedichte Lehmanns, wie die vieler seiner Zeitgenossen, zeichnen sich durch die Selbstbeschränkung auf die ‚reine Wahrnehmung' (des Schauens, Lauschens, Schmeckens) unter bewußter Ausschaltung des Denkens aus. Wird doch unterstellt, daß die Reflexion den erwünschten ‚Kurzschluß' zwischen Wort und Natur-Ding nur gefährden, ja verhindern könne. Was dabei herauskommt, ist die detaillistische, pointillistische, hypertroph wuchernde Aneinanderreihung in der Regel entlegener Naturpartikel. Molch, Motte, Frostspanner, Buchenspinner, Hänfling, Lungenkraut, Loch, Bibernell und Spinnfaden bevölkern den Plan. Ist das ‚die Natur' der Jahre 1933–45 in Deutschland? Nein, das ist am Ende vor allem ein Konstrukt, ein Artefakt mit dem bloßen Anschein des Natürlichen. Lehmann (wie andere) war ehrlich genug, das einzubekennen. Nicht die Natur ist Erkenntnis- und Sinnziel, vielmehr heißt es (schon 1932): „Außerhalb der *Kunst* vermochte ich keinen Sinn im Dasein zu finden."[35] Eine Strophe aus dem Gedicht *Sonnenwende* manifestiert noch einmal diesen ganzen Zusammenhang:

> Mein Haar, dem Wind ein Zeitvertreib,
> Mit Rosenkrone, Fliegenleib,
> Mit Ulmennuß und Ahornstiel
> Und mit dem Grashalm, schnell gemäht,
> Vom Spinnenfaden eingenäht,
> Kann ich mich nicht mehr regen –
> Mit allem, was dem Staub verfiel,
> Und dem die Schönheit nichts genützt,
> Von nichts als vom Gedicht beschützt
> Auf allen meinen Wegen.[36]

Das Subjekt, das sich hier selbst in die Natur hinein entmündigt und gefesselt hat („Vom Spinnenfaden eingenäht, / Kann ich mich nicht mehr regen"), erweist sich auf andere Weise doch noch als überraschend fähig zu herrschen: Es arrangiert beliebige Naturpartikel (Rosenkrone, Fliegenleib, Ulmennuß, Ahornstiel, Grashalm, Spinnfaden) zum Kunstgebilde, dem dann die Aufgabe zukommt, das unbehauste Individuum unter seine imaginären Fittiche zu nehmen. Mit *Anschauung der Natur* hat das wenig zu tun; alle genannten Naturdetails werden nur deshalb zusammengezwungen, weil sie das Schicksal des lyrischen Ichs teilen, „vom Spinnenfaden eingenäht" zu werden. In der Tat ein Naturgedicht, das mehr über den Menschen inmitten einer bestimmten historischen Konstellation verrät, als über die Natur. Nichts wäre übrigens falscher, als den Lehmann der mikrokosmischen Detailreihung auf die historische Tradition etwa von Barthold Hinrich Brockes' *Irdisches Vergnügen in Gott* zu beziehen. Hier wie dort wird der Leser mit Einzelheiten aus dem Reich der Natur konfrontiert. Aber wo die „unentwegte poetische Entdeckungs-, Beschreibungs- und Ausdeutungslust"[37] eines Brockes am Werk ist, geschieht es in weltfrommem Optimismus zum Lobpreis seines Schöpfers (und über die Natur selbst erfahren wir bei dieser Art Stoffwechsel sehr viel), wohingegen ein Lehmann die Gegenstände der Natur instrumentalisiert für die Darstellung seiner erbärmlichen subjektiven Lage: manipulierte, verstümmelte Mimesis der Natur.

Elisabeth Langgässer, die Lehmann bewunderte und nahestand, hat betont, daß die Naturlyrik dieses Autors „das absolute Gegenteil dessen hervorbringt, was wir ‚Natur' zu nennen pflegen: nämlich vollkommen reine Kunst".[38] Selbst wenn dem so wäre: War dann nicht etwa ein Stefan George schon rund vierzig Jahre vor Lehmann konsequenter, ästhetisch kompromißloser? Für George war der Bruch zwischen erster Natur und Erfahrungssubjekt besiegelt, unaufhebbar. Diese Einsicht führte, Jahrzehnte vor Lehmann und seinen Zeitgenossen, zur Konstruktion eines *paradis artificiel*. Der *Algabal* (1891) ist jene Dichtung, in der ein verselbständigter, hypertropher Herrschafts- und Aneignungswille im Bau einer Kunst-Natur souverän schalten und walten kann, wo die Natur-Natur nur hinderlichen Widerstand böte. Prophetisch, wahr ist dieses Konzept insofern, als der Untergang der ersten Natur, angesichts solcher Gewalttätigkeit, schon gleichsam vorausgesetzt wird: Es gibt nur noch vom menschlichen Herrschaftswillen bezwungene, instrumentalisierte Natur. Sie ist nichts als Stoff von (in diesem Fall: ästhetischen) Artefakten. Algabals Schöpfung, „Wo ausser dem seinen kein wille geschaltet / Und wo er dem licht und dem wetter gebeut",[39] korrespondiert mit der Realität eines industriell explosionsartig expandierenden, waffenstarrenden Vorkriegsdeutschland, das die erste Natur unter der zweiten schon nahezu vollständig begrub. Bei aller Gefährlichkeit der Georgeschen Ästhetisierung und Mythisierung solcher Vorgänge: Ist hier nicht mehr Wahrheit (im Gewand der Poesie) als in den mühseligen Halb-Artefakten eines Lehmann, die am Ende doch die Tendenz zur naturhaften Idylle haben? „Die Abwässer der Zivilisation, Politik, Technik, Kommerz verunreinigen zusehends Sinn und Sprache. Ein gelungenes Gedicht ist das beste Desinfektionsmittel gegen solche Verschmutzung."[40] Solche Poetologie, ausgesprochen noch im Jahre 1950, ist angesichts der neuen Qualität von menschlicher „Verschmutzung" im Faschismus fahrlässig ignorant.

Diese Feststellung läßt sich anhand der ganz wenigen Zeitgedichte, die Lehmann geschrieben hat, erhärten. Mir ist ein einziges bekannt, das man immerhin als unzweideutiges Warngedicht bezeichnen kann. Es stammt aus der frühen Nachkriegszeit und heißt: *Nach der zweiten Sintflut*.[41] Es entwirft in eindringlichen Naturbildern die Situation nach einer zweiten Sintflut, nach der nur noch außermenschliche Natur existiert und „keine Arche" mehr anlegt. Die Botschaft ist unmißverständlich – man ist als Leser von heute an Brechts Karthago-Mahnung erinnert. Ungleich typischer ist freilich das Gedicht *Signale*. Die erste und die letzte Strophe (von acht) lauten:

> Seewärts hör ich Signale tuten:
> Sie schießen die Torpedos ein.
> Auf fernen Meeren, nah dem Ohre,
> Gesprengter Leiber letztes Schrein [...]

> Tief innen übte sich inzwischen
> Gesang, der Thebens Mauer baute.
> Fang an mit zwiegespaltnem Laute:
> Und ‚heile, heile, heile!' tönt es,
> Kuckuck! Kein Fluch der Erde höhnt es.
>
> Granaten und Schrapnells verzischen.⁴²

In der ersten Strophe ist ohne Zweifel von den U-Boot-Torpedos die Rede, die im Jahre 1940 von der Wehrtechnischen Versuchsanstalt in Eckernförde getestet wurden. Sie sind das Signal gesellschaftlich-geschichtlicher Gegenwart: des Zweiten Weltkrieges. Das Gedicht spielt nun die Bewegung durch, wie es dem Autor durch die Versenkung in Natur, Mythos und sublime Sprache gelingt, sich von dieser bedrückenden, zerstörerischen Zeitgeschichte abzusetzen (übrigens fungiert wiederum der Wind als ‚natürlicher' Träger dieser Absetzbewegung von der Wirklichkeit; vgl. die zweite Strophe). Am Ende sind alle Wunden geheilt, die die korrupte Zeit dem leidenden Subjekt geschlagen hat („heile, heile, heile!" – der Gebrauch der kindlichen Beschwörungsformel ist symptomatisch). Der Gesang des Dichters im Einklang mit der Stimme der Natur (in Gestalt des Kuckucks) übertönt den Lärm derer, die das Kriegsspiel einüben, ja schon in den ‚Ernstfall' verwickelt sind (vgl. „Gesprengter Leiber letztes Schrein"): „Granaten und Schrapnells verzischen." Im Gewand des Naturgedichts wird das Zeitgedicht widerrufen; das lyrische Subjekt hat seine fragwürdige Identität wiederhergestellt. Die Gattung ‚Naturgedicht' hat eine bedenkliche Bereicherung erfahren: Es ist *Rechtfertigungsgedicht* geworden.

Andere Naturgedichte Lehmanns bestätigen diesen legitimatorischen Gestus der Entgesellschaftlichung und Enthistorisierung. So heißt es in *Atemholen* (offenbar bald nach 1945 entstanden):

> Der Krieg der Welt ist hier [in der August-Natur] verklungene Geschichte,
> Ein Spiel der Schmetterlinge, weilt die Zeit.
> [...]
> Die Zeit steht still [...]
> [...] Es hat sich nichts geändert.⁴³

Auch die vollendete Weltkriegskatastrophe hat den Autor nicht wirklich belehrt. Das Gedicht *Deutsche Zeit 1947*, das selbst angesichts unübersehbarer Zerstörungen ein weiteres Mal Naturmagie entfaltet, endet:

> Mißglückter Zauber? Er gelang.
> Ich bin genährt. Ich hör Gesang.⁴⁴

Der Austritt aus der (faschistischen) Zeitgeschichte geht nicht ohne erschreckende Geschmacklosigkeiten ab. Im Gedicht *Ruhm des Daseins* (von ca.

1951), das in wechselnden Bildern der Natur und des Mythos die These seines Titels zu belegen sucht, heißt der letzte, krönende Vers:

> Selbst Ahasver zieht seine Straße gern[45]

– angesichts der wirklichen ‚Wanderungen' der Juden zwischen 1933 und 1945 eine Aussage, die von beträchtlicher Empfindungslosigkeit zeugt.

IV

Die binnendeutsche Naturlyrik der Inneren Emigration hat viele Facetten – bei weitem nicht alle können hier vorgestellt werden. Einige ergänzende Hinweise müssen genügen. Zwei – teilweise überlappende – Tendenzen sehe ich gegeben.

Von zentraler Bedeutung ist die *modernistisch-ästhetizistische Richtung des naturmagischen Gedichts*, die am Beispiel Lehmanns erörtert wurde. Gewiß, ein Oskar Loerke ist ‚klassischer'; seine Chiffren sind oft noch geheimnisvoller, seine Zeitbezug ist klarer, wahrhaftiger (man denke an Gedichte wie *Märkische Landschaft, Der Wald der Welt, Weltgeschichte, Die Hand des Gemordeten*), vergleicht man ihn mit Lehmann. Die Gedichte der jungen Eich, Huchel, Lange sind demgegenüber nüchterner, mehr der Technik der Beschreibung als der der evokativen Beschwörung verpflichtet. Und wo bei Lehmann und Loerke Naturbilder hochgradig metaphorisiert, zu komplizierten Chiffren, fast schon zu einer Privatmythologie organisiert sind, verbleiben die frühen Eich und Huchel beim einfachen Benennen und Vergleichen stehen. Eine Elisabeth Langgässer wiederum vermag, getragen von – gleichsam ungleichzeitigem – unzerstörbarem christlichem Schöpfungsglauben, viel mehr an Natur*wirklichkeit* im Gedicht zu imaginieren, als das ein Lehmann kann oder will (vgl. etwa *In den Mittag gesprochen, Frühling 1946*) – und ist gleichzeitig skeptisch gegenüber dem Fluchtort ‚Natur', den so viele ihrer Kollegen umstandslos aufsuchen. Sie war dann auch diejenige, die nach 1945 so kritisch wie selbstkritisch das „anakreontische Tändeln mit Blumen und Blümchen über dem scheußlichen, weit geöffneten, aber eben mit diesen Blümchen überdeckten Abgrund der Massengräber" verwarf und sich gegen die „Naturträumereien der [...] Ausweicher und Aufweicher"[46] wandte. Ein Fall von eigener Faszination ist schließlich Gottfried Benn. Seine Naturgedichte aus dem Zeitraum 1931–45 stehen in ihrer Poetologie vor allem denen Lehmanns näher, als oft angenommen wird. Auch Benn kennt

> [...] nur ein Begegnen: im Gedichte
> die Dinge mystisch bannen durch das Wort.[47]

Benns Naturlyrik – übrigens fast durchweg auf die Jahreszeiten Spätsommer, Herbst bezogen (und gibt es einmal einen Frühling, dann wird er wie ein Herbst wahrgenommen)[48] – ist von bestürzender Schönheit. Gedichte wie *Anemone*,

Einsamer nie, *Astern* oder *September* bestätigen Adornos Diktum, daß „ästhetische Verhaltensweise [...] die Fähigkeit" ist, „mehr an den Dingen wahrzunehmen, als sie sind; der Blick, unter dem, was ist, sich in Bild verwandelt". Doch Adornos nächster Satz trifft auf Benn schon nicht mehr zu: „Ästhetisches Verhalten ist das ungeschwächte Korrektiv des mittlerweile zur Totalität sich aufspreizenden verdinglichten Bewußtseins."[49] Hält er doch diesen Widerstand nicht aufrecht, sondern gibt sich entweder dem im Gedicht realisierten „Gegenglück, dem Geist"[50] als Tröstung hin oder der (an anderer Stelle als unerreichbar, von den Menschen abgetrennt gesehenen)[51] Natur selbst:

> Ach, hinter Rosenblättern
> versinken die Wüsten, die Welt,
> laß sie den Rächern, den Rettern,
> laß sie dem Held,
> laß sie dem Siegfried, dem Hagen,
> denke: ein Lindenblatt
> das Drachenblut geschlagen
> und die Wunde gegeben hat.[52]

Letztlich also bei Benn die gleiche Abdankungsbewegung wie bei Lehmann: ein unscheinbares Blatt straft alles menschliche Planen lügen, führt es ad absurdum. Gleichzeitig darf man wohl die ‚Rosenblätter' als Chiffre für die (Gedicht-)Blätter des Poeten verstehen, die Politik und öden Alltag zum Verschwinden bringen.

Im Vergleich zur naturmagisch-kalligraphischen Dichtung quantitativ entschieden umfänglicher ist die *traditionalistische Richtung ungebrochener Naturseligkeit und Landschaftsfrömmigkeit*, jenes „unbekümmerte Andichten"[53] der Natur, dem sich eine ganze Phalanx älterer (um 1875 bis 1900 geborener) und jüngerer, im Prinzip nicht faschistischer Autoren verschrieben hatte. Ich nenne Werner Bergengruen, Richard Billinger, Friedrich Bischoff, Rudolf G. Binding, Hans Carossa, Friedrich Schnack, Georg von der Vring, Albin Zollinger. Bei allen Unterschieden, die diese kompakte Aufzählung vielleicht ungerecht erscheinen lassen: Alle diese Autoren eint die mehr oder weniger brüske Abkehr vom ästhetischen Experiment und der tröstliche Glaube, daß der Mensch, auch in mißlichen Zeitläuften, ungebrochen mit der Natur kommunizieren, sie feiern und genießen könne. ‚Natur' ist „die heile Welt" (so ein Gedichttitel Bergengruens wie übrigens auch Lehmanns),[54] und die Existenz natürlicher Harmonie garantiert zugleich, daß auch alles menschliche Streben letztlich ins Heil einmündet:

> Wir gehn in jährlichen Gleisen.
> Und niemand kann verwaisen.[55]

Wo die naturmagische Schule den Stoffwechsel des Menschen mit der Natur abbricht, indem sie ihn in diese zurücknimmt, sein Scheitern *außerhalb* seiner Eigenschaft, Naturwesen zu sein, einbekennt, bedichten die Traditionalisten Mal um Mal die Fiktion, die Kommunikation zwischen Mensch und Natur sei ungebrochen; ihre Versöhnung realisiere sich jeden Augenblick. Man glaubte an „das Menschenkind, [. . .] das mit den Steinen spricht wie mit den Tieren, mit den Wolken wie mit den Winden".[56] Dabei stützt sie die christlich oder nichtchristlich eingefärbte Auffassung, daß *ein* existentielles Integral die Bereiche Natur und (menschliche) Geschichte überwölbe.

> Wisse, wenn in Schmerzensstunden
> dir das Blut vom Herzen spritzt:
> Niemand kann die Welt verwunden,
> nur die Schale wird geritzt.
>
> Tief im innersten der Dinge
> ruht ihr Kern getrost und heil
> Und mit jedem Schöpfungsdinge
> hast du immer an ihm teil.[57]

Solch idyllischer *vita contemplativa* löst sich Geschichte in Natur auf. Naturbilder haben – wie in den folgenden Sätzen Ernst Wiecherts – keine *metaphorische* Bedeutung mehr, sondern wollen weltanschaulichee *Realaussage* sein: „Sie [die Schöpfung] ging ihren Gang. Sie streute aus und sammelte wieder ein. Das Maß ihrer Ernte blieb immer das gleiche, weil das Maß ihrer Saat das gleiche blieb."[58]

V

Auf der Suche nach genuin *nationalsozialistischer Naturlyrik* wird man nicht auf Anhieb fündig. Die Heinrich Anacker, Ludwig Friedrich Barthel, Herbert Böhme und andere, die gemeinhin als NS-Autoren gelten, wollen offenbar auch nur ‚zurück zur Natur', diese verstanden als Fluchtort und Idylle. Nur heißt sie hier formelhaft-stereotyp: Scholle, Blut und Boden. Gleichwohl befinden wir uns noch in der „Gartenlaube, jetzt braunlackiert".[59] Diese Lyrik ist kaum anders, nur ästhetisch schlechter, verbal primitiver als die eines Bergengruen oder Schnack. Ist sie darum schon faschistisch?

Die nationalsozialistische Lyrik teilt mit der vieler nichtfaschistischer Autoren ein spezifisches Verfahren der Metaphorisierung, und die Verschiedenheiten, die sich hier beobachten lassen, ermöglichen eine erste Annäherung an das Problem der gegebenen oder nicht gegebenen Differenz. Nichtfaschistische wie faschistische Lyriker haben eine Neigung, politisch-gesellschaftliche Vorgänge in Naturbildern auszudrücken, wodurch sich der – bekanntlich sehr alte – Typus des *uneigentlichen, metaphorischen Naturgedichts* konstituiert. Das Verfahren ist naheliegend; sind doch Naturbilder – und vor allem die elementaren Naturkräfte: Erde, Wasser, Feuer, Wind und Wetter – bedeutungsoffen, ‚ungeschichtlich', also jederzeit und unspezifisch für jeden Zweck abrufbar. Das demonstriert schon die Naturmetaphorik in der Konkurrenz zwischen demokratischen und reaktionären Poeten zumal im Zeitraum zwischen Französischer Revolution und 1848.[60] Der demokratisch-republikanische Impetus, der einst die Jakobiner, die Vormärzliteraten und noch Heinrich Mann[61] oder Erich Mühsam[62] beflügelte, wenn sie z. B. die Revolution als Gewitter oder den Fortschritt als reißenden Fluß darstellten, ist freilich im Ersten Weltkrieg, spätestens durch die Krise und den Machtantritt der Nazis verflogen. Gewiß, es gibt nach wie vor nichtfaschistische Autoren, die in *kritischer* Absicht die politische Katastrophe von 1933 (oder dann vor allem den Zweiten Weltkrieg) als Naturkatastrophe, den gesellschaftlichen Terror in Naturbildern darstellen: Das tut Marie-Luise Kaschnitz (in Gedichten wie *Der Schritt um Mitternacht* und *Die Wolke*);[63] das tut Ricarda Huch (wie zum Beispiel in *Glatt, ohne Risse spannt sich*);[64] das tut sogar, und voller Ingrimm, Gottfried Benn, in dessen Gedicht *Monolog* von 1941 es heißt:

> Hier kehrt das Maß sich um:
> die Pfütze prüft den Quell, der Wurm die Elle,
> die Kröte spritzt dem Veilchen in den Mund
> – Halleluja! – und wetzt den Bauch im Kies:
> die Paddeltrift als Mahnmal der Geschichte!
> Die Ptolemäerspur als Gaunerzinke,
> die Ratte kommt als Labsal gegen Pest.
> Meuchel besingt den Mord. Spitzel locken
> aus Psalmen Unzucht.[65]

Das für die Dichter der Inneren Emigration typische Verfahren ist freilich ein anderes: jenes Ineinssetzen von Natur und Gesellschaft unter dem Integral einer alles bestimmenden, schicksalhaften Seinsordnung, wodurch Erkenntnis über die ‚zweite Natur', konkret: woher der Faschismus kam und was er angerichtet hat, nicht stimuliert, sondern abgewendet wird. Die ihrem Selbstverständnis nach antifaschistische Anthologie *De Profundis*, 1946 von Gunter Groll bei Desch herausgegeben, enthält z. B. eine Fülle solcher Gedichte – von Bergengruen und Britting, von Hagelstange und Hausmann, von Kasack und Kreuder, von Oda Schaefer und Georg von der Vring –, in denen Natur und politisches Geschehen sich diffus und bis zur Unauflöslichkeit durchdringen.[66]

Solch passiv-friedlicher Einsatz von Naturbildern genügte den wirklichen Nazis unter den Poeten im Zuge ihrer Naturalisierung der Geschichte nicht. So befiehlt Hanns Johst in dem Gedicht *In der Stunde der Scham . . .* seinem Volk:

> In dem höllischen Feuer
> marternder Läuterung,
> mit den Skorpionen von Stunden
> tiefster Erniedrigung
> geißle die schwärenden Wunden!
> und leide
> ungeheuer!
>
> Du mein gekreuzigtes Volk,
> schweige zum Spotte der Schächer!

> Siehe, die Berge stehn schwarz.
> Über den Bergen der Sprecher
>
> sammelt die brüllenden Wolken,
> speichert den zornigen Donner,
> bündelt den silbernen Blitz.
>
> Fühle, mein Volk des Sturmes
> dunkle Verkündigung:
> Wahrlich, – du wirst mit geballten
> Fäusten Himmelfahrt halten.[67]

Der Golgatha-Mythos vom Opfertod Christi *aus Liebe*, unter *Verzicht auf Gewalt*, wird ins Gegenteil verkehrt: Jetzt ist das „Volk" das erniedrigte und beleidigte Wesen, das sich, angeleitet von seinem „Sprecher" (Führer) selbst erlöst – und zwar *mit Gewalt*: „Wahrlich, – du wirst mit geballten Fäusten Himmelfahrt halten." Naturbilder werden nur insoweit zur Ausstaffierung dieses per-vertierten Mythos herangezogen, als sie eine Atmosphäre von Gewalttätigkeit zu vermitteln vermögen: „höllisches Feuer marternder Läuterung", „Skorpione von Stunden", „brüllende Wolken", „zornige Donner" usw.

Auch Gerhard Schumann sieht aus dem „schwülen Mittag", in dem das Land „brütet", aus „des Aufruhrs Bränden" sich „tausend Fäuste" recken. Ein Verlorener ringt und wird vom Führer erlöst:

> Doch als er aufstund, fuhr der Feuerschein
> Des Auserwählten um sein Haupt. Und niedersteigend
> Trug er die Fackel in die Nacht hinein.
>
> Die Millionen beugten sich ihm schweigend.
> Erlöst. Der Himmel flammte morgenbleich.
> Die Sonne wuchs. Und mit ihr wuchs das Reich.[68]

Üblich, und tausendfach praktiziert, ist die Parallelisierung von (positiv gewertetem) politischem Vorgang und (positiv erlebtem) Naturgeschehen: „Die Sonne wuchs. Und mit ihr wuchs das Reich." Doch diese Vereinnahmung des Naturphänomens für einen politischen Zweck wird wiederum akzentuiert durch Elemente von *Gewalttätigkeit*, die die ausgewählten Naturbilder prägen: „höllisches Feuer", „brüllende Wolken", „zornige Donner" waren es bei Johst; „Feuerschein" und „flammender Himmel" nun bei Schumann. Die eigentliche Pointe liegt darin, wie Menschengewalt mit Naturgewalt sich amalgamiert: „Du wirst mit geballten Fäusten Himmelfahrt halten", „aus tausend Fäusten reckte sich der Fluch!" Bei Heinrich Anacker ist es „der Faust granitne Stärke".[69] Diese Verschmelzung vollzieht mit besonderer Deutlichkeit das Gedicht *Nun brause Sturm!* von Hans Friedrich Blunck:

> Nun brause Sturm! Die alten Götter fallen,
> die neue Zeit wird reif, ein Hochgericht

> ist eingesetzt, und wo sich Menschen ballen,
> schreitet der Tod und sucht durchs Dämmerlicht.
>
> Der Zage stürzt, von allen Türmen klagen
> die Glocken den Erbarmungsschrei ins Tal.
> Was Demut bracht', wir haben's lang ertragen.
> jetzt gilt die Tat und segnet uns zumal.
>
> Nun brause Sturm! Der Freiheit Ungebärde
> steht trotzig gegen eine Welt von Not:
> Der Bauer rüstet, sattelt seine Pferde,
> die Stadt schlägt Waffen, Feuer brennt vom Schlot.
>
> Harfe uns, Sturm, zu tausend Opfertoden,
> das Land gebiert sich neu aus dem, was fällt.
> Zu deutschem Frühling kreißt der alte Boden,
> aus junger Mütter Schoß die neue Welt.[70]

Die Verwendung von Naturbildern aus dem Bereich der Elementargewalten kann für sich allein noch nicht faschistisch genannt werden. In ihrer Häufung und Ballung wird sie zumindest zu einem Indiz für ungehemmte Gewaltbereitschaft, und damit für ein Konstituens des faschistischen Menschen. Ihre verheerenden, lebensfeindlichen Folgen demonstrieren andere Gedichte, die durchaus noch auf ihre Weise aus dem Motivarsenal des Natur- und Landschaftsgedichts schöpfen, wie zum Beispiel ein Lied von Hans Baumann. Es spinnt das alte biblische Bild vom Schnitter Tod, der Ernte hält, auf seine – faschistische – Weise aus:

> Nun laßt die Fahnen fliegen
> in das große Morgenrot,
> das uns zu neuen Siegen
> leuchtet oder brennt zum Tod.
>
> Denn mögen wir auch fallen –
> wie ein Dom steht unser Staat.
> Ein Volk hat hundert Ernten
> und geht hundertmal zur Saat.
>
> Deutschland, sieh uns, wir weihen
> dir den Tod als kleinste Tat,
> grüßt er einst unsre Reihen,
> werden wir die große Saat.
>
> Drum laßt die Fahnen fliegen
> in das große Morgenrot,
> das uns zu neuen Siegen
> leuchtet oder brennt zum Tod.[71]

Wo die Menschen eines Volkes mit Getreidehalmen verglichen werden und ihre Kinder mit Saatkörnern, dort kann der „Tod als kleinste Tat" gerechtfertigt werden. Die Rückeinverleibung des Menschen in die Natur-Natur, die wir bei Lehmann und anderen in ihrer harmlosen Version kennenlernen konnten, zeigt ihre grausige Konsequenz. Was auf den Status eines Naturwesens zurückgenommen ist, taugt widerstandslos zum Opfer. Wo Deutschland der „stumme Acker" ist, „der um uns wächst", kann „aus Blut und Erde neu das Reich" wachsen.[72] Die Geschichte will es so: „... und immer reift uns Ernte erst /nach blutiger Mühsal."[73] Das sah übrigens auch Hans Carossa so:

> Der Himmel dröhnt von Tod. Die Erde blutet
> aus Wunden treuer Söhne Tag und Nacht.
>
> Und ob er tötet, ob er stirbt, er weiß:
> Dies alles sind nur Saaten künftiger Liebe.
> Viel Blut, viel Blut muß in die Erde sinken;
> nie wird sie sonst dem Menschen heimatlich.[74]

Die Unterwerfung unter die naturale Autorität, das Verkriechen in ihr gewinnt hier einen politisch brisanten Aspekt: Sie münden ein in die Rechtfertigung des Sterbens, des Tötens, des Krieges, zu welchem Zweck auch immer. Re-Naturalisierung des Menschen in diesem Sinne heißt: Entwertung des Menschen(-lebens) zum Nichts. Wie wörtlich die Reduktion des Menschen auf Natur durch den Faschismus zu verstehen ist, zeigt die Praxis der Massenvernichtungslager. Sie nimmt die Ermordeten vollständig auf den Status von Natur zurück, indem sie – die Opfer – nur noch *als Naturstoff* – Zähne, Haare, Knochen, die Asche der Leichname als Düngemittel – zählen.[75] Nicht immer ist die Idee der Re-Naturalisierung des Menschen im Sinne der Anihilierung seines Lebenswerts so deutlich offengelegt wie bei Hermann Burte:

> Ungerecht bin ich
> Einseitig denke ich
> Schaudernd erkenne ich:
> Leben ist Raub!
>
> Mord hält am Leben
> Schaue Natur an,
> Fraß oder Fresser,
> Volk, mußt du sein![76]

Hier hat Natur nicht mehr den Statuts eines *Bilder*arsenals, sondern ist, im Sinne des Sozialdarwinismus, *reales* Vorbild, Maßstab geworden. Natur ist nicht mehr partielles Analogon zur menschlichen Existenz, Stoff für vielfältige Akte der Symbolisierung, sondern diese menschliche Existenz selbst wird zur Natur erklärt, ist *nichts als Natur* – soweit Natur als Kampf, Krieg, Zerstören, Töten verstanden werden kann.

Einen Stoffwechsel zwischen Mensch und Natur als zwischen zwei ineinandergreifenden, aber doch qualitativ verschiedenen Kräftepotentialen, der sich geschichtlich verändert, kennt faschistische Naturlyrik nicht, kann sie nicht kennen. Allenfalls schwappt eine „rätselhafte Woge gleichen Bluts", wenn das rudimentäre

Subjekt sich „der Scholle hingeschmiegt" und in der „braunen Furche" liegt. Fast überflüssig zu sagen, daß in diesem Weltbild auch keine Produktivkraftentwicklung stattgefunden hat. Bäuerliches Leben ist nicht inmitten klar umrissener technisch-wirtschaftlicher Bedingungen angesiedelt, sondern wird zur mythischen Ewigkeitsfigur, wofür Requisiten wie Sense, Pflug und Dreschflegel einstehen. Der Bauer ist Pflüger, Säer, Schnitter, nicht Traktorist oder Maschinist.

> Hinterm Pflug, in gleichem Schritt,
> Hoch am Himmel schreitest du
> Von Jahrhundert zu Jahrhundert.
> Und der dunkle Zug der Ahnen
> Schreitet in der Furche mit:
> Von Jahrhundert zu Jahrhundert.[78]

Auch eine Autorin wie Ina Seidel huldigt der Auffassung von einer ewigwährenden Symbiose zwischen Menschenhand und Spatenstiel:

> Des Menschen Nacken, der gebeugt sich strafft,
> Bei Stoß und Druck der Muskeln rhythmisch Spiel.
> Sein Händepaar, eins mit dem Spatenstiel,
> Sein Fuß, vernietet mit des Eisens Kraft,
> Wind, der des Grabenden Gelock aufstört
> Und in sein loses Hemd fährt, das sich bauscht. –
> Der Schollen Knirschen, unbewußt gehört.
> So wie der schwere Atem eigener Brust,
> So wie der Lerche träufelnder Gesang –
> Verschmolzen in Bewegung, Drang und Lust
> Mensch, Werkzeug, Acker, – Wolke, Wind und Klang.[79]

In solcher Verschmelzung von Mensch und Natur auf der Stufe archaischer Technologie meldet sich das dringende Bedürfnis der Urheber, aus den komplizierten Gegenwartsverhältnissen von Arbeitsteilung, Warenproduktion und avancierter Technologie auszutreten und ins ‚einfache Leben' der Tribusordnung zu regredieren. Die unaufhörliche Reproduktion der Natur in zyklischem Ablauf scheint Geborgenheit und Ordnung zu garantieren, wo die moderne Gesellschaft nur noch als Ort von Unordnung und Zufälligkeit erfahren wird. Ein anspruchsvoll geschichtsphilosophisches Gedicht des jungen Gerd Gaiser, *Der Erde Verlust* (1941), fragt, wie es denn dazu gekommen sei, daß die Menschen „zu Maschinen [. . .], immer größeren, immer / Mörderischeren, immer verschlageneren" drängten – und antwortet sich selbst:

> Kam es vielleicht nicht einzig aus ihrem, der Erde, Verlust:
> Der ungönnenden,
> Die uns Enterbten
> Schweifende Augen schuf,
> Einen schneidenden Jägerblick,

> Da wir, uns selbst überhoben,
> Antraten die große Fahrt?
>
> Verhaltener wollten wir ja von den friedelosen
> Straßen uns wieder bescheiden, ebbenden Bluts
> Ruhiger in die eigene Fährte kehren,
> Unsere Äcker umreitend in einem Nachmittag.
>
> Meine Freunde habe ich ausgefragt,
> Und da ich selber mir nachspürte,
> Eins nur vernahm ich:
> Daß wir glücklicher wären, wenn einzig trabte
> Unter uns eine Stute durch Roggen und weißes Korn,
> Und die Stunde priesen,
>
> Auszukämmen am Abend aus unsrem Haar
> Halme und Staub. Daß besser als jegliches andre
> Nachtmahl uns mundete, draußen, Salzfleisch und rauhes Brot,
> Wenn nur Geruch der Herden an unsere Schwelle wehte.[80]

Für Gaiser existieren nur die beiden schicksalhaft gegebenen Pole: der „Geruch der Herden an unserer Schwelle" und die „immer mörderischeren, immer verschlageneren Maschinen" (das Wort gesprochen mitten im Zweiten Weltkrieg). Eine friedliche Menschheitsgeschichte zwischen diesen Polen der primitiven Gentilordnung und einem technologisch hochentwickelten Imperialismus ist undenkbar, resp. sie wird verworfen. In beiden Fällen unterwirft sich das Individuum einer Macht, die nicht es selbst ist. „In dieser neuen Ideologie, in der sich die Schwäche und die Hörigkeit zu verklären suchen, streckt das Individuum in scheinbarer Freiwilligkeit vor einer höheren Gewalt die Waffen. Einst galt die Natur nur insofern als autonom, als sie noch nicht als das Produkt menschlicher Tätigkeit neu geschaffen war. Jetzt dagegen hat der Mensch ein sinnloses Leben zu gewärtigen, wenn er nicht gehorsam das, was man als das Gesetz der Natur bezeichnen könnte, als sein eigenes akzeptiert. Und das gesellschaftliche Gegenstück zum Gesetz vom naturhaften Rhythmus ist die blinde Disziplin."[81]

VI

Bei den nichtfaschistischen Lyrikern im Dritten Reich hatte man häufig den Eindruck, daß sie, um dem Naziterror auszuweichen, ‚im Walde vor sich hin' gingen. Diese Möglichkeit war den *Dichtern des Exils* in der Regel verbaut. Brecht vermerkt in seinem „Arbeitsjournal" unter dem Datum 10. 9. 1938: „der kapitalismus hat uns zum kampf gezwungen. er hat unsere umgebung verwüstet. ich gehe nicht mehr ‚im walde vor mich hin', sondern unter polizisten. da ist noch fülle, die fülle der kämpfe. da ist differenziertheit, die der probleme."[82] So wie sich die *subjektive Lage der Autoren* (durch die Vertreibung und Verfolgung) und der *objektive Bezugsrahmen* (durch die Existenz eines faschistischen Regimes im

Heimatland) radikal verändert hatten, so also auch der *Status von Lyrik überhaupt*. Die Kämpfe und die Probleme haben zugenommen auf Kosten der Fülle der Empfindungen und des Ausdrucks, die bislang Gedichte schreiben und Gedichte lesen anziehend machten. Nicht alle Autoren nahmen das so bewußt wahr wie Brecht; immerhin konnte keiner völlig die Augen davor verschließen. Bei Brecht heißt es, die vorgenannten Einsichten radikalisierend (*Arbeitsjournal*, 5.4.42): „hier lyrik zu schreiben, selbst aktuelle, bedeutet: sich in den elfenbeinturm zurückziehen. es ist, als betreibe man goldschmiedekunst. das hat etwas schrulliges, kauzhaftes, borniertes."[83]

So müßte man erst einmal vermuten, daß das Exil kaum Naturlyrik produziert hat. Zumal, wenn man bedenkt, welche Richtungen der Lyrik aus Deutschland vertrieben wurden. Weder die namhaften Linken (Brecht, Becher, Weinert, Tucholsky) noch die ehemaligen Expressionisten (Lasker-Schüler, Ehrenstein, Wolfenstein, Goll u. a.) noch ein Max Herrmann-Neiße oder ein Karl Kraus waren ausgesprochene Naturlyriker. Und wo sie oder andere doch in Sympathie mit der Natur gelebt hatten, empfanden sie die faschistische Machtergreifung und ihre eigene Exilierung als gewaltsame Zerstörung solch einvernehmlicher Kommunikation:

> Die kleine Freude an Tier und Blüte,
> an Menschen und Büchern und Bildern verblaßt.
> Was einst ich besah mit verklärender Güte,
> ist heut mir lästig, zuwider, verhaßt.
>
> Die Welt ist alt und bösartig geworden,
> es überrennt uns ein wüstes Geschlecht.
> Es findet sich in all dem Drohen und Morden
> mein friedliebendes Leben nicht mehr zurecht.[84]

In einem andern Gedicht Max Herrmann-Neißes, gleichfalls aus der Mitte der dreißiger Jahre, finden sich die schönen Verse:

> Die entmenschte Seele trauert
> um verlornen Kindersinn.
> Alle Gärten sind vermauert,
> Nachtigallen bleiben still,
> und die Hoffnung ist dahin.[85]

In einem seiner letzten Gedichte (Herrmann-Neiße starb 1941 im Londoner Exil) hat der Autor das Thema nochmals aufgegriffen:

> Sommerlich die Gärten tönen,
> singen Vögel, rauscht das Laub.
> Hinter all dem zärtlich Schönen
> geht die Raserei auf Raub.

Das Gedicht verharrt im unaufgelösten, das Subjekt ängstigenden Widerspruch zwischen Naturschönem und menschlicher Barbarei, versagt sich die kompensatorische Tröstung, der sich die Naturmagier übereignen:

> [Wir]
> wittern plötzlich das Verderben,
> das mich, der das Leben liebt,
> dennoch läßt gewaltsam sterben,
> wenn es alles dies noch gibt,
> ungestört vom Bomber-Dröhnen,
> gegen Schlachten-Donner taub:
> sommerlichen Glückes Tönen,
> Lerche und bewegtes Laub.[85]

Jesse Thoor spitzt die Kontrastierung von faschistischer Gewalt und Naturharmonie noch zu, indem er – und das war schon vor 1939 durchaus realistisch – den *Terror* als nicht mehr wegdenkbaren, in sie eingravierten *Bestandteil von Natur* darstellt. Der erste Vers des *Sonetts von der endgültigen Frage* nennt eine These, die im folgenden widerlegt wird: „Ihr sagt, daß unermeßlich reich und voller Schönheit diese Erde ist." Nach einer Beschreibung der fraglos schönen Landschaft fährt Thoor fort:

> Oh, einen Menschen sah ich nur, als ich an einem Morgen stand,
> dort, wo die Stadt beginnt und oft schon Ähnliches geschah.
>
> Vom Wind bewegt, so hing er hoch, ganz hoch in einer Linde.
> Ein Auge zu, indessen noch das andre starr den Himmel sucht.
> Und aufgerissen war der Mund, als brüllte er: verflucht, verflucht!
>
> Der Hals jedoch war fest verschnürt in einer grauen Binde.
> Und blutig hing das rohe Fleisch aus den zerfetzten Schuhn.
> Was sagt ihr – meine Menschenbrüder – he, was sagt ihr nun?[87]

Das ist nun nicht mehr eine leise Distanzierung von den einstigen Weggefährten wie Oskar Loerke, wie sie etwa Herrmann-Neiße in dem Gedicht *Sommerlich die Gärten tönen* vornahm; hier wird ein ingrimmiger Trennungsstrich zu jeglicher idyllisierenden, vom Faschismus absehenden Naturmagie und Schöpfungsverzückung gezogen (Thoor hatte sie noch bis 1938 von Österreich aus verfolgen können).[88]

Andere Autoren artikulieren vor allem den Weg in die Fremde als *Ent-Fremdung auch aus der heimatlichen Natur*, ist doch jeder für sich ein „Hans ohne Glück, ohne Land", wie Jakob Haringer bemerkt.[89] Hans Sahl schreibt beispielsweise: „Es hat der Wald noch nie so fremd gerochen",[90] und Hermann Broch beschreibt 1938 in dem Gedicht *Im Flugzeug von Österreich nach England* sehr konkret den Zustand der als endgültig empfundenen Ent-Rückung:

> Da unten ist nun nichts mehr groß
> die Straße ist ein Strich –

> doch plötzlich weiß ich von dem Moos
> und weiß den Wald, des Wurz ich riech,
> und weiß, da drunten lag einst ich
> und lag in meiner Heimat Schoß.
> Die Straße ist ein Strich.⁹¹

Und doch bringt der Gang in die Fremde Naturlyrik hervor – freilich mit einer bemerkenswert *neuen Topographie*. Statt der festgefügten *Heimat-Natur* manifestiert sich im Gedicht *Flucht-Natur*, deren Kennzeichen es gerade ist, nicht fixierbar, boden-los zu sein. Wind, Wolken und Meer sind die bevorzugten Naturelemente dieser Lyrik:

> Kein Herz, das dort am Ufer um uns weint,
> Nur Wind und Meer, die leise uns beklagen,⁹²

heißt es bei Mascha Kaléko, und in dem Gedicht *Wir Vertriebenen* von Max Barth (entstanden 1940 im schwedischen Internierungslager Smedsbo):

> Wir dürfen nirgends Wurzel schlagen,
> wir ewigen Vertriebenen sind
> verdammt, wie Wolke, Fluß und Wind
> uns selbst durch alle Welt zu tragen.⁹³

Kaum einer der Exilierten hat in der Verbannung sich auf die konkrete Landschaft und Natur seines Gastlandes eingelassen und sich mit ihr im Gedicht auseinandergesetzt. Dies wurde schon dadurch erschwert, daß der Aufenthalt in einem Land meist nur von kurzer Dauer war und man schon wieder ins nächste flüchten mußte („Öfter als die Schuhe die Länder wechselnd"), sicherlich ebenfalls dadurch, daß man sich *heimatlich*, auf *Dauer* im jeweiligen Gastland gar nicht einrichten *wollte*. Ein Gedicht wie Jacob Picards *Frühling in Massachusetts* (1942) – bezeichnenderweise wurde der Autor in der Neuen Welt Gärtner!⁹⁴ – oder Erich Arendts kolumbianische Landschaftslyrik⁹⁵ bezeichnen eher Ausnahmen (zu Bertolt Brecht weiter unten). Weitaus häufiger war, daß die Natur in der Fremde auch als fremdartige, schließlich Natur schlechthin als un-menschlicher, trostversagender Bereich erlebt wurde. Die trost-lose Natur wird zum Bild, ja zum Inbegriff einer ent-menschten Menschheit:

> O DIE HEIMATLOSEN FARBEN DES ABENDHIMMELS!
> O die Blüten des Sterbens in den Wolken
> wie der Neugeborenen Verbleichen!
>
> O der Schwalben Rätselfragen
> an das Geheimnis –
> der Möwen entmenschter Schrei
> aus der Schöpfungszeit –

Woher wir Übriggebliebenen aus Sternverdunkelung?
Woher wir mit dem Licht über dem Haupte
dessen Schatten Tod uns anmalt?
Die Zeit rauscht von unserem Heimweh
wie eine Muschel

und das Feuer in der Tiefe der Erde
weiß schon um unseren Zerfall. –[96]

Ähnliche Erfahrungen haben die weitaus jüngere Rose Ausländer, Jüdin aus dem ‚Buchen-Land' Bukowina, bis 1945 in Kellern versteckt lebend, 1946 in die USA emigriert und 1965 in die Bundesrepublik zurückgekehrt, geprägt. Noch in einem undatierten späten (1976 veröffentlichten) Gedicht *Biographische Notiz* dringt sie darauf, über die Spur von Blut und Gewalt in der Natur zu sprechen, und „nicht über Rosen", verstanden als Sinnbild der nur-schönen, von der Geschichte als Terrorzusammenhang unbetroffenen Natur. Noch Jahrzehnte nach dem Ende des Faschismus mündet das Gedicht in das Fazit derjenigen ein, die zeitlebens Emigrantin geblieben ist: „ich wohne nicht / ich lebe":

Ich rede
von der brennenden Nacht
die gelöscht hat
der Pruth

von Trauerweiden
Blutbuchen
verstummtem Nachtigallsang

vom gelben Stern
auf dem wir
stündlich starben
in der Galgenzeit

nicht über Rosen red ich
red ich

fliegend auf einer Luftschaukel
Europa Amerika Europa

ich wohne nicht
ich lebe.[97]

Else Lasker-Schüler hat 1934 ein Gedicht geschrieben *(Die Verscheuchte)*, das den Anschein erwecken kann, als hielte seine Autorin, der binnendeutschen Naturlyrik vergleichbar, eine Rückwärtsbewegung des Subjektes in die (kreatürlich-belebte) Natur hinein für möglich:

Es ist der Tag in Nebel völlig eingehüllt,
Entseelt begegnen alle Welten sich –
Kaum hingezeichnet wie auf einem Schattenbild.

Wie lange war kein Herz zu meinem mild ...
Die Welt erkaltete, der Mensch verblich.
– Komm bete mit mir – denn Gott tröstet mich.

Wo weilt der Odem, der aus meinem Leben wich? –
Ich streife heimatlos zusammen mit dem Wild
Durch bleiche Zeiten träumend – ja ich liebte dich ...

Wo soll ich hin, wenn kalt der Nordsturm brüllt? –
– Die scheuen Tiere aus der Landschaft wagen sich
Und – ich – vor deine Tür, ein Bündel Wegerich.

Bald haben Tränen alle Himmel weggespült,
An deren Kelchen Dichter ihren Durst gestillt –
Auch du und ich.[98]

Das Subjekt: „ein Bündel Wegerich"; aber wo die Lyrik der Inneren Emigration mit der Zurücknahme des Menschen in die Natur die Möglichkeit humaner Existenz aus eigenem Entschluß *widerruft*, manifestiert sich bei Else Lasker-Schüler (und vergleichbar bei Gertrud Kolmar oder Nelly Sachs) ein leidendes Subjekt, das zum Austritt aus der Menschengemeinschaft brutal gezwungen wurde. Der verfolgte und gefolterte Mensch *kann* nur noch mit der Natur *oder* dem Engel kommunizieren – ein Motiv, das überraschend ähnlich bei Nelly Sachs und Gertrud Kolmar begegnet. Freilich, es ist ein Engel:

Hoch und schmal, ohne Schwingen.
Sein Antlitz ist Leid.[99]

Sachs und Kolmar sind Autorinnen, die aus jüdischer oder jüdisch-christlicher Tradition und Gläubigkeit heraus versuchen, die Schöpfung *als ganze* noch als sinnvoll zu verstehen, wenngleich gerade sie ihre Gedichte als Trauerarbeit an einem Weltzustand begreifen, der sich vom göttlichen Ursprung verzweifelt weit entfernt hat. Auch ein jüngerer Autor wie Paul Celan leistet Trauerarbeit im Gedicht, aber natürliche und menschliche Schöpfung werden in seinen Bildern und Chiffren als endgültig, rettungslos zerfallene vorgestellt:

Espenbaum, dein Laub blickt weiß ins Dunkel.
Meiner Mutter Haar ward nimmer weiß.

Löwenzahn, so grün ist die Ukraine.
Meine blonde Mutter kam nicht heim.
Regenwolke, säumst du an den Brunnen?
Meine leise Mutter weint für alle.

Runder Stern, du schlingst die goldne Schleife.
Meiner Mutter Herz ward wund von Blei.
Eichne Tür, wer hob dich aus den Angeln?
Meine sanfte Mutter kann nicht kommen.[100]

Celan konfrontiert etwas an der Natur Wahrgenommenes und ein menschliches Schicksal (die Ermordung seiner Mutter) ohne jede Vermittlung. Um einen Wie-Vergleich zwischen Mensch und Natur geht es hier nicht mehr. Die altvertraute rhetorische Absicht, menschlich-gesellschaftliche Vorgänge in Naturbildern metaphorisch-*analogisch* zu versinnlichen, liegt ihm fern. Sie hat – so Celans radikale, über die meisten seiner dichtenden Zeitgenossen hinausgehende Auffassung – keine Wahrheit mehr für sich. Das Herz des vom Faschismus Terrorisierten wird nicht mehr in altvertrauter Weise vom Anblick der ‚güldenen Sterne' angerührt, sondern von einem ganz anderen, tödlichen Metall: dem Blei der mörderischen Kugel. Die überkommene Möglichkeit friedlichen, fruchtbaren Austauschs zwischen Mensch (Dichter) und Natur ist abrupt abgebrochen, ‚aus den Angeln gehoben' durch ein bisher ungekanntes Ausmaß der Zerstörung des Menschlich-Kreatürlich-Lebendigen im Faschismus: „Meine *sanfte* Mutter kann nicht kommen."

Insgesamt spielt jedoch das traditionsreiche, schon an der binnendeutschen Lyrik beobachtete Verfahren der poetischen Abbildung gesellschaftlich-politischer Vorgänge vermittels analogischer Naturbilder gerade in der nicht avantgardistischen Exillyrik eine sehr bedeutende Rolle. Freilich: Wo die Nazis die Naturelemente gewaltsam für ihren Herrschaftszweck instrumentalisieren, wo die Lyriker der Inneren Emigration sich im uneigentlichen Naturgedicht in aller Regel der Natur und Geschichte überwölbenden Seinsordnung unterwerfen, ist es dem Exillyriker um Anklage und Aufklärung zu tun: so Herrmann-Neiße in dem berühmten Gedicht *Verdammnis* (1933), das im Gewitterbild den Faschismus brandmarkt, so derselbe Autor in *Die Eisheiligen*, denen (sie meinen natürlich die Nazis) ihrem Auftreten im Jahreslauf entsprechend nur eine begrenzte Lebensdauer zugesprochen wird;[101] so Alfred Wolfenstein in seinem bitter anklagenden Gedicht *Dämmerung 1938*, das in düsteren Herbstbildern die Reichskristallnacht und den bevorstehenden Krieg beschwört;[102] so schließlich auch Mascha Kaléko in dem Gedicht *Kaddisch* von 1945;[103] die im Zustand einer zerstörten Nachkriegsnatur ein Sinnbild der menschlichen Zustände erkennt – ein Gedicht übrigens, das eine Brücke zu den Kriegsende-Gedichten von Peter Huchel oder Johannes Bobrowski schlägt. Mögen viele dieser Gedichte ästhetisch eher traditionalistisch sein: ihr antifaschistisch-aufklärerischer Impetus behält moralisch sein Recht.

VII

In dem Überblick über das Naturgedicht des deutschsprachigen Exils war die dezidiert antifaschistische, sozialistische Lyrik ausgespart. Kennt sie überhaupt das Thema ‚Natur'? Zumindest hatte sie sich, nach 1933, vorgenommen, dieses Thema wieder zu erobern. Die linke Intelligenz mußte die ernüchternde Entdeckung machen, daß die Nazis nicht nur der Arbeiterbewegung einen Teil ihrer Symbole und Lieder gestohlen hatten (Ernst Bloch sprach treffend von „Entwendungen aus der Kommune"),[104] sondern auch, daß es den Nazis gelungen war, die sympathetischen Gefühle der kleinen Leute für ihre angestammte Heimat und Landschaft auf ihre chauvinistischen, rassistischen Ziele hin zu lenken. Anna Seghers sprach treffend von „Hohlräumen der Gefühle"[105] – aufgerissen durch die zugespitzte Entfremdungssituation vor allem der Kleinbürger, der Arbeitslosen und der Jugend in der Weltwirtschaftskrise –, die der Faschismus sich zunutze gemacht habe. Diese falsch gepolten Gefühle sollten, so jetzt das Programm der Volksfront, dem Faschismus wieder entrissen und in den antifaschistischen Kampf integriert werden. In diesem Sinne forderte Johannes R. Becher 1934, „daß solche Probleme wie Liebe, Tod, Natur usw. selbstverständlich nicht ausgeschlossen werden dürfen. [...] Daß wir in dieser Frage zeigen, daß wir auf diesem Gebiet nicht nur ‚bessere Deutsche', sondern die ‚besten Deutschen' sind."[106] Es gibt Literatur des Exils, die mit dieser Forderung Ernst macht, sie vielleicht sogar einlöst: Anna Seghers' *Das siebte Kreuz*, Grafs Deutschlandromane, vielleicht auch Gustav Reglers *Die Saat*. Die eigenen lyrischen Versuche Bechers, das Thema ‚Natur' aus dem Faschismus ‚rückzuentwenden' und für die antifaschistische Front zu reklamieren, müssen in ihrer Anbindung an seinen irrationalen linken Nationalismus als gescheitert gelten. Heimatliche Natur wird der von den Nazis verführten, betrogenen Gesellschaft undialektisch als unbefleckte Unschuld, als Garant deutscher Wiedergeburt konfrontiert. In seiner Erdverbundenheit, in seinem Loblied auf die „deutsche Eiche" sucht der Autor den Nationalsozialismus nationalistisch – heimattümelnd – zu übertrumpfen:[107]

> Nicht einen Klang geb ich euch ab, nicht eine
> Der Farben wird freiwillig überlassen,
> Das Sensedengeln nicht und nicht das Läuten
> Der Kühe von den Almen, nichts dergleichen
> Gehört Euch. Auch die Abendröte nicht,
> Kein Stern, kein Sturm, kein Stillesein. Das Zirpen
> Der Grillen nicht, nicht eines bunten Falters
> Anblick, wenn er an Blüten saugt, den Feldweg
> Muß man euch streitig machen, jeden Halm
> Und jedes Käferchen, selbst den Geschmack der Speisen.[108]

Christlich-religiöse Bilder dienen als Vehikel, die *unio mystica* des Exilierten mit der Heimat-Natur wiederherzustellen:

> Du – meine Frühandacht! Beim Frühaufstehn
> Warst, Heimat, du, mein erstes Wiedersehen!
>
> Mit dir saß ich zu Tisch beim Abendmahl,
> Du grüßest mich im letzten Sonnenstrahl.[109]

Das ist keine erfolgreiche Rückeroberung des Natur- und Heimatgefühls für die antifaschistische Linke; das ist – in Abwandlung eines Wortes von Ernst

Loewy – „Gartenlaube, *rot*lackiert". Bertolt Brecht hat sie, Bechers linken Nationalismus insgesamt verwerfend, in sanften, aber klaren Worten kritisiert:

> Seh ich dich so in vielerlei Gedichten
> Zu längst zerstörten Häusern Steine schichten
> Und mühsam neu baun abgetragene Örter
> Dann fürcht ich, du vergißt, daß deine Hand
> Nach einem Bild greift, nicht nach einem Land
> Dein Fuß nicht Boden da betritt, nur Wörter.[110]

Das Verhältnis des *exilierten Brecht* zum Naturgedicht wird immer noch, trotz vielfacher Gegenrede, hartnäckig simplifiziert. Daran sind vor allem die bekannten Verse aus dem Gedicht *An die Nachgeborenen* schuld:

> Was sind das für Zeiten, wo
> Ein Gespräch über Bäume fast ein Verbrechen ist
> Weil es ein Schweigen über so viele Untaten einschließt![111]

Andere Gedichte, vor allem *Schlechte Zeit für Lyrik*, stützen diesen ersten oberflächlichen Eindruck:

> Die grünen Boote und die lustigen Segel des Sundes
> Sehe ich nicht. Von allem
> Sehe ich nur der Fischer rissiges Garnnetz.

> In mir streiten sich
> Die Begeisterung über den blühenden Apfelbaum
> Und das Entsetzen über die Reden des Anstreichers.
> Aber nur das zweite
> Drängt mich zum Schreibtisch.[112]

Ein Text aus Brechts *Me-ti. Buch der Wendungen* mit dem bezeichnenden Titel *Über reine Kunst* demonstriert die Skrupel des Autors noch einmal äußerst genau – aber auch die Einwände, die er sich selbst (der Dichter Kin-jeh) *als Philosoph* (Me-ti) macht:

> Me-ti sagte: Neulich fragte mich der Dichter Kin-jeh, ob er in diesen Zeitläuften Gedichte über Naturstimmungen schreiben dürfe. Ich antwortete ihm: Ja. Als ich ihn wieder traf, fragte ich ihn, ob er Gedichte über Naturstimmungen geschrieben habe. Er antwortete: Nein. Warum, fragte ich. Er sagte: Ich stellte mir die Aufgabe, das Geräusch fallender Regentropfen zu einem genußvollen Erlebnis des Lesers zu machen. Darüber nachdenkend und hie und da eine Zeile skizzierend, erkannte ich es als nötig, dieses Geräusch fallender Regentropfen für alle Menschen zu einem genußvollen Erlebnis zu machen, die kein Obdach besitzen und denen die Tropfen zwischen Kragen und Hals fallen, während sie zu schlafen versuchen. Vor dieser Aufgabe schreckte ich zurück.
>   Die Kunst rechnet nicht nur mit dem heutigen Tag, sagte ich versucherisch. Da es

immer solche Regentropfen geben wird, könnte ein Gedicht dieser Art lange dauern. Ja, sagte er traurig, wenn es keine solche Menschen mehr geben wird, denen sie zwischen Kragen und Hals fallen, kann es geschrieben werden.¹¹³

Das Ergebnis ist, wie nicht anders zu erwarten, *dialektisch*: In finsteren Zeiten *darf* eigentlich kein Naturgedicht geschrieben werden – und gleichzeitig *muß* es doch geschehen, weil die „Kunst nicht nur mit dem heutigen Tag" rechnen darf und die Menschen solche Gedichte (das heißt die in ihnen artikulierten Empfindungen) brauchen. Brechts Schlußfolgerung für *seine eigene Praxis, die poetische Produktion,* ist ebenso dialektisch: Er hat im Exil Naturgedichte geschrieben, die gleichzeitig die Gattung wie die ihr eingeschriebenen Empfindungen negieren. Dabei hat er sich vor allem ein altbewährtes Verfahren zunutze gemacht (deutlich erkennbar schon in den wenigen weiter oben zitierten Gedichtzeilen), das man mit Reinhold Grimm „Evokation durch Negation"¹¹⁴ nennen kann: Der Dichter *benennt* das ihn als schön Anmutende poetisch („grüne Boote", „lustige Segel des Sundes", „blühender Apfelbaum") – und *verbietet* sich gleichzeitig die darin liegende Empfindung. Das Evozierte wird negiert; aber es bleibt doch *in der Vorstellung* anwesend – als in der Autor- wie Leserempfindung widersprüchlich Nachwirkendes *und* als erzwungenermaßen Abwesendes, dessen reale Anwesenheit es herzustellen gilt: wodurch dieser poetischen Technik ein *operativer Aspekt* zuwächst.

Besonders deutlich wird dieses poetische Verfahren, das gleichzeitig eine politische Haltung ist, in einem Komplex von Frühlingsgedichten aus dem dänischen Exil. Brecht hatte 1928 *(Über das Frühjahr)* und 1931 *(Das Frühjahr)* zwei wichtige Frühlingsgedichte geschrieben, die vom gestörten Stoffwechselverhältnis zwischen Mensch und Natur in einer von „Erdöl, Eisen und Ammoniak" verwandelten Gesellschaft sprachen.¹¹⁵ Das erste aus der neuen Folge *Frühling 1938* geht so:

> Heute, Ostersonntag früh
> Ging ein plötzlicher Schneesturm über die Insel.
> Zwischen den grünenden Hecken lag Schnee. Mein junger
>   Sohn
> Holte mich zu einem Aprikosenbäumchen an der
>   Hausmauer
> Von einem Vers weg, in dem ich auf diejenigen mit dem
>   Finger deutete
> Die einen Krieg vorbereiteten, der
> Den Kontinent, diese Insel, mein Volk, meine Familie und
>   mich
> Vertilgen mag. Schweigend
> Legten wir einen Sack
> Über den frierenden Baum.¹¹⁶

Das Gedicht benennt Kontraste, die kaum größer denkbar sind: Schneesturm und grünende Hecken, Krieg und Ostersonntag, völkervertilgende Weltgeschichte und ein Aprikosenbäumchen – und zwischen all dem der Vers des Dichters gegen die Verursacher des Krieges, offenbar ein eher kleines Gebilde von geringer Wirkkraft. Doch nicht deshalb, nicht resignativ wird die Arbeit an ihm beiseitegelegt, sondern weil auch das Unscheinbare, nicht Weltbewegende – ein frierendes Aprikosenbäumchen – Recht auf Mitempfinden und Fürsorge hat. Das sprechende Subjekt bekennt sich zu der Notwendigkeit, das schwer Vereinbare – gegen den Krieg zu schreiben, sich auf Weltgeschichte zu beziehen *und*, ganz privatim, ein Stück Natur zu pflegen (ja, überhaupt erst einmal wahrzunehmen) – in sich zu vereinbaren. Die fürsorgliche Geste dem Baum gegenüber wird den Krieg nicht beenden; sie ist aber ebenso notwendig wie das Schreiben gegen den Krieg, um in Zeiten nach dem Krieg wenigstens auf Reste von Freundlichkeit und Güte bauen zu können. Und: Auch wenn „selbst aktuelle" Lyrik etwas „kauzhaftes, schrulliges, borniertes" hat, wie Brecht weiß – sie ist doch auch eine „flaschenpost" für die Nachgeborenen. „die schlacht um smolensk geht auch um die lyrik", notierte Brecht am 5. 4. 42 im *Arbeitsjournal*.[117]

Ist dieses Gedicht noch ein Naturgedicht? Es ist eines, insofern gegen die Kälte und Erstarrung, die Faschismus und Krieg auch über das Mensch-Natur-Verhältnis gelegt haben, ein bescheidener Versuch gesetzt wird, den stillgestellten Stoffwechsel wieder in Gang zu setzen, mit Richtung auf eine „Humanisierung der Natur". Brecht versagt sich, mit dem Blick auf die zunehmende „Entmenschlichung"[118] der Lebensverhältnisse, ein isoliertes Andichten der Natur (was er nie tat). Seine politisch-moralischen Skrupel gegenüber einem „Gespräch über Bäume" sind jedoch „kein Aufruf zur Abwendung von der Natur zugunsten der Politik. Brecht betont die Wichtigkeit des Nichtverschweigens der Untaten; aber die Störung des Verhältnisses zur Natur betrachtet er als *Fluch* der finstern Zeiten."[119] Auch für den nüchternen Brecht war Natur ein Bereich, der bis zu einem gewissen Grad der allgemeinen Vereinnahmungs- und Verwertungstendenz des Kapitalismus entzogen war. Seinen Herrn Keuner läßt er sagen: „Da haben Bäume wenigstens für mich, der ich kein Schreiner bin, etwas beruhigend Selbständiges, von mir Absehendes, und ich hoffe sogar, sie haben selbst für die Schreiner einiges an sich, was nicht verwertet werden kann." Aber ebenso hielt derselbe Herr Keuner dafür, „von der Natur einen sparsamen Gebrauch zu machen. Ohne Arbeit in der Natur weilend, gerät man leicht in einen krankhaften Zustand, etwas wie Fieber befällt einen."[120] Die Existenz des Faschismus und seine mörderischen Raubzüge verstärkten Brechts Tendenz eines „sparsamen Gebrauchs von der Natur" – allzu deutlich sah er die Gefahren mystischer Naturversenkung zwecks Kompensation gesellschaftlich erzeugten Leids, die einen Großteil der binnendeutschen Naturlyrik prägten. In diesem Sinne wurde seine Exillyrik in der Tat „einseitig",[121] karg, asketisch, wie er es selbst als erster sah. Die *Svendborger Gedichte* und die meisten anderen vor 1941 entstandenen Verse sind, auch wo sie mit Natur zu tun haben, *Warngedichte*. Sie zerstören – für den Autor selbst, für den Leser – die immer wieder aufkommende Illusion, daß es möglich sei, Natur ungebrochen zu genießen; so z. B. einige der Kurzgedichte aus dem Komplex *1940* – geschrieben während der größten, scheinbar unaufhaltsamen

militärischen Erfolge Hitlers – in Polen, im Westen, nun auch in Skandinavien, wo
Brecht von Land zu Land floh. Die objektive Ohnmacht des Autors in dieser
Situation verführt zum Rückzug in die heile Landschaft; doch Brecht baut in die
Struktur der Gedichte regelmäßig einen Widerstand ein, der diesen Rückzug
unmöglich macht:

> Das Frühjahr kommt. Die linden Winde
> Befreien die Schären vom Wintereis.
> Die Völker des Nordens erwarten zitternd
> Die Schlachtflotten des Anstreichers.
>
> Nebel verhüllt
> Die Straße
> Die Pappeln
> Die Gehöfte und
> Die Artillerie.[122]

Man erinnert sich an Wilhelm Lehmanns Gedicht *Signale*, in dem vorgeführt
wird, wie es vermittels Poesie („Gesang") und Natur („Kuckuck") gelingen kann,
die häßlichen Geräusche des Kriegs zu übertönen und damit die eigene Betroffenheit zu betäuben: „Granaten und Schrapnells verzischen." Regelrecht als *Gegengedicht* dazu läßt sich das zweite Gedicht Brechts aus *Frühling 1938* lesen, das den
Leser belehren will, das „Gezwitscher der Stare" und den Geschützdonner
gleichzeitig, unentmischt, als so lebendigen wie tödlichen Widerspruch wahrzunehmen:

> Über dem Sund hängt Regengewölke, aber den Garten
> Vergoldet noch die Sonne. Die Birnbäume
> Haben grüne Blätter und noch keine Blüten, die Kirschbäume hingegen
> Blüten und noch keine Blätter. Die weißen Dolden
> Scheinen aus dürren Ästen zu sprießen.
> Über das gekräuselte Sundwasser
> Läuft ein kleines Boot mit geflicktem Segel.
> In das Gezwitscher der Stare
> Mischt sich ferner Donner
> Der manövrierenden Schiffsgeschütze
> Des Dritten Reiches.[123]

Brecht, der dialektische Materialist, wußte: „Auch unsere soziale Umwelt betrachten wir als ein Stück Natur, fast als Landschaft. Das Geld, das Zinsen bringt,
sehen wir an wie den Birnbaum, der Birnen bringt. Die Kriege, welche ähnliche
Wirkungen haben und so unvermeidlich erscheinen wie Erdbeben, sehen wir eben
dann auch an wie Erdbeben."[124] Dieser Einsicht in die ‚zweite Natur' entsprechend, sind in der Exillyrik Naturbilder als *eigenständige* relativ rar. Zumeist
werden sie umgekehrt so verwendet, daß mit ihrer Hilfe der *Anschein von
Natürlichkeit*, der über der zweiten, gesellschaftlichen Natur liegt, zerstört wird.

Als Brecht aber nun im Sommer 1941 nach Santa Monica in Kalifornien kommt, macht er Erfahrungen, die ihn zwingen, sein bisheriges Konzept auch von der Natur-Natur zu revidieren bzw. zu erweitern. Die in der erwähnten Keuner-Geschichte ausgesprochene Hoffnung, daß zum Beispiel an Bäumen selbst für den Schreiner einiges sein möge, „was nicht verwertet werden kann", erwies sich als trügerisch. Unter dem 9. August 1941 notiert er im *Arbeitsjournal*: „ich komme mir vor wie aus dem zeitalter herausgenommen. das ist ein tahiti in großstadtform. [...] sie haben natur hier, da alles so künstlich ist, haben sie sogar ein verstärktes gefühl für natur, sie wird verfremdet. von dieterles haus aus sieht man das fernandovalley; ein strahlend beleuchteter unaufhörlicher strom von autos bricht durch natur; aber man erfährt, daß alles grüne nur durch bewässerungsanlagen der wüste abgerungen ist. kratz ein bißchen, und die wüste kommt durch: zahl die wasserrechnung nicht, und nichts blüht mehr."[125] Natur ist nicht mehr unabhängig, sondern abhängige Variable vom Kalkül, von der Technologie – und vom Profitstreben des Menschen, wie eine Eintragung im *Arbeitsjournal* vom 21. 1. 42 festhält: „merkwürdig, ich kann in diesem klima nicht atmen. die luft ist völlig geruchlos, morgens und abends gleich, im haus und im garten. und es gibt keine jahreszeiten. [...] all das steht wie hinter einer glasscheibe, und ich suche unwillkürlich an jeder hügelkette oder an jedem zitronenbaum ein kleines preisschildchen. diese preisschildchen sucht man auch an menschen."[126]

Das poetische Spiel mit dem Wechselverhältnis von Natur und Mensch, Gesellschaft, wie es noch die *Svendborger Gedichte* prägt, ist nun nicht mehr möglich, gehorchen sie doch offenbar *einem* Gesetz – und zwar nicht dem Natur-Gesetz, sondern dem wie ein Naturgesetz auftretenden, aber von Menschen gemachten Gesetz der Kapitalverwertung. Ein unbefangener Umgang mit Natur ist dadurch behindert. Was Brecht so liebt (mit den Worten der bereits zitierten Keuner-Geschichte): „Bäume *aus dem Haus tretend*"[127] zu sehen, war in Frage gestellt. Nur eine einzige Stelle in seinem Garten gewährt, wie er notiert, „einen würdigen ausblick". Aber um ihn zu haben, ist ein künstliches Arrangement nötig: „wenn man den stuhl richtig setzt, sieht man nichts von den nuttigen kleinbürgervillen mit ihren deprimierenden hübschheiten."[128]

Kein Wunder also, daß Brecht in seinem ersten amerikanischen Jahr kaum Gedichte – und schon gar keine Naturlyrik – geschrieben hat. Einen gewissen Umschwung scheint der Umzug ins neue Haus am 12. August 1942 gebracht zu haben. Jetzt heißt es: „das haus ist sehr schön. in diesem garten ist der lukrez wieder lesbar."[129] Aber Brecht bleibt sich des „Verräterischen"[130] seines hübschen Gartens bewußt – und schreibt jene *Hollywood-Elegien*, die die im *Arbeitsjournal* schon ein Jahr lang vorgedachte, vom Wertgesetz diktierte Unterwerfung der ersten unter die zweite Natur in bitterbösen Bildern brandmarken.[131] Naturempfindung wird, in dem sechszeiligen Gedicht *Sommer 1942*, von solcher Verfassung des Landes und von den schlimmen Zeitläuften im allgemeinen auf eine einzige, nur noch registrierende Zeile zurückgedrängt:

> Tag für Tag
> Sehe ich die Feigenbäume im Garten
> Die rosigen Gesichter der Händler, die Lügen kaufen
> Die Schachfiguren auf dem Tisch in der Ecke
> Und die Zeitungen mit den Nachrichten
> Von den Blutbädern in der Union.[132]

Ein Gedicht wie *Vom Sprengen des Gartens*, das den belebenden, beglückenden Stoffwechsel zwischen Mensch und Natur zum Gegenstand hat (ohne daß sich ein ernüchternder Gedanke an den amerikanischen Kapitalismus, den faschistischen Weltkrieg oder die Sowjetunion unter Stalin dazwischendrängt), – ein solches Gedicht bedeutet zu Zeiten des kalifornischen Exils von Brecht die absolute *Ausnahme*. Ein langes Gedicht über Charles Laughtons Garten (*Garden in Progress*, 1944) endet mit dem Hinweis: „Leider ist der schöne Garten, hoch über der Küste gelegen / Auf brüchiges Gestein gebaut."[133] Und das Gedicht *Lektüre ohne Unschuld* (1944), das sich mit einem Text André Gides auseinandersetzt, zieht das Fazit: „Kein natürlicher Plan / Sieht ein glückliches Gleichgewicht vor."[134] Erst ein Jahrzehnt später, in den *Buckower Elegien*, nimmt Brecht Mensch und Natur wieder in jenem lebendigen, unkriegerischen Austausch wahr, der ein Gespräch über Bäume nicht nur wieder möglich, sondern sogar zum Vergnügen macht.

VIII

Die Inhomogenität der deutschsprachigen Naturlyrik 1933–45 liegt auf der Hand. Sie ist nur mit Gewalt aufhebbar. Wo der Nazi-Dichter in Naturbildern die gewalttätige, menschenverachtende Art und Weise seiner Produktion von Wirklichkeit bloßlegt, nützt sie der Dichter der Inneren Emigration zu einer Absetzbewegung von der ihn bedrängenden Gesellschaftlichkeit. Wo er sich in Naturmagie übt zwecks Abkapselung von der politisch verschmutzten Alltagswirklichkeit, geht es dem Faschisten letztlich um eine ganz andere Magie: „die Magie der Viererreihe",[135] wie sie Heinrich Anacker beschwört. „Die Naturlyrik [der Inneren Emigration] richtete sich in der Laubhütte ein, aber die Laubhütte stand auf eisernem Boden und war von Mauern aus Stacheldraht umgeben", heißt es bei Christoph Meckel in *Suchbild. Über meinen Vater*.[136] Dem Exilierten mußte – wenn er sich nicht noch ärgeren Illusionen als die nichtfaschistischen Poeten im Dritten Reich überließ – das Sich-Einrichten in der Laubhütte als böser Scherz vorkommen: er hatte keine, geschweige denn ein festes Haus von Dauer. Wo für den einen Natur als Fluchtreich noch offenstand, gab es für den anderen nur die täglich, jährlich wechselnde, sich entziehende Fluchtnatur. Entsprechend windig, flüchtig ist die Topographie des Exilgedichts. Natur also als *Blut-und-Boden* in der Nazi-Dichtung, als *Fluchtort* in der Lyrik der nichtfaschistischen Autoren im Dritten Reich, als *Unort* – Utopie im wörtlichen Sinn – schließlich in der Exillyrik, angeschaut und betreten – wo möglich – von den unterschiedlichsten politischen und ästhetischen Standpunkten aus.

Nach Adorno offenbart die Geschichte der Lyrik „verschiedene Stufen eines widerspruchsvollen Grundverhältnisses der Gesellschaft im Medium des poetischen Subjekts".[137] 1933–45 treten solche verschiedenen Stufen nicht nacheinander, sondern gebündelt nebeneinander auf: das an sich historisch und ästhetisch Ungleichzeitige zusammengedrängt auf einen Punkt, die mehr oder weniger sublimen Regressionen eines Bergengruen oder Lehmann neben den Versuchen standzuhalten, sich nicht einverleiben zu lassen – ob von Gertrud Kolmar, von Brecht oder vom jungen Paul Celan. Auf bedrückende Weise haben sie eines gemeinsam, selbst noch mit den übelsten Nazigedichten: Die Allgewalt des Faschismus ist überall spürbar, selbst noch im Versuch, strikt von ihm abzusehen. Die perverse ‚Naturalisierung des Menschen', wie sie Hermann Burte sich vorstellt, und die versuchte ‚Humanisierung der Natur', wie sie aus Brechts Fürsorge um ein Aprikosenbäumchen spricht: beide sind so ohne die Existenz eines Faschismus an der Macht nicht vorstellbar. Also „beherrschte Lyrik"?[138] Bis zu einem gewissen Grad: ja, selbst bei Brecht. Ein ‚Gespräch über Bäume', verstanden als unbefangenes, lebendiges Kommunizieren mit der Natur und über sie, will nirgends aufkommen.

Fragt sich, was es hier zu erben gibt. Keinem der erörterten Autoren und Gedichte kann sein Erlebnis abgesprochen werden, am Ende nicht einmal den Nazis. Literaturhistorie kann nicht als Kontrollorgan fungieren und entscheiden wollen, was zu lesen, was schön zu finden erlaubt oder unerlaubt sei. Gleichwohl – ein besonderes Anrecht auf Beerbung haben alle jene poetischen Dokumente, die das *Ineinander von Kultur und Barbarei*, wie es sich auch an der (einstigen) Natur-Natur manifestierte, nicht verdrängen, sondern „in vollkommener sinnlicher Rede" vergegenwärtigen. Gegen Kriegsende haben sich dieser politisch-ästhetischen Haltung Brechts und anderer noch zwei Autoren zugesellt, deren Natur- und Landschaftsgedichte dann mit Recht eine junge Autorengeneration, vor allem in der DDR, beeinflußt haben: Peter Huchel, der schon vorm Dritten Reich zu veröffentlichen begonnen hatte, und Johannes Bobrowski, dessen erste acht Gedichte im März 1944 in der Zeitschrift *Das Innere Reich* erschienen waren. Beide Kriegsteilnehmer und durch die Erfahrungen dieses mörderischen Krieges verwandelt, stellen sie sich der *zerstörten* Natur, wie sie wirklich war: Huchel, dessen Thema der Stoffwechsel des Menschen mit der Natur im Guten wie im Bösen, in humanisierender Arbeit wie im Krieg, wurde; Bobrowski, der seine Leser lehrte, kein Stück Natur, keinen Meterbreit Landschaft ohne die in sie eingravierten Untaten von Menschen zu begreifen. *Durchgearbeitete Landschaft*, mit einem Gedichttitel von Volker Braun: hier ließ sich anknüpfen.[139]

ANMERKUNGEN

1 Vgl. Edgar Marsch, Moderne deutsche Naturlyrik. Eine Einführung. In: E. M. (Hrsg.), *Moderne deutsche Naturlyrik* (Stuttgart 1980), S. 268 und 282. Die Literatur zum Phänomen ‚Naturlyrik' ist selbstredend sehr umfangreich. Ich nenne hier nur den weiterführenden Sammelband: *Naturlyrik und Gesellschaft.* Hrsg. von Norbert Mecklenburg (Stuttgart 1977), darin besonders wichtig der Einleitungsaufsatz des Herausgebers (S. 7–32).
2 Die folgenden Überlegungen sind vor allem Alfred Schmidt, *Der Begriff der Natur in der Lehre von Karl Marx.* Neuausgabe (Frankfurt/Köln 1971) – und damit natürlich auch Marx selbst – verpflichtet.
3 Karl Marx, *Nationalökonomie und Philosophie. Sammlung der Pariser Manuskripte* (Köln/Berlin 1950), S. 264.
4 Ebd., S. 198.
5 Eine Entwicklung dieser Kategorie mit den Marxschen Belegen findet sich bei Schmidt, S. 74 ff.
6 Zitiert nach *Ausgewählte Werke.* Hrsg. von K. A. Schleiden (München 1962), S. 53.
7 Zitiert nach *Werke* (Weimarer Ausgabe). II. Abtlg., 11. Bd. (Weimar 1893), S. 5.
8 *Werkausgabe Suhrkamp* (Frankfurt 1967), Bd. 8, S. 242 (künftig zitiert als WS mit Bandnummer und Seitenzahl in arabischen Ziffern). – Vgl. zur Stoffwechselvorstellung Mensch – Natur auch die Naturgedichte des jungen Brecht sowie die anderen Psalmen.
9 Marx, *Grundrisse der Kritik der politischen Ökonomie* (Berlin/DDR 1953), S. 388.
10 Vgl. dazu Schmidt, S. 181 ff. und passim.
11 Marx, *Das Kapital. MEW,* Bd. 23, S. 87 und passim; vgl. dazu Alfred Sohn-Rethel, Materialistische Erkenntnistheorie? In: *Alternative,* 19 (1976), Heft 106, S. 54 ff.
12 In: *Sämtliche Werke.* Bd. V. Insel-Ausgabe (Leipzig o. J.), S. 532.
13 Ebd., S. 549.
14 Vgl. zu letzterem (inzwischen sattsam bekanntem) Aspekt Max Horkheimer/Theodor W. Adorno, *Dialektik der Aufklärung. Philosophische Fragmente* (Frankfurt 1969), sowie A. Schmidts Ausführungen zu Marx' „Hybris" und ihren Folgen, S. 210 f.
15 Georg Lukács, *Ästhetik.* Bd. I/2 (Neuwied 1963), S. 619.
16 Walter Benjamin, Der Erzähler. In: *Gesammelte Schriften* Bd. II/2 (Frankfurt 1977), S. 439.
17 WS 8, S. 241.
18 Zitiert nach E. Marsch, S. 126 f.
19 Die gestundete Zeit. In: I. B., *Gedichte, Erzählungen, Hörspiel, Essays* (München 1964), S. 15.
20 In diesem Land. In: K. K., *Fremde Körper. Neue Gedichte* (Frankfurt 1959), S. 103.
21 *Menschheitsdämmerung.* Nachdruck (Reinbek 1959), S. 29.
22 Materialismus und Moral. In: *Zeitschrift für Sozialforschung,* 2 (1933), Heft 2, S. 167.
23 Das Gedicht „Rückkehr zur Natur" wendet die bekannte Formel polemisch, indem es die immer reaktionärere Entwicklung der Weimarer Republik als Rückkehr zur (verinnerlichten) preußischen ‚Natur' des Kaiserreichs interpretiert (vgl. K. T., *Gesammelte Werke.* Bd. I [Reinbek 1960], S. 1040). „Feldfrüchte" gehört zur Kategorie der uneigentlichen, metaphorischen Naturgedichte. Es prangert (im Jahr 1926) die von ehedem sozialistischen Konzepten weit entfernte Haltung der SPD im Bild des Radieschens an, das im „Garten unsrer deutschen Politik" wächst: „außen rot und innen weiß" (vgl. Bd. II, S. 508).

24 *Minima Moralia* (Frankfurt 1969), S. 67.
25 Folgende drei Arbeiten Schäfers sind besonders wichtig: Die nichtfaschistische Literatur der ‚jungen Generation' im nationalsozialistischen Deutschland. In: Horst Denkler/Karl Prümm (Hrsg.), *Die deutsche Literatur im Dritten Reich* (Stuttgart 1976), S. 459–503; Naturdichtung und Neue Sachlichkeit. In: Wolfgang Rothe (Hrsg), *Die deutsche Literatur in der Weimarer Republik* (Stuttgart 1974), S. 359–381; Zur Periodisierung der deutschen Literatur seit 1930. In: *Nachkriegsliteratur (Literaturmagazin 7)*. Hrsg. von N. Born und J. Manthey (Reinbek 1977), S. 95–115. – Übrigens spricht auch Christoph Meckel in *Suchbild. Über meinen Vater* (Düsseldorf 1980) mit Bezug auf die Zeitschrift *Kolonne* davon, daß sich bereits vor 1933 in Ansätzen so etwas wie die Atmosphäre einer ‚Inneren Emigration' herausgebildet habe (vgl. S. 33).
26 H. D. Schäfer, Zur Periodisierung, S. 96.
27 Ebd., S. 98.
28 W. Benjamin, *Gesammelte Schriften*, Bd. II/1.
29 *Die Kolonne*, 1 (1929), Heft 1, S. 1.
30 Zitiert nach Meckel, *Suchbild*, S. 35.
31 Wilhelm Lehmann, *Sämtliche Werke*. Bd. 3 (Gütersloh 1962), S. 458. – Das Gedicht ist erstmals 1935 in dem Band *Antwort des Schweigens* in Ernst Niekischs Widerstandsverlag erschienen.
32 In: *Die Lebenden*. 2 (1923), S. 3.
33 In dem Gedicht „Die Vogelstraßen", zitiert nach Marsch, *Moderne deutsche Naturlyrik*, S. 21.
34 In dem Gedicht „Der Nachtwind weht", zitiert nach *De Profundis. Deutsche Lyrik in dieser Zeit. Eine Anthologie aus zwölf Jahren*. Hrsg. von G. Groll (München 1946), S. 100.
35 Lehmann, Biographische Notiz. In: *Die literarische Welt*, 8. Jg., Nr. 3 (15. 1. 1932).
36 *Sämtliche Werke*. Bd. 3, S. 457. – Auch dieses Gedicht ist zuerst 1935 erschienen.
37 Hans-Wolf Jäger, Lehrdichtung. In: R. Grimminger (Hrsg.), *Deutsche Aufklärung bis zur Französischen Revolution 1680–1789. Hansers Sozialgeschichte der deutschen Literatur*, Bd. 3 (München/Wien 1980), S. 510.
38 Zitiert nach Otto Knörrich, *Die deutsche Lyrik der Gegenwart*. 1945–1970 (Stuttgart 1971), S. 170.
39 In: *Werke* Bd. 1 (München/Düsseldorf 1958), S. 45. Vgl. zu Georges Naturlyrik auch Harro Müller, Ästhetizismus und Konservatismus. In: Mecklenburg, *Naturlyrik und Gesellschaft*, S. 137–151.
40 *Gedichte* (Stuttgart 1963), S. 63f. – Diese Passage ist in der Ausgabe der *Sämtlichen Werke* verändert worden, aber ihrem Sinn nach erhalten geblieben; vgl. *Sämtliche Werke*. Bd. 3, S. 406f.
41 *Sämtliche Werke*. Bd. 3, S. 602. – Das Gedicht wurde zuerst 1950 veröffentlicht.
42 Ebd., S. 522f. (Zuerst veröffentlicht 1942). – Vgl. dazu die vorzügliche Interpretation von Uwe-K. Ketelsen, Natur und Geschichte – Das widerrufene Zeitgedicht der 30er Jahre. Wilhelm Lehmanns ‚Signale'. In: Mecklenburg, *Naturlyrik und Gesellschaft*, S. 152–162.
43 *Sämtliche Werke*. Bd. 3, S. 586 (zuerst 1950 veröffentlicht).
44 Ebd., S. 579 (zuerst 1950 veröffentlicht).
45 Ebd., S. 624 (zuerst 1954 veröffentlicht).
46 Elisabeth Langgässer, Schriftsteller unter der Hitler-Diktatur. In: *Ost und West*. Heft 4/1947, S. 39f. – Übrigens nahm sie Loerke und Lehmann ausdrücklich von diesem Verdikt aus.

47 Gottfried Benn, *Gedichte*. In: *Gesammelte Werke*, Bd. III (Wiesbaden 1960), S. 196.
48 Vgl. das Gedicht „Nachzeichnung", dessen Teil II wie folgt beginnt: „Dunkle Tage des Frühlings, / nicht weichender Dämmer um Laub; / Fliederblüte gebeugt, kaum hochblickend / narzissenfarben und starken Todesgeruchs, / Glücksausfälle, / sieglose Trauer des Unerfüllten." In: *Gedichte*, S. 214.
49 *Ästhetische Theorie* (Frankfurt 1974), S. 488.
50 *Gedichte*, S. 140.
51 Ebd. und passim.
52 Aus dem Gedicht „Gärten und Nächte". In: *Gedichte*, S. 209.
53 Marsch, Moderne deutsche Naturlyrik, S. 293.
54 Zitiert nach Marsch, Moderne deutsche Naturlyrik, S. 49; vgl. auch das gleichnamige Gedicht Lehmanns. In: *Sämtliche Werke*. Bd. 3, S. 540 (zuerst veröffentlicht 1946).
55 Werner Bergengruen, Stimmen im Herbst. Zitiert nach Marsch, Moderne deutsche Naturlyrik, S. 48.
56 Ernst Wiechert, *Der Dichter und die Jugend* (Mainz 1936), S. 20.
57 Bergengruen, Die heile Welt.
58 Wiechert, *Das einfache Leben* (Wien/München/Basel 1957), S. 333.
59 Ernst Loewy, *Literatur unterm Hakenkreuz. Das Dritte Reich und seine Dichtung. Eine Dokumentation* (Frankfurt ³1977), S. 26.
60 Vgl. dazu die sehr instruktiven Materialsammlungen und Darstellungen von Hans-Wolf Jäger, *Politische Kategorien in Poetik und Rhetorik der zweiten Hälfte des 18. Jahrhunderts* (Stuttgart 1970) und *Politische Metaphorik im Jakobinismus und im Vormärz* (Stuttgart 1971).
61 Vgl. dazu Wolfgang Emmerich, *Heinrich Mann: Der Untertan* (München 1980), insbes. S. 96–106.
62 Vgl. Erich Mühsam, *Alle Wetter. Volksstück mit Gesang und Tanz* (Berlin 1977).
63 Vgl. *De Profundis*, S. 193 und 194.
64 Vgl. ebd., S. 181.
65 *Gedichte*, S. 226 f.
66 Vgl. *De Profundis*, passim.
67 Zitiert nach Loewy, *Literatur unterm Hakenkreuz*, S. 260 f.
68 Vgl. ebd., S. 262.
69 Ebd., S. 263.
70 Ebd., S. 259 f.
71 Hans Baumann, *Horch auf Kamerad* (Potsdam ²1937), S. 84.
72 Gerhard Schumann, *Die Lieder vom Reich* (München 1935), S. 35 und 18.
73 Jochen Linke; zitiert nach Will Vesper (Hrsg.), *Die Ernte der Gegenwart. Deutsche Lyrik von heute* (Ebenhausen 1940), S. 346.
74 Hans Carossa, Der Himmel dröhnt von Tod. In: Vesper, *Die Ernte der Gegenwart*, S. 314.
75 Darauf weist auch Wolfgang Pohrt hin. Vgl. seine Studie *Theorie des Gebrauchswerts* (Frankfurt 1976), S. 10.
76 Hermann Burte, Entscheidung. Zitiert nach Loewy, *Literatur unterm Hakenkreuz*, S. 94.
77 So sieht es Paul Alverdes in dem Gedicht „Mutter". Zitiert nach Loewy, *Literatur unterm Hakenkreuz*, S. 118 f.
78 Jakob Kneip; zitiert nach Vesper, *Die Ernte der Gegenwart*, S. 114.
79 Zitiert nach Albert Soergel, *Dichtung und Dichter der Zeit. Dichter aus deutschem Volkstum* (Leipzig 1934), S. 153.

80 Zitiert nach Loewy, *Literatur unterm Hakenkreuz*, S. 114f.
81 Leo Löwenthal, Knut Hamsun. In: *Das Bild des Menschen in der Literatur* (Neuwied/ Berlin 1966), S. 271f.
82 Brecht, *Arbeitsjournal*. Bd. 1 (Frankfurt 1973), S. 28f. (künftig zitiert als: *AJ*).
83 *AJ*, Bd. 1, S. 406.
84 Max Herrmann-Neiße, Verloren. Zitiert nach Manfred Schlösser (Hrsg.), *An den Wind geschrieben. Lyrik der Freiheit. 1933–1945* (Darmstadt ²1961), S. 85.
85 Herrmann-Neiße, Zerstörte Welt. In: M. H.-N., *Ich gehe, wie ich kam. Gedichte.* Hrsg. von B. Jentzsch (München 1979), S. 70.
86 Herrmann-Neiße, Sommerlich die Gärten tönen. In: Ebd., S. 79.
87 Jesse Thoor, Sonett von der endgültigen Frage. Zitiert nach Schlösser, *An den Wind geschrieben*, S. 35.
88 Auch in der Exillyrik gibt es zweifellos die Natur als Fluchtort. Aber charakteristisch ist doch die gleichzeitige Artikulation dessen, daß dieser Trost nicht haltbar ist; vgl. z. B. Herrmann-Neißes Verse: „Busch und Blüte zu betrachten, / ist ein Trost, der sich nicht hält, /wenn die Stunden sich umnachten / und uns Todesfurcht befällt" (in: *Ich gehe, wie ich kam*, S. 87), sowie die nachstehenden Hinweise zu Brecht u. a.
89 Jakob Haringer, Land der Zauberei. In: J. H.: *Das Schnarchen Gottes und andere Gedichte*. Hrsg. von J. Serke (München 1979), S. 91. Vgl. auch Yvan Golls aus dieser Zeit stammende „Johann Ohneland"-Gedichte, in: *Dichtungen*. Hrsg. von C. Goll (Darmstadt 1960).
90 Hans Sahl, Bald hüllt Vergessenheit mich ein. In: Schlösser, *An den Wind geschrieben*, S. 76.
91 Zitiert nach *An den Wind geschrieben*, S. 51.
92 Mascha Kaléko, Überfahrt. Zitiert nach *An den Wind geschrieben*, S. 54.
93 Zitiert nach *An den Wind geschrieben*, S. 75.
94 Vgl. ebd. S. 232f. sowie die biographischen Angaben zu Jacob Picard S. 355.
95 Vgl. z. B. das Gedicht „Verlorene Bucht" (1949); dazu auch Fritz J. Raddatz, Vom Menschenpathos zur augenlosen Natur. Erich Arendt. In: F. J. R., *Traditionen und Tendenzen. Materialien zur Literatur der DDR* (Frankfurt 1972), S. 112–122.
96 Zitiert nach *An den Wind geschrieben*, S. 178.
97 Rose Ausländer, *Gesammelte Gedichte* (Köln ³1978), S. 492. Vgl. auch die Laudatio von Gisela Lindemann auf Rose Ausländer anläßlich der Verleihung der Roswitha-Gedenkmedaille, abgedruckt in *Die Zeit* vom 17. Oktober 1980, S. 54.
98 Zitiert nach *An den Wind geschrieben*, S. 71.
99 Gertrud Kolmar, Der Engel im Walde. Zitiert nach *An den Wind geschrieben*, S. 73; vgl. auch ebd. (S. 85) das Gedicht „Wir sind so wund" von Nelly Sachs.
100 Paul Celan, Espenbaum. In: *Mohn und Gedächtnis* (Stuttgart 1952), S. 15.
101 Vgl. Max Herrmann-Neiße, *Ich sah das Dunkel schon von ferne kommen*, S. 66 und 74.
102 Vgl. *An den Wind geschrieben* S. 92f.
103 Vgl. ebd., S. 182.
104 Ernst Bloch, *Erbschaft dieser Zeit*. Erweiterte Ausgabe (Frankfurt 1973), S. 70 und passim.
105 Aufgaben der Kunst. In: A. S.: *Über Kunstwerk und Wirklichkeit*. Bd. 1 (Berlin/ DDR 1970), S. 197.
106 [Bericht über eine Reise nach Prag, Zürich und Paris] (1934). In: J. R. B., *Publizistik I (1912–1938). Gesammelte Werke*. Bd. 15 (Berlin/Weimar 1977), S. 438.

107 Vgl. dazu Günther Heeg, *Die Wendung zur Geschichte. Konstitutionsprobleme antifaschistischer Literatur im Exil* (Stuttgart 1977), S. 45, allgemein zu Bechers Exilwerk S. 41–47.
108 J. R. Becher, Das Holzhaus. In: J. R. B., *Gedichte 1936–1941. Gesammelte Werke*. Bd. 4 (Berlin/Weimar 1966), S. 34.
109 Becher, Heimat. In: J. R. B., *Gedichte 1942–1948. Gesammelte Werke*. Bd. 5 (Berlin/Weimar 1967), S. 232.
110 *WS*, Bd. 10, S. 867.
111 *WS*, Bd. 9, S. 723.
112 *WS*, Bd. 9, S. 743 f.
113 *WS*, Bd. 12, S. 509.
114 Reinhold Grimm, Geständnisse eines Dichters. In: R. G., *Brecht und Nietzsche oder Geständnisse eines Dichters* (Frankfurt 1979), S. 23. – Grimms differenzierte Studie geht Brechts vielfältigen Versuchen nach, den Widerspruch zwischen „finsteren Zeiten" und ‚reiner Kunst', zwischen politisch erzwungener Gefühlsaskese und emotionalen Bedürfnissen, zwischen gesellschaftlicher Repression und der freien Schönheit des Natürlichen immer wieder zu benennen (also auszuhalten) *und* gleichzeitig als notwendig zu versöhnenden darzustellen. Seine Aussagen zu Brechts Umgang mit dem Naturgedicht stimmen weitgehend mit den hier getroffenen überein.
115 Vgl. dazu die Hinweise von H. D. Schäfer in Naturdichtung und Neue Sachlichkeit, S. 364 f.
116 *WS*, Bd. 9, S. 815.
117 *AJ*, Bd. 1, S. 406. Vgl. zu „Frühling 1938" auch Silvia Schlenstedt, Lyrik im Gesamtplan der Produktion. Ein Arbeitsprinzp Brechts und Probleme der Gedichte im Exil. In: *Weimarer Beiträge*. 24 (1978), Heft 2, S. 22 f., sowie R. Grimm, Geständnisse eines Dichters, S. 20–22.
118 *AJ*, Bd. 1, S. 27.
119 Erich Fried: [Interpretation von] An die Nachgeborenen. In: Walter Hinck (Hrsg.), *Ausgewählte Gedichte Brechts mit Interpretationen* (Frankfurt 1978), S. 95.
120 *WS*, Bd. 12, S. 382.
121 *AJ*, Bd. 1, S. 18.
122 *WS*, Bd. 9, S. 817. – Dieter Wellershoff hat seine Interpretation dieser Gedichte treffend mit „Widerstand gegen Regression in Zeiten des Unheils" überschrieben (in: Hinck, *Ausgewählte Gedichte Brechts in Interpretationen*, S. 87–91.
123 *WS*, Bd. 9, S. 815 f.
124 Der Messingkauf. In: *WS*, Bd. 16, S. 575.
125 *AJ*, Bd. 1, S. 293.
126 Ebd., S. 362.
127 *WS*, Bd. 12, S. 382.
128 *AJ*, Bd. 1, S. 469.
129 *AJ*, Bd. 2, S. 513.
130 Ebd., S. 527.
131 Vgl. dazu Jost Hermand: [Interpretation der]Hollywood-Elegien. In: Hinck, *Ausgewählte Gedichte Brechts mit Interpretationen*, S. 98–104.
132 *WS*, Bd. 10, S. 848.
133 Ebd., S. 886.
134 Ebd.
135 Dies der Titel eines Gedichtes von H. Anacker; zitiert nach Franz Schonauer, *Deutsche Literatur im Dritten Reich* (Olten/Freiburg 1961), S. 114.

136 S. 31.
137 Rede über Lyrik und Gesellschaft. In: Th. W. A., *Noten zur Literatur* I (Frankfurt 1965), S. 91 f.
138 Dies der Titel eines Aufsatzes von Eberhard Lämmert, erschienen in der *Neuen Rundschau*, 86 (1975), S. 404–421.
139 Vgl. zur Neukonzeption von Naturlyrik in der DDR vor allem den gehaltreichen kleinen Aufsatz von Georg Maurer, Gedanken zur Naturlyrik. In: *Sinn und Form*, 23 (1971), Heft 1, S. 21–30.

INGE STEPHAN

„Das Natürliche hat es mir seit langem angetan." Zum Verhältnis von Frau und Natur in Fontanes *Cécile*

1. Der Mythos vom ‚Naturwesen' Frau im 19. Jahrhundert. Zur Dialektik von ‚femme fatale' und ‚femme fragile'

Fontane gilt als Meister des gesellschaftskritischen Romans und als subtiler Gestalter eindrucksvoller realistischer Frauenporträts. Natur im engeren oder weiteren Sinne scheint bei ihm nur eine untergeordnete Rolle zu spielen. Er hat zwar auch Natur beschrieben, so in seinen *Wanderungen durch die Mark Brandenburg*, und auch in seinen Romanen bewegen sich die Figuren nicht im luftleeren Raum, sondern immer auch in der Landschaft;[1] aber der Schwerpunkt seines Werkes scheint doch auf der Schilderung der Gesellschaft und der in ihr herrschenden Konflikte zu liegen, wenn man dem Biographen Hans-Heinrich Reuter[2] und dem Interpreten Walter Müller-Seidel[3] Glauben schenken darf. Von der Vorstellung eines bedrohlichen, männerverschlingenden Naturwesens Frau, die der zeitgenössischen Philosophie, der Malerei und der Literatur am Ende des Jahrhunderts ihr ganz spezifisches Gepräge gab, scheint Fontane ebenso weit entfernt zu sein wie von der am Anfang des Jahrhunderts einsetzenden romantischen Idealisierung der Frauen zu harmonischen, unentfremdeten und kindhaften Naturmenschen.[4]

Deshalb mögen die Fragen nach der Verbindung zwischen Fontanes Frauenbild und der Auffassung vom Naturwesen Frau – sei sie nun positiv oder negativ gefaßt – gleichermaßen abwegig und deplaciert sein; denn was für eine Verbindung sollte es zwischen seinen Frauengestalten und den Hexen,[5] Undinen[6] und Sphinxen[7] geben, die die Phantasien der Zeitgenossen bewegten und auf den Bildern der Präraffaeliten, der Symbolisten und Jugendstilmaler figürlichen Ausdruck gefunden haben? Welche Beziehung könnte zwischen seinen Frauengestalten und Wedekinds männermordendem „Erdgeist" Lulu bestehen?[8] Und was hat – zugespitzt gefragt – Fontane mit Schopenhauer zu tun, für den die Frau von Natur aus das „sexus sequior, das in jedem Betracht zurückstehende zweite Geschlecht"[9] darstellte, oder was hat er mit Weininger zu schaffen, für den die Frau ein „natürliches, nicht geistiges Wesen"[10] war, dessen „Sexualität über den ganzen Körper sich erstreckt" und das „fortwährend und am ganzen Leibe, überall und immer, von was es auch sei, ausnahmslos koitiert" werden will;[11] das also – auf einen Nenner gebracht – „die Sexualität selber" ist und nur „so viel Existenz als der Mann Geschlechtlichkeit" hat.[12] Fontanes Ablehnung der frauenfeindlichen Äußerungen Schopenhauers ist bekannt und oft zitiert worden.[13] Weiningers *Geschlecht und Charakter*, das 1903 erschien und in dem sich das reaktionäre Denken einer ganzen Epoche über das allesverschlingende Naturwesen Frau in monomanischer Form verdichtete und selbstzerstörerische Züge annahm,[14] konnte der 1898 verstorbene Fontane nicht mehr zur Kenntnis nehmen. Man kann aber davon ausgehen, daß er entsetzt gewesen wäre, wenn er Weiningers Überlegungen gelesen hätte, ob „die Frauen überhaupt noch Menschen seien" oder „nicht eigentlich unter die Tiere oder die Pflanzen gerechnet werden müßten",[15] und daß ihn der Zusammenhang zwischen Frau und Natur, den Weininger mit der angeblich sodomitischen Neigung der Frauen zu stützen versuchte,[16] ebenso abgestoßen hätte wie die Dichotomisierung zwischen Mann und Frau, die in Weiningers Buch in immer neuen Formulierungen als „Dualismus des höheren und niederen Lebens, des Subjektes und des Objektes, der Form und der Materie, des Etwas und des Nichts"[17] wahre Orgien feiert. Ebenso wie er die Schopenhauersche Forderung nach Polygamie für den Mann als „Gequackel eines eigensinnigen, vorurteilsvollen, persönlich vergrätzten alten Herrn" abgelehnt hat,[18] hätte er sicherlich auch die Ängste vor der weiblichen Sexualität und die daraus resultierende Konsequenz, durch „Verneinung der Sexualität" den „körperlichen Menschen" zu töten, „um dem geistigen erst das volle Dasein zu geben",[19] als absurd und lebensfeindlich zurückgewiesen.

Zwischen den reaktionären Positionen Schopenhauers und Weiningers einerseits und Fontanes Denken und Schreiben über Frauen andererseits gibt es keine direkte Verbindung und Vermittlung. Eher schon scheint Fontane – wenn man der Sekundärliteratur glauben darf[20] – ein später Nachfahre jener frühromantischen Idealisierung der Frau zu sein, nach der die Frau aufgrund ihrer besseren, von der Zivilisation unzerstörten Natur zum Flucht- und Zielpunkt des männlichen Wunsches nach nichtentfremdeter Identität wurde.[21] In der sogenannten besseren Natur der Frau verdichteten sich die Hoffnungen der Epoche auf ein harmonisches Leben der Geschlechter miteinander, durch das der Geschlechterkampf, der durch die Frauenbewegung am Ende des Jahrhunderts in ein von vielen Männern als bedrohlich empfundenes Stadium eingetreten war, einem friedlichen Füreinander weichen sollte.

Eine solche Auffassung wurde nicht nur von der Frauenbewegung ‚wohlgesinnten' Männern vertreten, sondern auch von Teilen der bürgerlichen Frauenbewegung.[22] So war es innerhalb der Frauenbewegung eine vielerörterte Frage, ob Weiblichkeit „Natur oder Kultur" sei,[23] und der mit dem programmatisch-provozierenden Titel versehene Roman *Halbtier* (1899) von Helene Böhlau wurde zum Ausgangspunkt der Diskussion um ein neues weibliches Selbstbewußtsein.[24] In einem Aufsatz über *Intellektuelle Grenzlinien zwischen Mann und Frau* (1897) attestierte Helene Lange dem Mann eine „auf das Systematische, Unpersönliche gerichtete Veranlagung",[25] der Frau jedoch eine „schnellere und tiefere Fühlung mit menschlicher Eigenart",[26] leitete jedoch daraus nicht das Recht des Mannes auf Unterdrückung der Frau ab, sondern plädierte im Gegenteil für eine „Feminisierung des modernen Lebens".[27] Hinter einer solchen Forderung schimmert – wenn auch verstümmelt und trivialisiert – die uralte Auffassung vom Naturwesen Frau und das androgyne Menschenideal der Romantiker auf.

Zwischen der Vorstellung von der Frau als dämonischem Naturwesen und den apokalyptischen Vernichtungsträumen Weiningers einerseits und der Verklärung der Frau zum engelhaft reinen Naturwesen und ihrer schwärmerischen Anbetung andererseits liegen Welten. Aber dennoch gibt es eine Verbindung zwischen diesen so entgegengesetzten Vorstellungen. Diese liegt in der in mythische Zeiten zurückreichenden Auffassung, daß die Frauen ein Stück Natur seien oder doch zumindest aufgrund ihrer biologischen Konstitution stärker als der Mann mit dieser verbunden seien. Sie wird im Verlauf des 19. Jahrhunderts nicht zuletzt durch Darwins *Entstehung der Arten durch natürliche Auslese* (1859)[28] und durch Bachofens *Mutterrecht* (1861)[29] biologisiert, historisiert, ontologisiert und schließlich zu einer „Polarisierung der Geschlechtscharaktere" verfestigt,[30] der sich selbst materialistisch argumentierende Autoren wie Bebel[31] und Engels[32] nur schwer entziehen konnten. Die Konsequenzen freilich, die die Autoren aus der gemeinsamen Grundvorstellung von der Frau als Naturwesen ziehen, sind höchst verschieden. Sie hängen zusammen mit ihrem unterschiedlichen Verhältnis zur Natur und mit ihren unterschiedlichen gesellschaftlichen Zielvorstellungen. Für Romantiker wie Schlegel und Novalis und ihre Nachfolger am Ende des 19. Jahrhunderts war Natur nicht das zu entwerfende und zu bändigende Chaos, sondern das Prinzip universaler Göttlichkeit, dem sich der Mensch wieder annähern sollte; das Ziel menschlichen Lebens wurde in der Aussöhnung mit der Natur gesehen. Für Weininger und andere war Natur das dem erstrebenswerten göttlich-geistigen Bereich entgegengesetzte feindliche, ja teuflische Prinzip, das den Menschen zu verderben drohte und deshalb bekämpft und besiegt werden mußte. Dazwischen gab es eine Vielzahl von Nuancierungen und Überschneidungen, auf die hier verzichtet werden kann. In allen diesen Vorstellungen aber ist die Frau nur eine Funktion in der übergeordneten Beziehung des Mannes zur Natur und zur Gesellschaft. Über die Realität der Frau, über ihr Wesen, sagen diese Vorstellungen überhaupt nichts aus, wohl aber prägen sie das Bild, dem sich die reale Frau anpassen sollte und an dem sie gemessen wurde. Die Vorstellung vom Naturwesen Frau ist also – auch da, wo sie zu einer positiven Einstellung zum Weiblichen führte – außerordentlich zwiespältig, weil sich darin zum einen immer eine Abstraktion von der realen Frau ausdrückt und zum anderen immer schon die Perversion, nämlich die Rechtfertigung für die historische und aktuelle Unterdrückung von Frauen angelegt ist.

Auf die reaktionäre Ausbeutbarkeit der Vorstellung vom Naturwesen Frau haben vor allem Horkheimer und Adorno hingewiesen. Die Geschichte der Frauenunterdrückung sehen sie im Zusammenhang mit dem gestörten Verhältnis des Mannes zur Natur:

> Naturbeherrschung schließt Menschenbeherrschung ein. Jedes Subjekt hat nicht nur an der Unterjochung der äußeren Natur, der menschlichen und nichtmenschlichen teilzunehmen, sondern muß, um das zu leisten, die Natur in sich selbst unterjochen.[33]

Das erste Opfer ist der Mann selbst, der die Naturbeherrschung auch an seinem eigenen Körper vollzieht und erleidet. Über die Folgen kann man bei Freud, Elias, Marcuse, Theweleit und anderen nachlesen. Das zweite Opfer der Naturunterwerfung ist die Frau:

> Die Frau ist nicht Subjekt. Sie produziert nicht, sondern pflegt die Produzierenden, ein lebendiges Denkmal längst entschwundener Zeiten der geschlossenen Hauswirtschaft. Ihr war die vom Mann erzwungene Arbeitsteilung wenig günstig. Sie wurde zur Verkörperung der biologischen Funktion, zum Bild der Natur, in deren Unterdrückung der Ruhmestitel dieser Zivilisation bestand. Grenzenlos Natur zu beherrschen, den Kosmos in ein unendliches Jagdgebiet zu verwandeln, war der Wunschtraum der Jahrtausende. [...] Wo Beherrschung der Natur das wahre Ziel ist, bleibt biologische Unterlegenheit das Stigma schlechthin, die von Natur geprägte Schwäche zur Gewalttat herausforderndes Mal.[34]

Für Horkheimer und Adorno ist das „vorgebliche Naturwesen" Frau ein „Produkt der Geschichte, die es denaturiert",[35] letztlich also nur eine Fiktion des Mannes zur Absicherung seiner Herrschaft. Simone de Beauvoir hat die Akzente etwas anders gesetzt,[36] auch wenn sie ähnlich wie Horkheimer und Adorno das Naturwesen Frau zum großen Teil für „eine Erfindung des Mannes" hält[37] und einen Zusammenhang zwischen Naturauffassung und Frauenbild sieht.[38] Sie erklärt sich die Jahrtausende alte Unterdrückung der Frau vor allem aus der Angst des Mannes vor der Kreatürlichkeit der Frau, die in Menstruation, Schwangerschaft und Geburt ihren sichtbaren Ausdruck gefunden hat und die den Mann an seine „eigene körperliche Zufälligkeit",[39] an „seinen tierischen Ursprung"[40] erinnert, den er verleugnen möchte".

> Aber viel häufiger findet sich beim Menschen die Auflehnung gegen seine Lage als Körperwesen; er betrachtet sich als einen gefallenen Gott: sein Fluch ist es, daß er aus einem strahlenden und geordneten Himmel in das chaotische Dunkel des Mutterleibes hinabgestürzt ist. Das Feuer, der tätige reine Hauch, in dem er sich wiedererkennen möchte, wird durch die Frau dem Schmutz der Erde verhaftet. Er möchte notwendig sein wie die reine Idee, wie das Eine, das All, der absolute Geist, und findet sich eingeschlossen in einem begrenzten Leib. [...] Er möchte wie Athene fertig ausgewachsen in die Welt getreten sein, vom Scheitel bis zur Sohle gewappnet, gegen Wunden gefeit. Daß er gezeugt und empfangen worden ist, stellt den Fluch dar, der auf seinem Schicksal lastet, jene Verunreinigung, die seinem Sein einen Makel anheftet. Gleichzeitig kündigt sie ihm den Tod.[41]

Es geht hier nicht darum, diese unterschiedlichen Erklärungsansätze gegeneinander auszuspielen, noch sie durch weitere, wie etwa denjenigen von Freud, zu ergänzen oder einen eigenen Erklärungsversuch gegen vorliegende Deutungen zu setzen; sondern es geht darum, den großen historischen und systematischen Rahmen zu umreißen, in dem das Thema ‚Frau und Natur' steht, und deutlich zu machen, daß die Vorstellung vom Naturwesen Frau immer einen offenen oder latenten Aspekt von Aggressivität und Gewalt enthält, der gegen die reale Frau zielt. Sehr deutlich wird dieser Zusammenhang zwischen Gewalt und der Auffassung von der Frau als Naturwesen in den Hexenverfolgungen des Mittelalters, wo Frauen millionenfach liquidiert worden sind.[42] Wenn es auch im 19. Jahrhundert keine Hexenverbrennungen mehr gab (die letzte Hexe wurde in Deutschland 1775 hingerichtet), so war das Interesse an der Hexenthematik doch noch so groß, daß die pseudohistorische, fingierte *Bernsteinhexe (1843) von Wilhelm Meinhold*[43] zu einem Bestseller des ausgehenden Jahrhunderts wurde. Michelets Buch *Die Hexe* (1862)[44] wurde bereits 1863 ins Deutsche übersetzt, paßte aber wegen seiner positiven Sicht der Hexe als Hüterin der Menschlichkeit und Natürlichkeit weniger gut in die offizielle Ideologie als Meinhold, für den die Hexe die verderbliche Sinnlichkeit und das teuflische Prinzip schlechthin verkörperte.

Man muß aber bei Gewalt gegen Frauen nicht gleich an Hexenverfolgung und Hexenverbrennung denken; die Aggressivität findet auch andere Ausdrücke. Nach dem Ende der offiziellen Hexenverfolgung verlagert sich die Gewalt gegen Frauen immer stärker in die Beziehung der Geschlechter zueinander. Symptomatisch hierfür sind die Texte von zwei Autoren, die zugegebenermaßen sehr extreme Positionen im Denken der Epoche repräsentieren, aber in deren Exzentrizität und Übersteigerung die möglichen Konsequenzen um so klarer hervortreten, zu denen die Vorstellung vom Naturwesen literarisch – und letztlich auch praktisch – führen kann.

Sacher-Masoch, dem die zweifelhafte Ehre zuteil geworden ist, als Namensgeber für ein spezifisches Verhältnis der Geschlechter berühmt-berüchtigt geworden und darüber als Autor gleichzeitig in Vergessenheit geraten zu sein, läßt seine Heldin Wanda, eine frühe Ausprägung des Typus der *femme fatale* der Jahrhundertwende, in der Erzählung *Venus im Pelz* (1869)[45] in schöner Offenheit folgende Warnung ihrem Liebhaber Severin gegenüber aussprechen:

> *Fühle dich nie sicher bei dem Weibe, das du liebst,* denn die Natur des Weibes birgt mehr Gefahren, als du glaubst. [. . .] *Der Charakter der Frau ist die Charakterlosigkeit.* [. . .] Das Weib ist eben, trotz allen Fortschritten der Zivilisation, so geblieben, wie es aus der Hand der Natur hervorgegangen ist, es hat den Charakter des *Wilden,* welcher sich treu und treulos, großmütig und grausam zeigt, je nach der Regung, die ihn gerade beherrscht. Zu allen Zeiten hat nur ernste, tiefe Bildung den sittlichen Charakter geschaffen; so folgt der Mann, auch wenn er selbstsüchtig, wenn er böswillig ist, stets *Prinzipien,* das Weib aber folgt immer nur *Regungen.* Vergiß das nie und fühle dich nie sicher bei dem Weibe, das du liebst.[46]

Die Beziehung zwischen Mann und Frau kann sich Sacher-Masoch nur als ein Verhältnis zwischen „Hammer und Amboß" vorstellen,[47] wobei er – entgegen dem traditionellen Rollenverständnis und der realen Situation von Frauen in der Gesellschaft – seine männlichen Helden gern in die Rolle des geschlagenen, gedemütigten und gequälten Opfers phantasiert und die Frau zur reißenden Bestie stilisiert, die den „Pelz" des Raubtiers in Wahrheit nie abgelegt hat. Die Unterscheidung zwischen dem „Kulturwesen" Mann und dem „Naturwesen" Frau und die Plazierung der Frau als Weibchen in die Tierwelt findet sich übrigens schon bei Masochs Vorläufer de Sade, dessen Name ähnlich wie der von Masoch dazu herhalten mußte, einer weiteren sogenannten Grundperversion im Verhältnis der Geschlechter, dem Sadismus, einen Namen zu geben. In seiner *Juliette* (1797) vergleicht er den Unterschied zwischen Mann und Frau mit dem zwischen Menschen und Affen und kommt dabei zu dem aufschlußreichen Ergebnis, daß es „gute Gründe" gebe, „den Frauen zu verweigern, einen Teil unserer Art zu bilden wie jenem Affen, unser Bruder zu sein. Man prüfe aufmerksam eine nackte Frau neben einem Mann ihres Alters, nackt wie sie, und man wird sich leicht von dem beträchtlichen Unterschied überzeugen, der (vom Geschlecht abgesehen) in der Struktur der beiden Wesen besteht; man wird klar sehen, daß die Frau nur einen niederen Grad des Mannes bildet; die Unterschiede bestehen gleichermaßen im Inneren, und die anatomische Zergliederung der einen wie der anderen Art, wenn man sie zugleich und mit peinlichster Aufmerksamkeit vornimmt, bringt diese Wahrheit ans Tageslicht."[48] Wie Masoch, beschreibt auch de Sade das Verhältnis der Geschlechter als einen Zusammenhang von Herrschaft und Unterwerfung; freilich ist bei ihm die Frau die Geschlagene, Gedemütigte und Gequälte; ihre angeblich tierische Natur bietet hierfür die vordergründige Rechtfertigung. Mit einer solchen Rollenverteilung bewegt sich de Sade – wenn man einmal von der Übersteigerung der Gewaltphantasien im einzelnen absieht – im Rahmen der herrschenden Ideologie und Praxis, was sicherlich ein Grund mit dafür gewesen sein dürfte, daß er im Gegensatz zu Masoch als Autor nicht in Vergessenheit geraten ist.

Tritt in solchen Texten Gewalt ganz offen als sadomasochistische Strukturierung von Geschlechtsbeziehungen auf,[49] so ist das Gewaltproblem bei anderen Autoren so versteckt, daß man es leicht übersehen kann. Tatsächlich verbirgt sich jedoch auch in den romantischen Texten vom Anfang des Jahrhunderts, in denen die Frau – positiv gemeint – als unentfremdetes Naturwesen erscheint, eine subtile Form der Gewalt. Die Schlegelsche Behauptung, „daß die Frauen allein, die mitten im Schoß der menschlichen Gesellschaft Naturmenschen geblieben sind, den kindlichen Sinn haben, mit dem man die Gunst und die Gaben der Götter annehmen muß",[50] oder die auch von Novalis geteilte Auffassung von der „vegetabilischen" Natur der Frauen,[51] enthalten eine Stilisierung der Frau auf ein Bild hin, dem Frauen in der Realität wohl kaum entsprechen können.[52]

Niedergeschlagen haben sich solche Vorstellungen von einer gleichsam symbiotischen Beziehung zwischen Frau und Natur in der Literatur vor allem in den zahllosen, von der Bibel bis in die Gegenwart reichenden Vergleichen des Frauenkörpers mit Edelsteinen, Blumen, Früchten, Vögeln usw.[53] In der Malerei führen sie zu einer Form der Darstellung, in der die Frau entweder direkt als Allegorie der Natur fungiert[54] oder aber, wo sie geschmückt mit Blumen und drapiert mit Früchten in der Landschaft erscheint, zu einem Teil der Landschaft wird und sich quasi in ein Stilleben verwandelt.[55] Auf den Bildern von Mucha[56] erscheinen Frauen als Allegorien der Natur, der Jahreszeiten, als Verkörperung kostbarer Edelsteine und seltener Blumen; sie halten eine Lilie in Händen wie die *Innocentia* von Franz von Stuck (1889), sterben als morbide Schönheit im Angesicht welkender Blumen oder treiben als Wasserleichen zwischen Seerosen in

Teichen. In der Literatur äußert sich die Stilisierung der Frau zur Blume und Pflanze vor allem in der Metaphorik des Blühens und Welkens und führt zur Ausprägung jenes Frauentypus der *femme fragile*,[57] in der der Aspekt des „Verwelkens" den des Blühens verdrängt, in dem Schönheit und Tod der Frau eine untrennbare Einheit bilden, und wo dem „schönen Sterben" immer neue ästhetische Reize abgewonnen werden.

In dem Bild der *fille fleur* formulieren und gestalten Schriftsteller und Maler ein Wunschbild, in welches das eigene unbewältigte und gestörte Verhältnis zur äußeren und inneren Natur als Utopie in die Frau hineinprojiziert wird. Die Frau wird gleichsam zu einem Gefäß männlicher Wünsche, zu einem Territorium, auf das sich seine ungestillten Sehnsüchte richten können.[58] Die Verwandlung der *fille fleur* in die kränkliche und morbide *femme fragile* und die Verstärkung des Todesmotivs am Ende des Jahrhunderts zeigten jedoch nur noch einmal die der Auffassung vom Naturwesen Frau inhärente dialektische Gewalt: Die Frau als ursprüngliches Bild des Lebens entlebendigt sich, sie wird zum Symbol des Todes und der Vergänglichkeit. Die versteckten Todeswünsche des Mannes gegen die Frau als Verkörperung der Einheit mit der Natur, die sich in den Hexenverfolgungen real ausgetobt hatten, finden eine erlaubte Kanalisierung im Bereich der Ästhetik.

Nicht so sehr Wunschbilder wie Schreckbilder sind die zahlreichen „Tierfrauen", die Undinen, Sphinxe die Vampire, Spinnen- und Schlangenfrauen oder die Hexen, die in der Literatur und Malerei der Jahrhundertwende gestaltet worden sind. Die Undinen in ihrer Mischung von Frauenleib und Fischkörper, die die Männer betören und in die Tiefe ziehen; die geheimnisvollen Sphinxe mit ihren geschmeidigen und gefährlichen Tierkörpern – mehr Raubtier als Mensch –, die die Männer zerfleischen; die Schlangenfrauen, in denen die erste Verführerin des Mannes, Eva, symbolische Gestalt annimmt; die Vampirfrauen, die die Männer aussaugen; die Spinnenweibchen, die den Mann in ihren Netzen umgarnen, und die Hexen, in denen sich die uralten Vorstellungen von der magischen Kraft der Frauen verkörpern: sie sind alle unterschiedliche Spielarten des Typus der *femme fatale*, des männerverschlingenden Naturwesens Frau, das am Ende des Jahrhunderts die Phantasie beherrscht und das das Gegenbild zur blumenhaften, morbiden *femme fragile* bildet. Man denke etwa an die Undinenbilder von Böcklin und Doerstling,[59] an die Sphinxe von Moreau, Stuck und Khnopff,[60] an die Schlangenfrauen von Stuck und Klimt,[61] an die Venus als Fledermaus von Pénot,[62] die Spinnenfrau von Mellery[63] und an die zahlreichen Hexenbilder der Zeit,[64] die in unterschiedlicher Form das Motiv der *femme fatale* variieren.[65]

2. „Zauber des Evatums". Fontanes Faszination durch die ‚natürliche' Frau

Wie verhält sich nun Fontane zu diesen Vorstellungen vom Naturwesen Frau? Leider gibt es nur sehr wenige Äußerungen von ihm hierzu; aber schon die wenigen Äußerungen zeigen (wenn man sie sehr genau unter die Lupe nimmt), daß Fontane stärker von der zeitgenössischen Diskussion geprägt ist, als die Interpreten bisher beachtet haben. Zu klären ist, welche inhaltlichen Vorstellungen Fontane mit dem zunächst einmal vagen und vieldeutigen Begriff ‚Naturwesen' verbindet. In einem Brief vom 6. Dezember 1894 an Paul und Paula Schlenther schreibt er: „Wenn es einen gibt, der für Frauen schwärmt und sie beinah doppelt liebt, wenn er ihren Schwächen und Verirrungen, dem ganzen Zauber des Evatums, bis zum infernal Angeflogenen hin, begegnet, so bin ich es."[66] Was an dieser Briefstelle auffällt, sind zunächst einmal drei Behauptungen:

1. die schwärmerische Zuneigung zu Frauen überhaupt („Wenn es einen gibt, der für Frauen schwärmt, so bin ich es"),

2. die starke emotionale Hingezogenheit Fontanes, die „doppelte Liebe", zu einem Frauentyp, den er mit dem Hinweis auf die erste Sünderin Eva zu umschreiben versucht,[67] und

3. die Faszination durch das sogenannte Ewig-Weibliche, das durch Begriffe wie „Schwächen", „Verirrungen" in den Bereich des Sündigen und Anstößigen gerückt wird und durch Begriffe wie „Zauber" und „infernal" einen Anstrich des Hexenhaften und Teuflischen erhält.

Unverkennbar ist an einer solchen Briefstelle der Bezug auf die *femme fatale* der Jahrhundertwende. Noch deutlicher geht Fontanes Vorliebe für diesen Frauentypus aus einem anderen Brief hervor. Am 10. Oktober 1895 versucht er Colmar von Grünhagen zu erklären, warum ihm seine beiden Romanfiguren Cécile und Effi so lieb sind. Am Anfang des Briefes spricht er von seiner „Vorliebe für die Schlesier, [...] speziell für den schlesischen Adel", und fährt dann fort:

> Er ist gewiß, nach bestimmten Seiten hin, sehr anfechtbar, aber grade diese Anfechtbarkeiten machen ihn interessant und mir auch sympathisch. Es sind keine Tugendmeier, was mir immer wohltut. Ich war nie ein Lebemann, aber ich freue mich, wenn andere leben, Männlein wie Fräulein. Der natürliche Mensch will leben, will weder fromm noch keusch noch sittlich sein, lauter Kunstprodukte von einem gewissen, aber immer zweifelhaft bleibenden Wert, weil es an Echtheit und Natürlichkeit fehlt. Dies Natürliche hat es mir seit langem angetan, ich lege nur *da*rauf Gewicht, fühle mich *da*durch angezogen, und dies ist wohl der Grund, warum meine Frauengestalten alle einen Knacks weghaben. Gerade dadurch sind sie mir lieb, ich verliebe mich in sie, nicht um ihrer Tugenden, sondern um ihrer Menschlichkeiten, d. h. um ihrer Schwächen und Sünden willen. Sehr viel gilt mir auch die Ehrlichkeit, der man bei den Magdalenen mehr begegnet als bei den Genoveven. Dieses alles, um Cécile und Effi ein wenig zu erklären.[68]

Eine solche Aussage ist vielschichtiger, als sie auf den ersten Blick erscheinen mag, und widersprüchlicher, als sie bislang gedeutet worden ist. Was Fontane hier als „Natürlichkeit" bezeichnet, läßt sich bei näherem Hinsehen als Sinnlichkeit präzisieren. Die Assoziationskette von „Natürlichkeit" über „Menschlichkeit" hin zu „Schwäche" und „Sünde", der abschließende Verweis auf die berühmte biblische Sünderin Magdalena sowie das polemische Gegeneinander von Tugend und Sünde, das den ganzen Text durchzieht, machen deutlich, daß Fontane hier auf Sinnlichkeit, konkret gesprochen, auf Sexualität anspielt.

Wenn Fontane von seiner „Vorliebe" für den schlesischen Adel spricht, dem er seine Figur Cécile wohl nicht ohne Grund angehören läßt; wenn er dessen tatsächlich oder vermeintlich freizügige Lebensweise („Es sind keine Tugendmeier") „interessant" und „sympathisch" findet, ja sogar so weit geht zu behaupten, daß sie ihm „immer wohltut", und wenn er anschließend im Hinblick auf Cécile und Effi ein ähnliches Gefühl beschreibt, indem er sagt, er sei von ihnen „angetan" und „angezogen", und sie seien ihm „lieb", so werden die letzteren mit ihren „Schwächen und Sünden" in eine auffällige Nähe zum schlesischen Adel mit seinen „Anfechtbarkeiten" gerückt, was an sich schon bemerkenswert ist, weil Effi und Cécile dadurch nicht mehr ungebrochen positiv erscheinen.

Darüber hinaus wird aber in solchen Formulierungen deutlich, welch starkes Interesse Fontane an der Sinnlichkeit überhaupt hat – ein Interesse, das sich selbst noch in der sehr indirekten Weise vermittelt, in der er über Sexualität spricht: „Anfechtbarkeiten" – mehr Deutlichkeit erlaubt er sich nicht. Der Ton der Prüderie und Unfreiheit, der in dieser versteckten Schreibweise vorherrscht, und die Tatsache, daß er sich mit solchen verklemmt-ironischen Formulierungen zensieren muß, zeigt gegen den Willen des Briefschreibers, wie stark ihn die Sache, von der er spricht, beherrscht.

Auf diesem Hintergrund von Interesse und Abwehr gewinnt Fontanes Äußerung „Ich war nie ein Lebemann, aber ich freue mich, wenn andere leben" ihre Bedeutung. Auffällig ist die Parallelsetzung von „Lebemann" und „leben". „Leben" heißt in diesem Kontext: wie ein Lebemann leben, heißt: Sinnlichkeit und Sexualität ausleben. Dieses Ausleben von Sexualität erfährt durch die Identifizierung mit dem Leben selbst eine positive Bewertung; gleichzeitig wird es jedoch durch den Hauch von Anrüchigkeit und hemmungsloser Genußsüchtigkeit, der den „Lebemann" umgibt, abgewertet.

Diese ambivalente Haltung zur Sexualität hat entscheidende Konsequenzen für Fontane: Einerseits war er „nie ein Lebemann", das heißt Sinnlichkeit und Sexualität durften in seinem Leben keine oder nur eine untergeordnete Rolle spielen. Andererseits freut er sich, „wenn andere leben" und so ihre Sinnlichkeit und Sexualität voll ausleben, woraus sich indirekt schließen läßt, daß er selbst eigentlich gar nicht lebt. Das eigene Leben muß ihm leer und tot vorkommen, und das nicht erst im Alter, wie die Formulierung „ich war nie" vermuten läßt.[69]

Die Konzeption von sinnlichen Frauen wie Cécile und Effi, von Fontane selbst als Realismus ausgegeben und gegen die idealistische Sichtweise des Menschen verteidigt („Der natürliche Mensch will leben, will weder fromm noch keusch noch sittlich sein"), kann vor dem Hintergrund dieser Äußerung als Versuch gedeutet werden, eigene, nicht realisierte erotische Wünsche und Phantasien im Medium der Literatur auszuleben. Literatur wird zum Ersatz für nicht gelebtes

Leben.⁷⁰ Ein solcher Ansatz erklärt auch die starke emotionale Beteiligung, mit der Fontane an *Cécile* und *Effi Briest* gearbeitet hat. Beide Werke haben ihn psychisch so angegriffen, daß er in Nervenkrisen geriet und die Arbeit häufig unterbrechen mußte.

Daß ein solches Ausleben angesichts der ambivalenten Einstellung Fontanes zur Sinnlichkeit und Sexualität auch in der Fiktion nicht ungebrochen sein kann, versteht sich von selbst. Im Brief an Grünhagen führt er seine Frauengestalten als Prototypen des „natürlichen Menschen", als Repräsentantinnen von „Echtheit und Natürlichkeit" ein. Die sinnliche Frau, deren Sinnlichkeit als etwas Natürliches erscheint, ist es, die es ihm „seit langem angetan" hat; ihre erotische Anziehungskraft fasziniert ihn, er legt „nur *da*rauf Gewicht", fühlt sich „nur *da*durch angezogen". Auf der anderen Seite erscheint die Sinnlichkeit jedoch nicht nur in einem positiven Licht, wie die Formulierungen „Lebemann", „Schwächen" und „Sünden" zeigen. Je stärker die Sinnlichkeit ihn fasziniert, desto mehr muß er sie abwehren. Liegt hier der Schlüssel, warum alle seine „Frauengestalten einen Knacks weghaben"? Muß Fontane seine Figuren knicken, weil sie ihm sonst gefährlich sein könnten?

Der „Knacks" jedenfalls spielt eine entscheidende Rolle für das Zustandekommen seiner Gefühle. „Gerade *da*durch" sind sie ihm „lieb"; er verliebt sich in sie „nur um ihrer Schwächen und Sünden willen". Man kann auch sagen: Um sich in sie verlieben zu können, muß er sie zu schwachen und sündigen Geschöpfen machen. Ganz offensichtlich funktionieren seine Frauengestalten hier als Projektionsfiguren, an denen er das eigene zwiespältige Verhältnis zur Sexualität ausagiert. Besonders deutlich wird das an dem tragischen Ende, das er seinen beiden Lieblingsfiguren bereitet und das die Behauptung „ich freue mich, wenn andere leben", zumindest für den Bereich seiner literarischen Produktion, zweifelhaft erscheinen läßt; denn gegen die Realität – das Vorbild für die Figur der Effi Briest erreichte ein biblisches Alter, und der gesellschaftliche Skandal, auf den *Cécile* anspielt, löste sich glücklich – läßt Fontane beide Frauen am Ende der Romane sterben und ihre Liebhaber im Duell umkommen. Wenn man die behauptete Liebe des Autors zu den von ihm entworfenen Frauengestalten ernst nimmt, muß sich die Frage aufdrängen, wie er es zu solch blutigen Lösungen kommen lassen kann, in denen die gesellschaftliche Ordnung auf Kosten derjenigen wiederhergestellt wird, denen seine Liebe gilt.

3. Die Hysterikerin und Hexe Cécile

3.1 „Nicht so diffizil in diesen Dingen". Die verdrängte Sinnlichkeit

Der Brief an Grünhagen, der bereits einen Einblick in Fontanes Umgang mit der Sinnlichkeit gegeben hat, legt die Vermutung nahe, daß diese das geheime Thema der *Cécile* ist.⁷¹ Die Unterdrückung der Sexualität, ihre Verdrängung aus dem Bereich des Sagbaren, die im 19. Jahrhundert einen Höhepunkt erreicht,⁷² führt zu einem Sprechen in Andeutungen, zur Ausbildung einer Sprache, die, da sie das Sexuelle nicht benennen darf, andere Sachverhalte sexualisiert.[73] Dies geschieht exemplarisch in *Cécile*.[74]

Bereits der Anfang des Romans bestätigt diese These. Das erste Kapitel zeigt Cécile und ihren Mann St. Arnaud auf der Zugfahrt in den Harz. Betont wird vor allem der Altersunterschied zwischen den Ehepartnern, die gestörte Kommunikation zwischen beiden – das Gespräch ist stockend und bricht immer wieder ab – und die gespannte Atmosphäre zwischen ihnen – kurz, die Beziehung scheint nicht besonders glücklich zu sein. Cécile, die als Rekonvaleszentin eingeführt wird, verhält sich weitgehend passiv; sie läßt sich von ihrem Mann umsorgen und unterhalten, ohne ihm jedoch viel Aufmerksamkeit entgegenzubringen. Offensichtlich leidend und ruhebedürftig, wirkt sie fast die ganze Fahrt über apathisch und in sich versunken; lediglich die am Zugfenster vorbeigleitende Landschaft scheint bisweilen ihr Interesse zu wecken.

So kommen sie, gleich zu Beginn der Fahrt, an einem „am Fluß hin gelegenen Stadtteil" (8) vorbei. Es ist noch früh, der Morgennebel beginnt sich gerade zu lichten, und den Reisenden wird ein „Einblick in die Rückfronten der Häuser und ihre meist offenstehenden Schlafstubenfenster" geboten. Da St. Arnaud mit dem Kartenstudium beschäftigt ist und sich sonst niemand im Abteil befindet, kann es nur Cécile sein, die diesen Einblick nimmt. „Merkwürdige Dinge wurden da sichtbar", heißt es weiter; was es eigentlich ist, verschweigt der Erzähler. Aber die „offenstehenden Schlafstubenfenster" eröffnen einen breiten Assoziationsraum. Angesiedelt in einem kleinbürgerlich-proletarischen Milieu, wird die ganze Szene mit der Vorstellung von etwas Anrüchigem und Schmutzigem verbunden, die im weiteren Verlauf noch verstärkt wird:

> Am merkwürdigsten aber waren die hier und da zu Füßen der hohen Bahnbögen gelegenen Sommergärten und Vergnügungslokale. Ein Handwagen mit eingeschirrtem Hund hielt vor einem Kellerhals, und man sah deutlich, wie Körbe mit Flaschen wieder hinausgetragen wurden. In einer Ecke stand ein Kellner und gähnte (8).

Eine solche Beschreibung, für den Ablauf der Handlung scheinbar unwichtig und deshalb leicht als langweilig empfunden, ist nicht etwa Selbstzweck, sondern hat, wie alle Landschafts- und Milieuschilderungen bei Fontane, eine wichtige Funktion für die Gestaltung der Personen und ihrer Beziehungen untereinander.

In dem kleinbürgerlich-proletarischen Milieu werden lauter Merkwürdigkeiten „sichtbar", mit denen sich die Vorstellung von Ausgelassenheit, Spaß und derber Sinnlichkeit verbindet. Doch was ist das Merkwürdige an diesen Dingen? „Man sah deutlich", betont der Autor – was sah man (bzw. Cécile) denn eigentlich? Einen „Kellerhals", „Körbe", „Flaschen", die „hinein- und hinaus"gingen – Gegenstände und Bewegungen, die der Beschreibung einen versteckt erotischen Charakter verleihen.

Der Erzähler bereitet hier jene „Gewitterschwüle" vor, die, seiner eigenen Aussage zufolge, die Atmosphäre des Romans im ganzen prägt[75] und die ganz wesentlich mit der Person Céciles zusammenhängt. Diese Gewitterschwüle verstärkt sich im Fortgang des Textes. Die Szenerie der Sommergärten und Vergnügungslokale wird abgelöst durch ein neues Bild:

> Bald aber war man aus dieser Straßenenge heraus, und statt ihrer erschienen weite Bassins und Plätze, hinter denen die Siegessäule halb gespenstisch aufragte. Die Dame wies kopfschüttelnd mit der Schirmspitze darauf hin und ließ dann an dem offenen Fenster, wenn auch freilich nur zur Hälfte, das Gardinchen herunter (8).

Unklar bleibt, weshalb Cécile so reagiert. Ist es die Siegessäule als politisches und militärisches Symbol, mit dem sie als Frau nichts zu schaffen hat? Ist es der Monumentalismus des Denkmals oder seine Häßlichkeit, die sie abstößt? Oder nimmt sie die Siegessäule als sexuelles Symbol wahr? Der Kontext der ganzen Szene legt das Letztere nahe, läßt es zumindest nicht unbegründet erscheinen. Wichtig jedoch und kennzeichnend für sie ist die Zwiespältigkeit ihrer Reaktion, die halb Zuwendung (sie „wies darauf hin"), halb Ablehnung („kopfschüttelnd"), halb Abscheu (sie „ließ das Gardinchen herunter"), halb Neugier („freilich nur zur Hälfte") ist.

Diese Szene kann als Auftakt gesehen werden zu einer den ganzen Text durchziehenden unterschwelligen Erotisierung Céciles, die, weil sie Sexualität und Sinnlichkeit als etwas äußerst Zwielichtiges erscheinen läßt, einen diffamierenden Charakter hat. Sexualität und Schmutz verbinden sich zu einer Einheit, von der sich Cécile – ganz Dame – nach außen hin distanziert und abwendet, die aber insgeheim eine große Anziehungskraft auf sie ausübt. Im Verlaufe des Textes wird in subtiler Weise der Eindruck vermittelt, daß diese Faszination ihrem Wesen entspricht, daß sich unter der marmornen Starre der Nervenleidenden, unter der Oberfläche aus Abgespanntheit und Müdigkeit ein Wesen mit sinnlich-sexuellen Bedürfnissen und Ansprüchen verbirgt.

So präsentiert der Autor seine Figur den ganzen Roman hindurch in einer Weise, die sie zum ständigen Mittelpunkt des (erotischen) Interesses macht. Immer wieder erscheint sie auf Balkons und Terrassen, wo sie neugierigen und bewundernden Blicken ausgesetzt ist; die Landschaft liegt ihr ebenso zu Füßen wie der Hund „Boncoeur"; Rosenblätter sinken vor ihr nieder, und Schmetterlinge umschwärmen sie. Cécile genießt dies alles als selbstverständliche „Huldigung" und wird darin von St. Arnaud bestärkt. Schon im ersten Kapitel, als der Zug in den Harz einfährt, bemerkt dieser: „Sieh Cécile, [...] ein Teppich legt sich dir zu Füßen, und der Harz empfängt dich à la Princesse. Was willst du mehr?" Daraufhin belebt sich die vorher ermattete und geistesabwesende Cécile, „sie richtete sich auf und lächelte" (11). Ähnliche Szenen kehren häufig wieder. Fast immer „abgespannt, wenn irgend etwas, das nicht direkt mit ihrer Person oder ihren Neigungen zusammenhing, eingehender besprochen wurde" (36), belebt sich Cécile sofort, wenn das Gespräch eine „pikante", sprich erotische Wendung nimmt. Die „schöne Frau", wie sie stereotyp bezeichnet wird, deren Schönheit in ihrer Leblosigkeit an eine Marmorstatue erinnert, wird immer dann lebendig, wenn sie als erotischer Blickfang das Interesse auf sich lenkt und wenn ihr mit Komplimenten gehuldigt wird.

Freilich genügen Cécile die Huldigungen der belebten und unbelebten Natur nicht, ebensowenig wie die ihres Mannes, dessen schmeichelnde Worte ihr zwar „wohltaten, im übrigen aber doch wenig bedeuteten" (10). Und so hängt denn ihr Auge, als sie am ersten Morgen ihres Ferienaufenthalts mit Arnaud auf dem Hotelbalkon sitzt, „mit nur geteiltem Interesse" an dem sich vor ihr ausbreitenden Landschaftsbild. Mit dem anderen Auge hält sie Ausschau nach weiteren Huldigungen; sie setzt sich bewußt so, „daß man von der anderen Seite des Balkons her ihr schönes Profil sehen mußte" (12). Der Erfolg bleibt nicht aus. Gordon, ihr späterer Verehrer, der seine Leidenschaft für sie am Ende des Romans mit dem Leben bezahlen muß, wird aufmerksam und grüßt mit „besonderer Devotion", worauf sich Cécile „belebt und erheitert" (13).

Diese erste Begegnung zwischen Gordon und Cécile ist eingebettet in ein Motiv, das auf den erotischen Gehalt der ganzen Szene hinweist und sie anspielungsreich mit Céciles Vergangenheit als Fürstenmätresse verknüpft. Cécile macht nämlich St. Arnaud auf zwei Schwalben aufmerksam, die miteinander haschen und spielen. Sie schließt daran die Vermutung: „Vielleicht sind es Geschwister, oder vielleicht ein Pärchen", worauf Arnaud in überraschender Härte und Bitterkeit entgegnet: „Oder beides. Die Schwalben nehmen es nicht so genau. Sie sind nicht so diffizil in diesen Dingen" (13). Cécile spürt die Anspielung auf sich selbst sehr deutlich. Auch sie war als Fürstengeliebte „nicht so diffizil in diesen Dingen" und nimmt es auch jetzt „nicht so genau", wenn sie während eines Gespräches mit ihrem Ehemann nach Verehrern Ausschau hält. Arnauds Worte haben sie entblößt. Ihr Gesichtsausdruck verändert sich zwar nicht, aber sie fröstelt, zieht ihr Tuch über die Schultern und drängt zum Aufbruch. Erst als sie beim Verlassen des Balkons den bewundernden Gruß von Gordon wahrnimmt, verzichtet sie auf die Ruhepause, die ihr eben vorher noch so notwendig erschienen war, und geht mit ihrem Mann in den Park, um die Stelle zu suchen, „wo die Schwalben nisten"; sie hat sich „den Baum gemerkt" (13).

In einer solchen scheinbar nebensächlichen Szene macht der Autor die erotisierte Atmosphäre zu Céciles Lebenselixier und läßt Koketterie und eine gewisse Frivolität als ihre entscheidenden Wesenszüge erscheinen.

3.2 „Weiß oder rot". Das gespaltene Frauenbild

Im Gegensatz dazu erscheint Céciles sonstiges Verhalten. Sie gibt sich ganz als Dame, achtet streng auf gesellschaftliche Formen und die Einhaltung von Grenzen des Anstands. Sie trägt schwarze, vermutlich hochgeschlossene Kleidung, wirkt leidend, leicht apathisch und überanstrengt, gibt sich also alles andere als aufreizend. Sie erscheint als eine Vorwegnahme jenes Typus der *femme fragile* der Jahrhundertwende, als eine „Vertreterin der erschöpften Aristokratie",[76] in der Kränklichkeit und Schönheit zu einer morbiden Einheit verschmelzen. Gerade dieser Gegensatz[77] ist es, der Gordon reizt und der ihn, noch bevor das erste Wort zwischen beiden gefallen ist, zu wilden Spekulationen über sie veranlaßt, die in dem Resümee gipfeln: „Jetzt hab' ich es: Polin oder wenigstens polnisches Halbblut. Und in einem festen Kloster erzogen: ›Sacré coeur‹ oder ›Zum guten Hirten‹" (15).

Dieses Bild enthält zwei gegensätzliche Bestimmungen: die im 19. Jahrhundert weit verbreitete Klischeevorstellung von der mit besonderen erotischen Reizen ausgestatteten Polin, deren Sinnlichkeit und sexuelle Freizügigkeit geradezu sprichwörtlich war, und die Vorstellung einer auf Keuschheit und Reinheit bedachten Klostererziehung, deren oberstes Ziel die Unterdrückung von Sinnlichkeit war. Während also in der männlichen Phantasie die Sexualität für die eine Frau fast zum alleinigen Wesensmerkmal gemacht wird, wird sie aus dem Wesen und dem Leben der anderen Frau völlig verbannt. Damit werden zwei Extreme markiert: die „Hure" und die „Heilige". In beiden drückt sich eine abwehrende Haltung gegenüber der Sexualität aus. Im Bilde der „Heiligen" wird sie geleugnet, in dem der „Hure" verdammt und herabgewürdigt. In dieser „Männerphantasie" offenbart sich ein gespaltenes Frauenbild, das allerdings mehr über männliche Wünsche und Ängste aussagt als über die Realität von Frauen. Es ist Ausdruck für das ambivalente Verhältnis zur eigenen und zur weiblichen Sexualität. Die Unterdrückung der sexuellen Wünsche führt dazu, daß diese, abgedrängt in den Bereich des Verbotenen, sich ins Riesenhafte auswachsen und Gestalt annehmen in der Phantasiefigur einer nur aus Sinnlichkeit bestehenden „roten Frau",[78] die, gerade weil sie so ausschließlich auf ihre Sexualität reduziert ist, gleichzeitig zur *femme fatale* wird, welche die Männer zu verschlingen droht. Angst und Abwehr sind die Reaktion auf diese Bedrohung, und deshalb wird das „polnische Halbblut" hinter feste Klostermauern verbannt. Die reine Jungfrau, die „weiße Frau", die *femme fragile* wird als Gegenbild aufgebaut, das vor der Gefahr der roten schützen soll.

Gordon selbst drückt seine widerstreitenden Gefühle und Hoffnungen in bezug auf Cécile in einer Rot-Weiß-Metaphorik aus, an der Theweleit seine Freude hätte: „Hoffnungen – ideales Wort, das für meine Wünsche, wie sie nun mal sind oder doch waren, nicht recht passen will. Aber müssen denn Hoffnungen immer ideal sein, immer weiß wie die Lilien auf dem Felde? Nein, sie können auch Farbe haben, rot wie der Fingerhut, der oben auf den Bergen stand. Aber weiß oder rot, weg weg!" (161/2) Die zugespitzte Frage „weiß oder rot" ist nicht nur eine Frage nach dem Charakter der eigenen Wünsche und Phantasien. Hinter ihr verbirgt sich eine Spaltung der Frau in „weiß" und „rot". Gordon selbst ist hin- und hergerissen zwischen diesen beiden Polen. Auf der einen Seite drängt es ihn zu Cécile, auf der anderen Seite flieht er vor ihr. In seinen Träumen setzt sich diese Ambivalenz fort; Cécile erscheint ihm als „Nebelbild", das „ihn aus weiter Ferne zu grüßen und doch zugleich auch abzuwehren schien" (162). In diesem Spannungsfeld von Faszination und Abwehr gewinnt die Spaltung des Frauenbilds, der „Knacks", wie Fontane sagt, seine Bedeutung.

Schon in der Namensgebung „Cécile" wird die Spaltung angedeutet. Cécile selbst spielt auf die heilige Cäcilie an; die französische Schreibweise ihres Namens schafft aber einen Abstand und signalisiert einen Unterschied zu ihrer „Namensschwester" (82). Daß gerade Namen Assoziationen eröffnen und eine „Bedeutung" haben, zeigt das Gespräch zwischen Gordon und Cécile über die Namen „Klothilde" und „Mathilde",[79] die „Solidität" verheißen, aber für eine „Geliebte" nicht zu passen scheinen.[80] So hält es Gordon für unmöglich, daß er sich „jemals in eine Klothilde verlieben" (82) könnte.

Deutlicher als in solcher Namensspielerei wird die Spaltung des Frauenbilds in folgendem Dialog, der von Cécile eröffnet wird:

„Das lila Beet da, das sind Levkoien, nicht wahr?"
„Und das rote", fragte Rosa, „was ist das?"
„Das ist ›Brennende Liebe‹."
„Mein Gott, so viel."
„Und doch immer noch unter der Nachfrage. Muß ich Ihnen sagen, meine Gnädigste, wie stark der Konsum ist?"
„Ah", sagte Cécile mit etwas plötzlich Aufleuchtendem in ihrem Auge ... (40/1).

In den Farben der Blumen, lila als sakrale Farbe und rot für die Liebe, symbolisieren sich wiederum die Vorstellungen von der asexuellen und der sexuellen Frau. Cécile gibt vor, sich für die lila Levkojen zu interessieren, aber bei der Erwähnung der roten ‚Brennenden Liebe' läßt der Autor Céciles Augen aufleuchten. Damit bestimmt er Liebe und Sexualität zu ihrer wahren Natur. Durch Céciles Reaktion, die „den sie scharf beobachtenden Gordon [. . .] über ihre ganz auf Huldigung und Pikanterie gestellte Natur aufklärte" (41), gewinnt das vorangegangene Gespräch über die Blumen, das zunächst wie eine harmlose Plauderei erscheint, seine Bedeutung als Anspielung auf Cécile, deren Huldigungssucht beweist, daß ihre „Nachfrage" ebenso wie ihr „Konsum" immens ist.

Eine ähnliche Verwendung der Blumen- und Farbsymbolik finden wir an einer anderen Stelle. Cécile sitzt mit St. Arnaud auf einer schattigen Bank im Park. Ein Windstoß treibt eine Wolke von Rosenblättern auf sie zu. Arnaud weist sie darauf hin: „im selben Augenblick sanken die herangewehten Blätter, denen das Fliedergebüsch den Durchgang wehrte, zu Füßen der schönen Frau nieder" (59). Noch stärker als durch das plötzliche Aufleuchten ihrer Augen in dem Gespräch über die ‚Brennende Liebe' arbeitet der Autor hier Céciles ganz auf Huldigung und Liebe gestellte Natur heraus und gibt einen Hinweis auf ihr zwiespältiges Wesen. Die Rosenblätter tragen den Sieg über den (lila oder weißen) Flieder davon, der ihnen vergeblich den Zugang verwehrt. Für Cécile hat die ganze Szene eine „gute Vorbedeutung"; sie bückt sich sogar nach einem der Rosenblätter, „um es auf ihre Lippen zu legen" (59).

Besonders auffällig ist die Zwiespältigkeit von Cécile in ihrem Verhalten Gordon gegenüber. Nachdem dieser von ihrer Vergangenheit erfahren hat, macht er ihr offene Anträge und wirbt heftig um sie. Céciles Reaktion ist in ihrer Ambivalenz sehr aufschlußreich: „Sie sog jedes Wort begierig ein, aber in ihren Augen, darin es von Glück und Freude leuchtete, lag doch zugleich auch ein

Ausdruck ängstlicher Sorge. Denn ihr Herz und Wille befehdeten einander" (156). Verbal wehrt sie Gordon ab, wie es sich für eine tugendhafte Ehefrau gehört; doch der Autor beschreibt eine andere mimische Reaktion, die das Gesagte als Lippenbekenntnis erscheinen läßt. Ähnlich widersprüchlich verhält sie sich in einem anderen Gespräch mit Gordon. In einer langen Rede hält sie ihm ihr Gefühl von Pflicht entgegen, das sie angesichts des Todes eines Mannes, der von Arnaud im Duell getötet worden ist, entwickelt habe. Aber während sie von Tugend und Pflicht spricht, hält sie die ganze Zeit Gordons Hand. Wenn man sich vergegenwärtigt, daß das Händehalten – abgesehen von dem Handkuß auf dem gemeinsamen Ausritt im Harz (104) – der höchste Ausdruck an Intimität ist, der zwischen Cécile und Gordon beschrieben wird und im Kontext des Romans fast einem Ehebruch gleichkommt, kann man Céciles Beteuerung von Pflichterfüllung und Demut kaum noch ernst nehmen.

Durch solche Strategien läßt der Autor hinter der „Heiligen" die „Hure" zum Vorschein kommen. Alle ihre Versuche, als ehrbare Frau zu erscheinen, entlarvt der Autor als Fassade; sie bleiben, ähnlich wie die Goldbronze der Gitter, vor die er sie häufig stellt, stets als Überzug erkennbar.

In besonders krasser Weise findet diese Entlarvung während der Schloßbesichtigung statt, die das Ehepaar Arnaud mit seinen neugewonnenen Freunden unternimmt. Schon die Entscheidung, was zuerst besucht werden soll, Schloß oder Kirche, die im übrigen „dicht beieinander" (40) liegen, bekommt durch die breite und umständliche Schilderung ein großes Gewicht und wird in dem grotesken Wettstreit zwischen Kastellan und Küster, „die zwar nicht mit haßentstellten, aber doch immerhin mit unruhigen Gesichtern abwarteten, nach welcher Seite hin die Schale sich neigen würde" (42), noch einmal ins Parodistische verzerrt.

Dies weist darauf hin, daß es um mehr geht als um den im Grunde eher langweiligen Besuch einer Sehenswürdigkeit. Das Ausflugsprogramm wird wie ein „Schlachtplan" (40) angegangen; es scheinen schwere Kämpfe bevorzustehen. Und tatsächlich tun sich die Ausflügler schwer: „Besichtigung von Schloß und Kirche, so lautete das Programm, *das* stand fest, und daran war nicht zu rütteln. Aber was noch schwebte, war die Prioritätsfrage" (42). Die Entscheidung treffen – natürlich – die Männer: „Endlich entschied der Oberst mit einem Anflug von Ironie dahin, daß Herrendienst vor Gottesdienst gehe, welchem Entscheide Gordon in gleichem Tone hinzusetzte: ›Preußen-Moral! Aber wir sind ja Preußen‹" (42).

Dieser Vorgang, der dadurch, daß er von Rosa „scharf beobachtet und mit Künstlerauge gewürdigt" wird, noch an Bedeutsamkeit gewinnt, macht die Spaltung der Frau in „Hure" (Schloß) und „Heilige" (Kirche) noch einmal besonders augenfällig, ebenso den Konflikt, in den dieses gespaltene Frauenbild die Männer stürzt, die sich daraus offenbar nur mit soldatischer Haltung befreien können.

Die nachfolgende Besichtigung des Schlosses wird zum Desaster für Cécile. Alles, was die Besucher sehen und was gesprochen wird, spielt auf ihre Vergangenheit als Mätresse an. Das leere, von Schätzen ausgeraubte Schloß wird zum

Sinnbild ihrer selbst. Ein verschwundener Kristallspiegel (45), ein „Denkmal für Hundetreue" (46), die „Galerie beturbanter alter Prinzessinnen" (47) mit dem Bild der schönen Aurora – der Geliebten von August dem Starken, die später Äbtissin wurde – alles bezieht sich mehr oder weniger deutlich auf Cécile, die zuerst „verwirrt" (46) und schließlich, nach dem scharfen Angriff Gordons gegen die Mätressenwirtschaft an deutschen Höfen, wie „gelähmt" (48) ist. St. Arnaud allein weiß, was in ihr vorgeht; er öffnet fürsorglich die Fensterflügel und sagt, „während die frische Luft einströmte", zu seiner Frau: „Du bist angegriffen, Cécile. Ruh dich", worauf diese seine Hand nimmt, sie „wie dankbar" drückt, „während es vor Erregung um ihre Lippen zuckte" (48).[81] Erst in der „prächtig kühlen Kirche" (49) kräftigt und erfrischt Cécile sich wieder.

3.3 „Und im Harze die Hexen". Cécile als „gefährlich-schöne Hexe"

Stärker noch als durch den ständigen Wechsel von Sexualisierung und Entsexualisierung, durch den Cécile als eine rätselhafte Mischung von „Hure" und „Heilige" erscheint, rückt der Autor Cécile durch ein Motiv ins Zwielicht, das den ganzen Text durchzieht. Gemeint ist das Motiv der Hexe.[82]

Es findet sich bereits in der Wahl des Schauplatzes, an dem der erste Teil des Romans spielt: Der Harz mit dem Blocksberg ist die traditionelle Hexengegend.[83] Wenn dieser gleich zu Beginn Cécile „huldigt" und sie wie eine Prinzessin empfängt, indem er ihr einen Blumenteppich „zu Füßen" (11) legt, so wird damit signalisiert: Hier ist ihr Revier. Und wenn der Erzähler, während das Ehepaar noch im Zug sitzt, hinter der Abteikirche von Quedlinburg den Brocken aufragen läßt, so setzt er damit im Gegensatz zu Berlin mit seiner ebenfalls aufragenden Siegessäule einen neuen symbolischen Akzent. Die Siegessäule, Sinnbild militärischer und männlicher Macht und damit beziehbar auf Arnaud, den „alten Militär" (7), wird abgelöst durch den Brocken, der eine Stätte mythisch-magischer Weiblichkeit symbolisiert.

Tatsächlich weist Arnaud seine Frau gleich am nächsten Tag, als sie auf dem Hotelbalkon sitzen, von dem aus sie einen direkten Blick auf den Brocken haben, auf den „Hexentanzplatz" hin und schlägt einen Ausflug dorthin vor. Cécile, gerade damit beschäftigt, ihr Profil für mögliche Verehrer ins rechte Licht zu rücken, nimmt Arnauds Vorschlag in sehr bezeichnender Weise auf: „Hexentanzplatz? [. . .] Wahrscheinlich ein Felsen mit einer Sage, nicht wahr? Wir hatten auch in Schlesien so viele; sie sind alle so kindisch. Immer Prinzessinnen und Riesenspielzeug. Ich dachte, der Felsen, den man hier sähe, hieße die Roßtrappe" (12). In dieser kurzen Bemerkung fallen einige wichtige Stichworte: Schlesien, Prinzessin und Riesenspielzeug erinnern an ihre Kindheit, aber auch an ihre Zeit als Mätresse. Unglaubwürdig erscheint allerdings, daß Cécile nichts von den Hexensagen, die sich mit dem Brocken verbinden, gehört haben will, dafür aber einen anderen, weniger bekannten Berg sogar mit Namen kennt.[64]

Daß dies jedoch kein *faux pas* des Erzählers, sondern ein zur Charakterisierung seiner Figur bewußt eingesetztes Stilmittel ist, wird deutlich, wenn man erfährt, was es mit diesem Felsen auf sich hat. Die Roßtrappe ist nämlich, wie Gordon in einem späteren Gespräch erklärt, das Gegenstück zum Brocken, und zwar ein „Rettungsterrain", eine „Zufluchtsstätte" (31):

> Sehen Sie dort [...] den Roßtrapp-Felsen? Die Geschichte seines Namens wird Ihnen kein Geheimnis sein. Eine tugendhafte Prinzessin zu Pferde, von einem dito berittenen, aber untugendhaften Ritter verfolgt, setzte voll Todesangst über das Bodetal fort, und siehe da, wo sie glücklich landete, wo der Pferdehuf aufschlug, haben wir die Roßtrappe (31/2).

Wenn Cécile also den Brocken mit der Roßtrappe verwechselt, so wehrt sie offensichtlich die Vorstellungen ab, die sich an den „Hexentanzplatz" knüpfen, und bezieht sich lieber auf das Motiv der verfolgten Unschuld, das sich mit der Roßtrappe verbindet.

In dem Gegensatzpaar ‚Brocken – Roßtrappe' kommt etwas Ähnliches zum Ausdruck wie in der Dichotomie Hure – Heilige. Wenn Cécile den Brocken meint, aber „Roßtrappe" sagt, so entspricht das der Szene, in der sie sich verbal auf die lila Levkojen bezieht, ihre Augen aber bei Erwähnung der roten ‚Brennenden Liebe' aufleuchten.

In einem Gespräch, an dem neben Cécile und Arnaud auch Gordon und Rosa beteiligt sind und in dem ein Habicht bei Rosa die Assoziation „Hexentanzplatz" (30) hervorruft, ist es Cécile, die dieses Stichwort aufnimmt und damit ein Gespräch über Hexen initiiert, bei dem sie zwar nur Zuhörerin bleibt, dem sie jedoch, nachdem sie ein anfängliches „leises Unbehagen" überwunden hat, mit „allerbester Laune" (32) folgt. Schon dieser äußere Rahmen zeigt, daß das Gespräch unmittelbar mit Cécile zu tun haben muß. Tatsächlich gibt ihre Bemerkung, sie höre das Wort „Hexentanzplatz" heute schon zum „dritten Male", dem Gespräch eine andere Wendung und provoziert Gordon zu einer regelrechten Hexenphantasie:

> [...] und im Harze die Hexen. Die Hexen sind hier nämlich Landesprodukt und wachsen wie der rote Fingerhut überall auf den Bergen umher. Auf Schritt und Tritt begegnet man ihnen, und wenn man fertig zu sein glaubt, fängt es erst recht eigentlich an. Zuletzt kommt nämlich der Brocken, der in seinem Namen zwar alle hexlichen Beziehungen verschweigt, aber doch immer der eigentlichste Hexentanzplatz bleibt. Da sind sie zu Haus, das ist ihr Ur- und Quellgebiet. Allen Ernstes, die Landschaft ist hier so gesättigt mit derlei Stoff, daß die Sache schließlich eine reelle Gewalt über uns gewinnt, und was mich persönlich angeht, nun so darf ich nicht verschweigen: als ich neulich, die Mondsichel am Himmel, das im Schatten liegende Bodetal passierte, war mir's, als ob hinter jedem Erlenstamm eine Hexe hervorsähe (31).

In ihrer Antwort entlarvt Rosa Gordons Ausführungen als Männerphantasie:

> Hübsch oder häßlich? [...] Nehmen Sie sich in acht, Herr von Gordon. In Ihrem Hexenspuk spukt etwas vor. Das sind die inneren Stimmen (31).

Gordons „innere Stimmen" drücken seine Vorstellungen über Frauen aus; von bestimmten Frauen geht für ihn offensichtlich eine Bedrohung aus. Worin diese liegt, läßt sich aus Rosas Formulierung von der „gefährlich-schönen Hexe" (32) schließen. Gefährlichkeit und Schönheit sind zu einem Begriff zusammengenommen; es ist die Schönheit, die gefährlich ist. Was die Frau zur „Hexe" macht und hinter der Schönheit steht, ist ihre Sexualität, die als übersteigert, destruktiv und von daher als mächtig und bedrohlich empfunden wird.

Doch „wo die Gefahr liegt, liegt auch die Rettung" (32), sagt Gordon und erzählt die schon erwähnte Geschichte von der Roßtrappe. Sicher nicht ohne Absicht spricht er von einer „tugendhaften Prinzessin" und einem „untugendhaften Ritter". Rosa dreht die Geschichte um:

> Aber wenn ein Ritter und Kavalier von einer gefährlich-schönen Prinzessin oder auch nur von einer gefährlich-schönen Hexe, was mitunter zusammenfällt, verfolgt wird, da tut der Himmel gar nichts und ruft nur sein aide toi même herunter (32).

Damit wird sehr direkt auf Cécile angespielt, die es als „gefährlich-schöne Prinzessin" auf Gordon, den „perfekten Kavalier" (57), abgesehen hat. Für diese Deutung gibt es zahlreiche Belege. So gibt ihr beispielsweise Arnaud in schmeichelhafter Absicht den Ehrentitel „Princesse" (11). Gordon assoziiert bei ihrem Anblick „kleiner Hof" (55), ihre Mutter hat sich nach dem Tode ihres Mannes verhalten wie eine „Königinwitwe" (149), und nicht zuletzt ruft der Gedanke an Schlesien bei Cécile sofort die Vorstellung von „Prinzessin" (12) wach – ihre Karriere bei Hofe zeigt, daß ihre Ambitionen eindeutig in diese Richtung gehen.

Auch Arnaud phantasiert Cécile als Hexe, wenn er auf einem nächtlichen Ritt angesichts eines Wegweisers „Nach dem Hexentanzplatz" – offenbar tanzende Hexen vor sich sehend – seine Frau fragt: „Wollen wir einen Contre mitmachen?" (105). Seine anschließende Frage „Oder bist du für Extratouren?" ist nicht ohne Brisanz, wenn man berücksichtigt, daß es kurz vorher zu der im ganzen Text intensivsten Annäherung zwischen Gordon und Cécile gekommen ist. Arnaud ist in der „Laune, sich gehenzulassen" – und tatsächlich geht seine Phantasie mit ihm durch:

> Sieh nur, wie das Mondlicht drüben auf die Felsen fällt. Alles spukhaft; lauter groteske Leiber und Physiognomien, und ich möchte wetten, alles was dick ist, heißt Mönch, und alles was dünn ist, heißt Nonne. Wahrhaftig, Herr von Gordon hatte recht, als er den ganzen Harz eine Hexengegend nannte (105).

Arnaud denkt hier offenbar an das Treiben auf dem Hexensabbat, dem jährlichen Zusammentreffen der Hexen auf dem Blocksberg, bei dem, wie sich der Volksglaube ausmalte, orgiastische Feste gefeiert wurden und es zur geschlechtlichen Vereinigung zwischen Hexen und Teufel kam. Zahlreiche bildliche Darstellungen dieses Festes beweisen, wie das hemmungslose Ausleben von Lust zugleich mit einer Vorstellung des Häßlichen, Ekelerregenden besetzt ist. Solche sexuelle

Orgie scheint es zu sein, die Arnaud phantasiert. Damit wird zugleich ein (kritisches) Licht auf seine sexuellen Vorstellungen geworfen.

Durch die Bezeichnung „Mönch" und „Nonne" gibt er nicht nur einen Hinweis auf die Doppelmoral der Kirche, die Hexenverfolgung und sexuelle Ausschweifungen durchaus miteinander verbinden konnte, sondern er spielt damit zugleich auf Céciles Vergangenheit an, die als Mätresse ihre „glücklichsten Tage" in unmittelbarer Nähe von ‚Jungfrau', ‚Eiger' und ‚Mönch' verbracht hat (76).

Nicht immer wird die Hexensymbolik so deutlich wie in dieser Szene. Viele Hinweise erfolgen *en passant*. Doch ist das Hexenmotiv in dem „idealen Pfefferkuchenhaus" (62), über das der Emeritus räsonniert, in den „zwei kleinen Bogen mit Hexentanzplatz und Roßtrappe" (51), auf denen Gordon seine Schwester Klothilde um Nachforschungen über Cécile bittet, und in den „kreuzartig" durchstochenen Rosinen (150), die Céciles Mutter für die Familie in ritueller Art und Weise zubereitet, ebenso gegenwärtig wie in Rosas Nachnamen „Hexel" (140), über den geschertzt wird. Sicherlich sollte man sich hüten, solche Anspielungen überzubewerten; sie tragen jedoch dazu bei, die Hexenthematik wachzu halten und schaffen eine Atmosphäre der untergründig lauernden Gefahr.

Doch „wo die Gefahr liegt, liegt auch die Rettung" (32) – wie Gordon so schön sagt. Und ebenso wie es zum Brocken die Roßtrappe gibt, gibt es zum gesamten Thema „Hexe" ein Gegenthema: die Askanier.

Hexenphantasien werden ausschließlich von Gordon und Arnaud geäußert. Der Emeritus und der Privatgelehrte – schon durch ihr Alter und ihre Sonderlichkeit in einen Bereich jenseits von Gut und Böse gestellt – geraten angesichts des Harzes in hitzige Debatten über die Askanier und insbesondere über Albrecht den Bären und greifen damit auf eine zweite wichtige Vorstellung zurück, die sich im volkstümlichen Verständnis des 19. Jahrhunderts mit dem Harz verbunden hat. Schon im Verlauf des 18. Jahrhunderts, nicht zuletzt durch die Hermannsdramen Klopstocks, der in *Cécile* übrigens mehrmals erwähnt wird, fand eine Verschiebung in den Vorstellungen statt.[85] Neben die Vorstellung vom Harz als Hexengegend, die vor allem auf das Brocken-Buch von Praetorius (1669) zurückging, trat die vom Harz als germanischer Kultstätte. So hat der Privatgelehrte Eginhard bei einem Spaziergang mit Cécile völlig andere Assoziationen angesichts der Harzlandschaft als Gordon oder Arnaud: „Hier an dieser gesegneten Harzstelle predigt alles Kaisertum und Kaiserherrlichkeit" (69). Eginhard spricht vom „ewigen Kyffhäuser", von Kaiser Barbarossa, von Heinrich I., von Otto I. und der Kaiserpfalz; er findet also im Harz „Kaisererinnerungen auf Schritt und Tritt" (69). Anders jedoch als das von „Pikanterie" geprägte Gespräch über Brocken und Roßtrappe, das Cécile in „allerbeste Laune" (32) versetzt, langweilt sie der begeisterte Vortrag von Eginhard über den ‚germanischen Harz' fast zu Tode.

Sehr ironisch arbeitet Fontane das Desinteresse Céciles an den Ausführungen des Privatgelehrten heraus und weist damit zum einen wieder einmal darauf hin, daß sie nur Interesse an Dingen hat, die sie unmittelbar betreffen. Zum anderen bringt er Cécile indirekt auch durch dieses scheinbar so abgelegene Gespräch über den Harz und seine Bedeutung in eine versteckte Verbindung zu dem sie eigentlich interessierenden Thema – den Hexen.

In all diesen Textstellen wird unterschwellig suggeriert, Cécile sei eine Hexe, ausgestattet mit unheilbringender Macht für Männer. Wer sich näher mit ihr einläßt, den stürzt sie ins Unglück. Nicht nur Dzialinskys und Gordons Tod hängen mit ihr zusammen; auch St. Arnaud hat sie Unglück gebracht; denn er mußte ihretwegen seine militärische Karriere aufgeben, neun Monate im Gefängnis sitzen und schließlich ins Ausland gehen.

In der Beziehung zu Gordon wird Cécile als Hexe vorgeführt. In zahlreichen Anspielungen wird die Gefahr und Bedrohung, die sie für Gordon darstellt, deutlich. Cécile zieht ihn in ihren ‚Bann'. In ihrer Gegenwart ist er zunehmend nicht mehr Herr seiner selbst. Es geschieht etwas mit ihm, was außerhalb seiner Entscheidung liegt. „Etwas Bestrickendes [ist] um sie her, und diesem Zauber [ist er] hingegeben" (158). So nimmt sie einen großen Teil seiner Gedanken gefangen. Wenn sie nicht da ist, zählt er die Stunden, bis er sie sieht. Er hat ihr Bild ständig vor Augen. Die Verwirrung und Unruhe, die Cécile in sein Leben bringt, ist angsterregend und bedrohlich. Auch im Gespräch zwischen Cécile und Gordon wird die Gefährlichkeit der Beziehung betont: „Trennung oder das Schlimmere bricht herein" (160). Das „Schlimmere" wäre, wenn sich die Beziehung als sexuelle realisierte. Diese Gefahr läßt der Erzähler Cécile selbst beschwören. Die Vision von Gordon im „glühroten Schein" (126) unter der Blutbuche deutet sie dem Hofprediger gegenüber als Vorbedeutung und Warnung. In diesem Bilde sexualisiert sie Gordon und sieht ihn dadurch in großer Gefahr schweben. Sie ist es, die ihn in Gefahr bringt. Hier übernimmt Cécile die Zuschreibung der Hexenrolle für sich selbst. Der Erzähler schafft in subtiler Weise den Eindruck, daß die Hexen-Vorstellung nicht nur eine Männerphantasie ist, sondern er macht das Hexenhafte zur Wesensbestimmung von Cécile.

Ein weiteres Mittel, das Hexenhafte an Cécile herauszustellen, ist die Erwähnung des ‚roten Fingerhuts' an verschiedenen Stellen des Romans, die über dies Motiv in Verbindung gesetzt werden. Zuerst wird der ‚rote Fingerhut' im Gespräch über Hexen erwähnt. ‚Roter Fingerhut' als Bild genommen – optische Anlockung durch die rote Farbe und todbringendes Gift zugleich – zeigt eine inhaltliche Übereinstimmung mit dem Hexenbild. Cécile ist ähnlich gefährlich wie der rote Fingerhut, der im Harz „überall auf den Bergen umher" (31) wächst. Anlockend rot, beherbergt er ein tödliches Gift, vergleichbar Cécile, deren Schönheit für Männer zur tödlichen Falle wird. In Berlin beschwören Gordon und Cécile über den ‚roten Fingerhut' den Moment ihrer intimsten Annäherung und zugleich ihre geheimen Wünsche nach Liebe und Sexualität:

> Sie müßten es wieder blühen sehen, rot und lebendig wie damals, als wir über die Felsen ritten und der helle Sonnenschein um uns her lag. Und dann abends das Mondlicht, das auf das einsame Denkmal am Wege fiel. Unvergeßlicher Tag und unvergeßliche Stunde (156).

Der rote Fingerhut ist Symbol für die Sinnlichkeit, die Männer anlockt, ihnen Glück verheißt, aber den Tod bringt. Aber auch Cécile wird ein Opfer des Giftes, mit einer Überdosis Digitalis gibt sie sich selbst den Tod.

4. „Bilder und immer wieder Bilder". Fontanes Kritik und Reproduktion des herrschenden Frauenbildes

In der „gefährlich-schönen Hexe" (32) Cécile aktualisiert Fontane eine uralte Männerphantasie: das dämonische Naturwesen ‚Frau', deren Sexualität und magische Kraft die Männer verzaubert und ins Verderben stürzt. Die Hexenmotivik ist übrigens nicht beschränkt auf die *Cécile*. Sie findet sich auch in der *Effi Briest*, dem Seitenstück zu *Cécile*, enthalten.[87] Aber auch mit der Hervorhebung der madonnenhaften Züge Céciles verbleibt Fontane im Klischee der Zeit. Tatsächlich ist ja die Madonna nur die andere Seite der Hexe, ihr Gegenpol.

> Der Versuch des Christentums, die Unterdrückung des Geschlechts ideologisch durch die Ehrfurcht vor dem Weibe zu kompensieren und so die Erinnerung ans Archaische zu veredeln anstatt bloß zu verdrängen, wird durch die Rancune gegen das erhöhte Weib und gegen die theoretisch emanzipierte Lust quittiert. Der Affekt, der zur Praxis der Unterdrückung paßt, ist Verachtung, nicht Verehrung, und stets hat in den christlichen Jahrhunderten hinter der Nächstenliebe der verbotene zwanghaft gewordene Haß gegen das Objekt gelauert, durch das die vergebliche Anstrengung stets wieder in Erinnerung gerufen ward: das Weib. Es hat für den Madonnenkult durch den Hexenwahn gebüßt.[88]

Zudem trägt Cécile gerade in ihrer angestrengten Madonnenhaftigkeit unverkennbar hysterische Züge. Ihre Nervosität, ihre Kränklichkeit erinnern an den Typus der *femme fragile* der Jahrhundertwende, dem übrigens auch Effi sehr genau entspricht. So wie *femme fatale* und *femme fragile*, für die beide Fontane große Sympathien hegte,[89] nur zwei Seiten einer gemeinsamen Vorstellung sind,[90] so sind auch Hexe und Hysterikerin nur zwei Pole ein und derselben Sache.[91] In der Hexe bricht die naturhafte Sinnlichkeit der Frau unmittelbar und zerstörerisch hervor; in der Hysterikerin ist sie verdrängt und bis zur Unkenntlichkeit entstellt. Die Hexe muß getötet werden, die Hysterikerin stirbt, wenn die Verdrängung der Sinnlichkeit vollständig gelungen ist.[92]

In den Typen der *femme fatale* und der *femme fragile*, der Hure und der Heiligen, der Hexe und Hysterikerin gestaltet Fontane die gängigen Frauenvorstellungen seiner Zeit.[93] Eine Besonderheit liegt lediglich in der Art, wie er die verschiedenen Vorstellungen vermischt und in eine Frau hineinprojiziert. Es stellt sich die Frage, in welcher Absicht sich Fontane, der bis heute als subtiler Kenner der Frauen und als ihr beredter Anwalt gilt, auf solche traditionellen Vorstellungen bezieht, deren reaktionärer Gehalt ganz eindeutig ist. Eine häufig vertretene These ist, daß Fontane die Bilder, unter denen Frauen wahrgenommen werden, aufzeigen und kritisieren wolle und daß darin seine eigentliche gesellschaftskritische Leistung liege.[94]

Und tatsächlich macht Fontane deutlich, daß es vorgefertigte Bilder sind, mit denen Männer Frauen begegnen, wenn er Gordon gleich nach der ersten Begegnung mit Cécile „polnisches Halbblut" und „sacré coeur" (15) assoziieren läßt. Noch deutlicher wird Fontane, wenn er durch Rosa Gordons Hexenphantasien als „innere Stimmen" (31) entlarvt. Und wenn Gordon nach der Entdeckung von Céciles Vergangenheit glaubt, sich nun ihr gegenüber Freiheiten erlauben zu können, so macht der Erzähler in der Art und Weise, wie er dessen Verhalten schildert, die Doppelmoral kenntlich, die sich dahinter verbirgt, und zeigt, daß Gordon keineswegs so frei von den (Vor-)Urteilen der Gesellschaft ist, wie es zuerst den Anschein hat. Und auch Arnaud, dessen unsympathische Züge der Text immer wieder hervorhebt, wird vom Erzähler ausdrücklich als sich gehenlassend kritisiert, als er seine Hexensabbat-Vorstellungen entwickelt (105).

Cécile ist von Bildern umstellt – nicht nur von denen, die die Männer in ihrer Phantasie entwerfen, sondern auch von realen Bildern, wie etwa dem Porträt der berühmten Mätresse Aurora. Wenn sie sich gegen die Besichtigung des letzteren „verstimmt und in beinahe heftigem Tone" mit den Worten wehrt: „Bilder und immer wieder Bilder. Wozu? Wir hatten mehr als genug davon" (49), so kann man darin auch eine unbewußte Abwehrhaltung gegenüber männlichen Zuschreibungen sehen.[95]

Auf diese Weise kritisiert Fontane die Bilder und Vorstellungen, die er seine Männer-Figuren entwerfen läßt. Doch bricht er damit das Denken in den Kategorien „weiß" und „rot" tatsächlich zugunsten einer ‚realistischen' Betrachtungsweise auf, die die Frauen sieht, „wie sie wirklich sind"? Zeigt er auf, welche Mechanismen von Benachteiligung und Unterdrückung Frauen bisher daran gehindert haben, eine ungebrochene Identität und Stärke zu entwickeln? Ergreift er Partei für die Frauen? Wendet er sich gegen die materielle und ideologische Gewalt einer Männergesellschaft, die auf der Herrschaft des Mannes über die Frau basiert? Nein: Durch seine Schreibstrategie reproduziert er genau das, was er seinen männlichen Figuren kritisiert. Durch die Konzeption der Figur ‚Cécile' erhalten die Phantasien der Männer eine innere Berechtigung und der Text eine Ambivalenz, auf dem ein Großteil des ästhetischen Reizes des Romans beruht.

Wenn Gordon die „Gesellschaftsdame", die nach „Baden-Baden oder Brighton oder Biarritz" paßt, als Mätresse eines Fürsten mit „kleinem Hof" (55) entlarvt, so vollzieht der Autor diese ‚Entlarvung' nicht nur als eine biographische, sondern als eine wesensmäßige. Daß diese Entlarvung einen diffamierenden Charakter hat, wird einmal mehr deutlich an der Symbolreihe der drei Gebäude, denen Cécile auf ihren Spaziergängen und Ausflügen im Harz begegnet: der Villa, dem Quedlinburger Schloß, dem Jagdschloß Todtenrode. Der Anblick dieser drei Gebäude löst bei Cécile eine betroffene Reaktion aus; sie rühren an etwas, was mit ihrer eigenen Person eng zusammenhängt. Alle drei Gebäude versprechen mit ihrer Fassade mehr und anderes, als sie in ihrem Innern halten.

Das Quedlinburger Schloß stellt sich als eine „wahre Musterniete" (43) heraus;

alle ehemaligen Kostbarkeiten sind daraus verschwunden. Das – jetzt verfallene – Jagdschloß Todtenrode, dem Cécile und Gordon auf dem Heimritt von Altenbrak begegnen, ist ein ehemaliges Liebesnest, und die Villa, an der Cécile auf ihrem Spaziergang zur Roßtrappe vorbeikommt und die auf sie wie das „verwunschene Schloß im Märchen" (23) wirkt, ist ein Platz, „daran Blut klebt" (24); sie ist eine „bloße Kulisse [...], was dahinter lauerte, war weder Friede noch Glück" (23). Die Villa „predigt" von der Sinnlosigkeit, sich ein „Idyll oder gar ein Glück von außen her aufbauen zu wollen" (23). Sinnlos sind auch Céciles Anstrengungen, sich ein Glück von außen her aufzubauen, sich den ‚Schein' des Ehrbaren zu geben; sie bleibt immer mit Laster, Blut und Tod in Verbindung wie diese drei Gebäude.

In einer Zeit, in der Frauen anfangen, sich aus ihren alten Rollen zu befreien, indem sie beispielsweise Berufe ergreifen, die ihnen bisher verschlossen waren, und dabei die Erfahrung machen, wie schwer es ist, den Wunsch nach kreativer, öffentlich anerkannter Arbeit mit dem Bedürfnis nach Liebe und Beziehungen zu vereinbaren, schafft Fontane mit Cécile ein Wesen, für das jede Art von Arbeit unvorstellbar ist; sie, die „ganz Weiblichkeit und Schwäche" (155) ist, scheint nur für die Liebe bestimmt zu sein; der einzig denkbare ‚Beruf' für sie ist der der Mätresse.

Mit der Gleichsetzung von Weiblichkeit und Schwäche rückt Fontane ein Weltbild wieder zurecht, das angesichts der Frauenbewegung und angesichts eigener Erfahrungen mit einer starken Mutter und Frau[96] ins Wanken geraten ist und wonach Männer stark und Frauen schwach zu sein haben. Die Stärke von Frauen stellt eine Bedrohung für das männliche Ich dar, das sich nur in der Abgrenzung von der Frau, nur als Herrschaft über sie konstituieren kann. Um also ein ‚richtiger', sprich starker Mann sein zu können, muß der Mann die Frau schwach und klein machen.

Fontane reagiert dieses Bedürfnis nach Stärke an einer Frauengestalt wie Cécile ab. Selber oft schwach und von psychischen Zusammenbrüchen bedroht, kann er diese Schwäche nicht als Bestandteil seiner männlichen Identität akzeptieren, sondern projiziert sie auf die Frau, macht sie zu deren Wesen. Dabei konstruiert er aber keine Person, die all das ausleben kann, was ihm verboten ist, bzw. was er sich selbst verbietet, sondern Liebe und Schwäche verbinden sich in der Frau zu einer tödlichen Einheit – für die Männer und für sie selbst. Weibliche Sexualität erscheint, sobald die Frau auf sie reduziert wird, als Bedrohung; die Frau erscheint als männerverschlingendes Ungeheuer, das es zu zähmen und abzuwehren gilt. Daß Fontane Cécile ein Nervenleiden zuschreibt, kann unter anderem als eine solche Abwehrstrategie gesehen werden,[97] die freilich erfolglos bleibt. Der Mann hat erst Ruhe, wenn die Frau vernichtet ist. Und so bringt er sie um. Und das nicht nur in Gedanken. Während der Hexenverfolgungen im Mittelalter gipfelte die männliche Aggression in der Tötung von Millionen Frauen. Und auch Fontane hat Cécile, indem er sie zur ‚Hexe' macht, zum Tode verurteilt. Ihre Schuld ist ihr Geschlecht, ihre Sexualität. Ein Entrinnen gibt es nicht. Sie „sitzt drin" und „kommt nicht wieder heraus".[98]

So bleibt der Gesellschaftskritiker Fontane, der einen klaren und scharfen Blick hat für die Schwächen und Lächerlichkeiten seiner Zeitgenossen, der ihre Heuchelei und die Doppelbödigkeit ihrer Moral anprangert, letzten Endes doch in den Vorstellungen seiner Zeit und seiner Gesellschaft befangen und wird zum Vollstrecker ihrer Ordnung an seinen Figuren.

ANMERKUNGEN

1 Die Interpreten haben immer wieder auf das distanzierte Verhältnis Fontanes zur Natur hingewiesen. So Max Tau, *Der assoziative Faktor in der Landschafts- und Ortsdarstellung Theodor Fontanes* (Oldenburg 1928) und Hubert Ohl, *Bilder, die die Kunst stellt. Die Landschaftsdarstellung in den Romanen Theodor Fontanes.* In: *Jahrbuch der deutschen Schillergesellschaft* 11 (1967), S. 469–483. Im Zusammenhang ihrer Untersuchung des Melusine-Motivs weist Schäfer auf die Faszinationskraft des Wassers hin und spricht von dem „leisen, dunklen Ton des Grauens, der zuweilen aus [Fontanes] Naturschilderungen dringt". Vgl. Renate Schäfer, Fontanes Melusine-Motiv. In: *Euphorion* 56 (1962), S. 74.
2 Hans-Heinrich Reuter, *Fontane* (München 1968). Siehe auch Ders., Die Frau im Erzählwerk Fontanes. In: Ders., *Theodor Fontane. Märkische Romanze. Frauenerzählungen* (Berlin 1962), S. 5–29 (Einleitung).
3 Walter Müller-Seidel, *Theodor Fontane. Soziale Romankunst in Deutschland* (Stuttgart 1975).
4 Fontane wird bis heute als Vertreter eines wie auch immer gearteten ‚Realismus' verstanden. Als letzte Publikation dazu vgl. das Kapitel „Das Realismus-Problem" und die dort angeführte Sekundärliteratur in der Arbeit von Norbert Frei, *Theodor Fontane. Die Frau als Paradigma des Humanen* (Königstein/Taunus 1980), S. 9ff. – Die Realismus-Etikette scheint mir bei Fontane ebensowenig zu passen wie auf Flaubert, mit dem Fontane immer wieder (und nicht völlig zu Unrecht) verglichen worden ist. Sartre hat in seinem *Idiot der Familie* (Reinbek 1977 bis 1979, 5 Bde.) gezeigt, wie wenig der Realismus-Begriff für Flaubert taugt. – Überhaupt gibt es viele Parallelen zwischen Flaubert und Fontane einerseits und deren Frauenbildern andererseits. Siehe dazu auch den anregenden Aufsatz von Gertrud Koch, Zwitterschwestern, Weiblichkeitswahn und Frauenhaß. Jean-Paul Sartres Thesen von der androgynen Kunst. In: *Sartres Flaubert lesen. Essays zu ‚Der Idiot der Familie'.* Hrsg. von Traugott König (Reinbek 1980).
5 Vgl. Silvia Bovenschen, Die aktuelle Hexe, die historische Hexe und der Hexenmythos. In: Becker, Bovenschen, Brackert u. a., *Aus der Zeit der Verzweiflung. Zur Genese und Aktualität des Hexenbildes* (Frankfurt 1977), S. 259–312.
6 Jost Hermand, Undinen-Zauber. Zum Frauenbild des Jugendstils. In: Ders., *Der Schein des schönen Lebens. Studien zur Jahrhundertwende* (Frankfurt 1971), S. 147–179.
7 Cillie Rentmeister, Blick zurück im Zorn. Die Geschichte der O. In: *Die Überwindung der Sprachlosigkeit. Texte aus der neuen Frauenbewegung.* Hrsg. von Gabriele Dietze (Darmstadt und Neuwied 1979), S. 221–272.
8 Silvia Bovenschen, Inszenierung der inszenierten Weiblichkeit. Wedekinds ‚Lulu' paradigmatisch. In: Dies., *Die imaginierte Weiblichkeit. Exemplarische Untersuchungen zu kulturgeschichtlichen und literarischen Präsentationsformen des Weiblichen* (Frankfurt 1979), S. 43–59.

9 Arthur Schopenhauer, Über die Weiber. In: Ders., *Werke in zwei Bänden* (München und Wien 1977), Bd. 2, S. 709–723. Das Zitat findet sich auf S. 717.
10 Otto Weininger, *Geschlecht und Charakter. Eine prinzipielle Untersuchung* (München 1980). Das Zitat dort S. 256.
11 Ebd., S. 307.
12 Ebd., S. 401.
13 Theodor Fontane, Unveröffentlichte Aufzeichnungen und Briefe. Hrsg. von Hans-Heinrich Reuter. In: *Sinn und Form* 13 (1961), Heft 5, S. 708–712.
14 Vgl. Gisela Brude-Firnau, Wissenschaft von der Frau? Zum Einfluß von Otto Weiningers ,Geschlecht und Charakter' auf den deutschen Roman. In: *Die Frau als Heldin und Autorin. Neue kritische Ansätze zur deutschen Literatur.* Hrsg. von Wolfgang Paulsen (Bern und München 1979), S. 136–149.
15 Weininger, S. 309.
16 „Die Blumen sind ihre Schwestern, und daß sie von den Tieren minder weit entfernt sind als der Mann, dafür zeugt, daß sie zur Sodomie sicherlich mehr Neigung haben als er (Pasiphae- und Leda-Mythus)." Weininger, S. 389.
17 Ebd., S. 397.
18 Theodor Fontane, Unveröffentlichte Aufzeichnungen, S. 711. „Den Harem und seine Wirtschaft über unser okzidentales Frauenleben stellen wollen, heißt überhaupt gegen Freiheit, Menschenrecht und Menschenwürde sich flau und selbst gegensätzlich stellen. Man muß dann auf Sklaventum und Hörigkeit zurückgreifen" (ebd., S. 710).
19 Weininger, S. 401.
20 So zuletzt Norbert Frei, *Theodor Fontane. Die Frau als Paradigma des Humanen* (Königstein/Taunus 1980). „Den Sonderlingen, den Vertretern der verschiedensten Minderheiten, traut also Fontane am ehesten zu, seinen Begriff von Humanität zu praktizieren. Ihre Gesinnung bürgt für die Anstrengung, die Synthese von Realismus und Romantik zu versuchen" (S. 76). Für Frei sind die Frauengestalten Fontanes als Verkörperungen „gesellschaftlichen Außenseitertums" (S. 79) besonders geeignet, als „Gradmesser menschlichen Handelns" (S. 80) zu fungieren. Siehe auch S. 89, 100, 103, 106ff., 114, 132/3, 145.
21 Vgl. die Hochschätzung des romantischen Frauenbildes bei Silvia Bovenschen, Die aktuelle Hexe, S. 300ff. Sehr viel kritischer sind Hannelore Schlaffer, Frauen als Einlösung der romantischen Kunsttheorie. In: *Jahrbuch der deutschen Schillergesellschaft* 21 (1977), S. 274–296 und Bärbel Becker-Cantarino, Priesterin und Lichtbringerin. Zur Ideologie des weiblichen Charakters in der Frühromantik. In: *Die Frau als Heldin und Autorin*, S. 111–124. Die positive Einschätzung des romantischen Frauenbildes kann – wenn überhaupt – nur für die Frühromantik aufrechterhalten werden; in den späteren Texten von Hoffmann, Eichendorff, Tieck usw. ist das Frauenbild außerordentlich ambivalent (die Frau als Automate, Undine, Salamander und Marmorbild) und keineswegs nur positiv.
22 Diese Diskussion reicht bis in die gegenwärtige Frauenbewegung hinein. Sie hat sich besonders an Verena Stefans *Häutungen* (1975) entzündet. Vgl. in *Courage* 1 (Sept. 1976) den Artikel von *Brigitte Classen* und *Gabriele Goettle* über „Häutungen – eine Verwechslung von Anemone und Amazone".
23 „Weiblichkeit – Natur oder Kultur?" (Texte von Dohm, Suttner u. a.). In: *Zur Psychologie der Frau.* Hrsg. von Gisela Brinker-Gabler (Frankfurt 1978), S. 27–91.
24 Vgl. dazu Gesa Tontara, *Die Entwicklung eines eigenständigen weiblichen Selbstbewußtseins in der Frauenliteratur der Jahrhundertwende* (Hamburg 1979, masch. Staatsexamenarbeit) und Barbara Bisinger, *Die ersten Töchter der Alma Mater. Untersuchung*

zu *Studentinnenromanen aus der Frauenliteratur um die Jahrhundertwende* (Hamburg 1980, masch. Magisterarbeit).
25 Helene Lange, Intellektuelle Grenzlinien zwischen Mann und Frau (1897). In: *Kampfzeiten. Aufsätze und Reden aus vier Jahrzehnten* (Berlin 1928), Bd. 1, S. 197–217. Das Zitat dort S. 206.
26 Ebd.
27 Ebd., S. 208.
28 Eine Neuausgabe erschien in Stuttgart 1966 unter dem Titel *Die Abstammung des Menschen.*
29 Johann Jakob Bachofen, *Das Mutterrecht. Eine Untersuchung über die Gynaikokratie der alten Welt nach ihrer religiösen und rechtlichen Natur* (Stuttgart 1861). Eine Auswahl, hrsg. von Hans-Jürgen Heinrichs, erschien 1975 in Frankfurt.
30 Karin Hausen, Die Polarisierung der ‚Geschlechtscharaktere'. Eine Spiegelung der Dissoziation von Erwerbs- und Familienleben. In: Werner Conze (Hrsg.), *Sozialgeschichte der Familie in der Neuzeit Europas* (Stuttgart 1976), S. 363–393. Auch in: *Seminar: Familie und Gesellschaftsstruktur. Materialien zu den sozioökonomischen Bedingungen von Familienformen.* Hrsg. von Heidi Rosenbaum (Frankfurt 1978), S. 161–191.
31 August Bebel, *Die Frau und der Sozialismus* (1879).
32 Friedrich Engels, *Der Ursprung der Familie, des Privateigentums und des Staats* (1884).
33 Max Horkheimer, *Zur Kritik der instrumentellen Vernunft* (Frankfurt 1964), S. 94.
34 Max Horkheimer und Theodor W. Adorno, *Dialektik der Aufklärung* (Amsterdam 1947), S. 298. Vgl. auch: Sinnlichkeit und Abstraktion. Wider den Mythos der Frau als Naturwesen. In: *Marxismus und Naturbeherrschung. Beiträge zu den Ersten Ernst-Bloch-Tagen* (Tübingen 1978), S. 107–124.
35 Horkheimer/Adorno, *Dialektik,* S. 134.
36 Simone de Beauvoir, *Das andere Geschlecht. Sitte und Sexus der Frau* (Hamburg 1968. Frz. Erstausgabe Paris 1949, dt. Erstausgabe Hamburg 1951).
37 Ebd., S. 204.
38 Ebd., S. 168.
39 Ebd., S. 160.
40 Ebd., S. 158.
41 Ebd., S. 157 ff.
42 An neueren Publikationen vgl. hierzu u. a. Barbara Ehrenreich und Deidre English, *Witches, Midwives und Nurses* (Old Westbury 1973). Auf deutsch als *Hexen, Hebammen und Krankenschwestern* (München 1975), Becker, Bovenschen, Brackert u. a., *Aus der Zeit der Verzweiflung. Zur Genese und Aktualität des Hexenbildes* (Frankfurt 1977) und Brian Easlea, *Witch Hunting, Magic and the New Philosophy. An Introduction to Debates of the Scientific Revolution. 1450–1750* (Sussex und New Jersey 1980).
43 Wilhelm Meinhold, *Maria Schweidler. Die Bernsteinhexe. Der interessanteste aller bisher bekannten Hexenprozesse, nach einer defecten Handschrift ihres Vaters, des Pfarrers Abraham Schweidler in Coserow auf Usedom.* Hrsg. von Elisabeth Kiderlen (Frankfurt 1978). – Fontane scheint dieses Buch gekannt zu haben, wie sein Damentoast von 1863 „Am Strande hin schreitet die Bernsteinhex" vermuten läßt. Vgl. Hans Scholz, *Theodor Fontane* (München 1978), S. 153.
44 Jules Michelet, *Die Hexe.* Mit einem Vorwort von Roland Barthes und mit einem Essay von Georges Bataille. Hrsg. von Traugott König (München 1974).
45 Leopold von Sacher-Masoch, *Venus im Pelz.* Mit einer Studie über den Masochismus von Gilles Deleuze (Frankfurt 1980).

46 Ebd., S. 58.
47 Vgl. ebd., S. 16 und S. 38.
48 Zit. nach Horkheimer/Adorno, *Dialektik*, S. 133.
49 Zur Dialektik von herrschender Prüderie und versteckter Pornographie im 19. Jahrhundert vgl. Steven Marcus, *Umkehrung der Moral. Sexualität und Pornographie im viktorianischen England* (Frankfurt 1979). – Eine vergleichbare Studie für Deutschland steht noch aus.
50 Friedrich Schlegel, *Lucinde* (Frankfurt 1964), S. 61.
51 Siehe Werner Hofmann, *Das irdische Paradies. Kunst im 19. Jahrhundert* (München 1960), S. 283.
52 Das hat Schlegel sehr gut erkannt, wenn er schreibt: „Die Frauen werden in der Poesie ebenso ungerecht behandelt wie im Leben. Die weiblichen [Gestalten] sind nicht idealisch, und die idealischen sind nicht weiblich" (Athenäumsfragment 49). In seinen eigenen Werken hat er jedoch ein Verständnis von Weiblichkeit entwickelt, das – positiv gemeint – doch nur die alten „naturhaften" Unterschiede zwischen den Geschlechtern fortschreibt. Die Frau lebt aus dem „Unterbewußtsein des Animalischen" heraus, „selbst Freude und Schmerz der Natur ist vegetabilisch, sie welken oder blühen auf". Vgl. *Literary Notebooks. 1797–1801.* Hrsg. von Hans Eichner (London 1957), Nr. 1265–1492.
53 Beauvoir, S. 168: „Sie [die Frau] stellt ihm die ganze Tierwelt, die ganze irdische Flora dar: Gazelle, Hirschkuh, Lilien und Rosen, samtener Pfirsich, duftende Beere; mit Edelsteinen, Perlmutter, Achat, Perlen, Seide, dem Azur des Himmels, der Frische des Quells, der Luft, Flamme, der Erde, dem Wasser wird sie verglichen. Alle Dichter des Orients und des Okzidents haben den Leib der Frau zur Blume, zur Frucht, zum Vogel gemacht." Beauvoir sieht aber auch die dialektische Umkehr dieser Zuschreibung: „Die Frau macht sich selbst zur Pflanze, zum Panther, zum Diamanten oder zu einer perlmutternen Substanz, indem sie ihren Körper mit Blumen, Steinen, Muschelwerk, Federn schmückt und gleichsam damit vermischt; sie benützt Parfüms, um Düfte wie Lilien und Rosen auszuströmen; aber Federn, Seide, Perlen und Duftstoffe haben gleichzeitig auch die Aufgabe, die animalische Natur ihres Körpers und seiner Ausdünstung zu verdecken. [...] In der geschmückten Frau ist die Natur zwar gegenwärtig, aber gefangen, durch menschlichen Willen den Wünschen des Mannes angepaßt. Eine Frau ist um so begehrenswerter, je stärker die Natur in ihr entfaltet und je nachdrücklicher sie in ihr gebändigt erscheint: Immer ist die ‚raffinierte' Frau das ideale Objekt der Erotik gewesen. Auch das Bedürfnis nach natürlicher Schönheit ist oft nur eine anspruchsvolle letzte Form des Raffinements" (S. 170).
54 Wolfgang Kemp, *Natura. Ikonographische Studien zur Geschichte und Verwirklichung einer Allegorie* (Tübingen 1973) und Cillie Rentmeister, Berufsverbot für Musen. In: *Ästhetik und Kommunikation* 25 (1976), S. 92–112.
55 Werner Hofmann, *Das irdische Paradies. Kunst im 19. Jahrhundert* (München 1960). Dort besonders die Kapitel „Natur und Geschichte" und „Die Frau als Mythos". Vgl. auch Thomas B. Hess und Linda Nochlin (Hrsg.), *Women as Sex Objects* (London 1973) und Margaret Walters, *Der männliche Akt. Ideal und Verdrängung in der europäischen Kunstgeschichte* (Berlin 1979).
56 *Alfons Mucha. 1860–1939.* Katalog der Ausstellung auf der Mathildenhöhe in Darmstadt vom 8. Juni bis zum 3. August 1980 (München 1980).
57 Vgl. hierzu Ariane Thomalla, *Die „femme fragile". Ein literarischer Frauentypus der Jahrhundertwende* (Düsseldorf 1972).
58 „Wären die Männer mit sich und ihrer Welt zufrieden, würden sie anders träumen. In ihren Kunstwerken, schon in den Märchen und Mythen, stellen sie ‚das Weib', das

Weibliche ins Zentrum, als Bild der ‚anderen Natur', als Korrektiv. Und auch in der Wirklichkeit versuchen sie, die Frau als Traumgestalt, als ‚anderes Wesen' zu erhalten." Vgl. Gisela von Wysocki, Bilderfrauen. Wegweiser einer ‚anderen Natur'. In: Dies., *Peter Altenberg. Bilder und Geschichten des befreiten Lebens* (München 1979), S. 71.
59 Reproduktionen von Undinenbildern finden sich bei Jost Hermand, Undinen-Zauber (vgl. Anm. 6).
60 Siehe den Katalog der Hamburger Ausstellung „*Im Lebenstraum gefangen". Fernand Khnopff. 1858–1921* (München 1980).
61 Siehe die Reproduktionen in dem Artikel von Peter Sager, Femme fatale. In: *Zeit-Magazin* 14 (28. März 1980).
62 Ebd.
63 Ebd.
64 Reproduktionen finden sich in dem Katalog der Ausstellung „Hexen" im Hamburgischen Museum für Völkerkunde (Hamburg 1979).
65 Zum Typus der „femme fatale" siehe die Arbeit von Mario Praz, *Die schwarze Romantik* (München 1963).
66 Zit. nach Walter Müller-Seidel, *Theodor Fontane,* der den Brief folgendermaßen kommentiert: „Lassen wir indes das jugendliche Schwärmen des alten Fontane auf sich beruhen!" (S. 162). Norbert Frei stützt auf diese Briefstelle u. a. seine These von der „Frau als Paradigma des Humanen" (S. 101).
67 So spricht Arnaud ironisch von dem „uralten Frau Eva-Spiel" (S. 174), das Cécile mit Gordon gespielt hat; Instetten nennt Effi seine „kleine Eva" (S. 35), und der Arzt bezeichnet sie als „Evastochter comme il faut" (S. 216). Auch in anderen Werken verwendet Fontane das Eva-Motiv. So auch mehrfach im *Stechlin*, wo Melusine an einer bezeichnenden Stelle als Eva charakterisiert wird (S. 313). Zit. nach *Fontanes Werke in fünf Bänden* (Berlin und Weimar 1969), Bd. 4: *Effi Briest*, Bd. 5: *Der Stechlin*.
68 *Fontanes Briefe*. Ausgewählt und erläutert von Gottfried Erler (Berlin und Weimar 1968), Bd. 2, S. 382.
69 Vgl. dazu auch Hofmiller, der vom „Mangel an robuster Sinnlichkeit, an Lebensderbheit" bei Fontane spricht: „Er hat wohl Sinn für das Elementare, aber ihm selber ist es nicht gegeben" (S. 74/5). Josef Hofmiller, Stechlin-Probleme. In: Ders., *Die Bücher und wir* (München 1950), S. 67–75.
70 Für eine solche Deutung sprechen u. a. folgende zwei Briefstellen. Im Zusammenhang mit einem Balladen-Plan schreibt er am 23. 7. 1851 an Lepel: „Namentlich freue ich mich auf die Schilderung der Anna Bulen, wobei ich dem Affen meiner feinsten Sinnlichkeit mal wieder Zucker geben kann." Am 4. 9. 1898 schreibt er an seinen Sohn Friedrich über den gerade abgeschlossenen *Stechlin*-Roman: „Trösten muß mich vorläufig die Erwägung, daß ich persönlich keine Emotionen mehr davon haben kann, weil ich jede Zeile, jede Pikanterie, jeden kleinen Ulk längst auswendig weiß."
71 Auf das Thema ‚Sexualität' geht die von der Fontane-Forschung nicht rezipierte Arbeit von Horst Fleig, *Sich versagendes Erzählen* (Göppingen 1974) ein. In dem etwas wirren *Cécile*-Kapitel „Ödipus vor befangener Sphinx" finden sich viele interessante Beobachtungen und Hinweise. – Von der neueren Literatur zu *Cécile* halte ich die Arbeit von Hohendahl entgegen dem Urteil von Frei (S. 109ff.) immer noch für die aufmerksamste und anregendste: Peter Uwe Hohendahl, Theodor Fontane: Cécile. Zum Problem der Mehrdeutigkeit. In: *GRM*, NF 18 (1968), S. 381–405. Vgl. auch Gerhard Friedrich, Die Schuldfrage in Fontanes „Cécile". In: *Jahrbuch der deutschen Schillergesellschaft* 14 (1970), S. 520–545 und Cornelie Ueding, Utopie auf Umwegen. Zwei Szenen in Fontanes Roman „Cécile". In: Gert Ueding (Hrsg.), *Literatur ist Utopie* (Frankfurt 1978), S. 220–253. – Die folgende Interpretation geht über weite Strecken auf ein

ungedrucktes Manuskript zurück, das entstanden ist aus einem mehrsemestrigen Projekt über Frauenbilder in der Literatur des 18. und 19. Jahrhunderts und das ich gemeinsam mit Frauke Janssen im Frühjahr 1980 verfaßt habe. – Es wird zitiert nach der Taschenbuchausgabe bei Ullstein (Frankfurt, Berlin und Wien 1976).
72 Siehe Jos Van Ussel, *Sexualunterdrückung. Geschichte der Sexualfeindschaft* (Gießen 1977).
73 Michel Foucault, *Sexualität und Wahrheit.* Bd. 1: *Der Wille zum Wissen* (Frankfurt 1977).
74 Vgl. auch Dirk Mende, Frauenleben. Bemerkungen zu Fontanes „L'Adultera", nebst Exkursen zu „Cécile" und „Effi Briest". In: *Fontane aus heutiger Sicht. Analysen und Interpretationen seines Werks.* Hrsg. von Hugo Aust (München 1980), S. 183–213. Mendes Anspielungen auf die „Vertebrallinie" in *Cécile* und den „furor uterus" in *L'Adultera* zeigen, daß seine Interpretation ebenfalls auf die in den Texten versteckte Sexualitätsproblematik zielt. Der Aufsatz von Mende bestätigt eigene Deutungsansätze, zieht aber andere Konsequenzen.
75 An Friedrich Fontane, 29. März 1886. In: T. F., Unveröffentliche Aufzeichnungen und Briefe, S. 731. – Lohnend in diesem Zusammenhang wäre eine Untersuchung der Wortwahl. Wörter wie „gespenstisch", „merkwürdig", „grotesk" und „toll", Verben wie „jagen" und „schießen" stehen in der *Cécile* stets in einem Zusammenhang von versteckten sexuellen Anspielungen und Verweisen.
76 Ariana Thomalla, *Die „femme fragile",* S. 33 ff.
77 Vgl. dazu das Bildmaterial in: *Halbe Unschuld. Weiblichkeit um 1900. Europäische Graphik aus der Zeit des Jugendstils.* Ausstellungskatalog des Walraff-Richartz-Museums (Köln 1971).
78 Klaus Theweleit, *Männerphantasien* (Frankfurt 1977), 2 Bde.
79 In der *Mathilde Möhring* (1891 begonnen und unvollendet geblieben) hat Fontane den Gegentypus zu den geliebten Figuren ‚Cécile' und ‚Effi' geschaffen. Céciles „wundervoll geschnittenes Profil", ihr „Gemmenkopf" (S. 52), ihr reizvoller ‚Silberblick' (ebd.) sind bei Mathilde ironisch zum „Gemmengesicht" (S. 421) und „Blechblick" (S. 422) verzerrt. „Ich kann hexen" (S. 487), sagt Mathilde stolz von sich und ist dabei genau das Gegenteil der ‚wirklichen' Hexe Cécile. Die rote Ampel, die sich Effi für ihr Schlafzimmer wünscht und die als Symbol für die tabuisierte Sinnlichkeit und Erotik im Text steht, erhält Mathilde wirklich zur Hochzeit geschenkt; freilich ist sie nur „rosafarben" (S. 490, vgl. auch S. 495/6). Die Ampel wird von Mathilde sehr bewußt und berechnend eingesetzt und schließlich sogar im Schlafzimmer aufgehängt, als sie meint, daß das ihrer Ehe gut tun würde: „Im ganzen blieb [sie] nüchtern und überlegend, und nur darin zeigte sich ein kleiner Unterschied, daß sie sich zu einer gewissen Koketterie bequemte und auf Hugo einen gewissen Frauenreiz ausüben wollte. Sie ging darin so weit, daß sie die Ampel vom Flur her in das Schlafzimmer nahm" (S. 500). Freilich wird sie dadurch sexuell auch nicht reizvoller. Auch die Ersetzung des rosafarbenen Glases durch rubinrotes kann das nicht ändern. Wenn man so häßlich und unattraktiv wie Mathilde ist, kann nicht einmal eine rote Ampel den Ruf verderben. Auch die für *Effi* zentralen Motive der „Tochter der Luft" und des „Schlittenfahrens" haben ihr ironisches Pendant in der *Mathilde Möhring* und markieren diffamatorisch den Abstand zwischen den beiden Figuren. Vgl. dagegen die positive Rezeption des Romans bei Frei, S. 145 ff. *Mathilde Möhring* wird hier zit. nach Theodor Fontane, *Romane und Erzählungen in 8 Bänden* (Berlin und Weimar 1969), Bd. 7.
80 Vgl. Hans Scholz, Psychographie und redende Namen. In: Ders., *Theodor Fontane*

(München 1978), S. 310–318 und Peter Demetz, Zur Rhetorik Fontanes. Die Kunst der Namen. In: Ders., *Formen des Realismus* (München 1973), S. 169–178.

81 Das Motiv der Luft spielt in *Cécile* eine große Rolle (vgl. S. 13, 21, 51, 61, 154, 156) und wird in dem Gespräch über „Ventilationshasser" und „Ventilationsenthusiasten" ironisch gebrochen (S. 61). In der frischen Luft kräftigt sich Cécile zusehends und ist in dieser Hinsicht verwandt mit der „Tochter der Luft" (S. 9) Effi. Über das verdeckte Motiv der Luft und die dazugehörigen Motive des Fliegens, Dahingleitens und Schaukelns, die Fontane in beiden Romanen verwendet, bringt der Autor seine beiden Lieblingsfiguren in einen engen assoziativen Zusammenhang, auch wenn sich die Motive in ihrem Bedeutungsgehalt in beiden Romanen nicht völlig decken.

82 Ein Hinweis darauf findet sich bei Hohendahl, Theodor Fontane: Cécile, S. 386 ff.

83 Johannes Praetorius, *Hexen-, Zauber- und Spukgeschichten aus dem Blocksberg*. Hrsg. von Wolfgang Möhrig (Frankfurt a. M. 1979).

84 Siehe dazu die Wander- und Reisebücher *Das malerische und romantische Deutschland*, die 1840 bis 1860 bei Georg Wigand in Leipzig erschienen.

85 Jost Hermand, Die touristische Erschließung und Nationalisierung des Harzes im 18. Jahrhundert. In: *Reiseliteratur*. Hrsg. von Hans-Wolf Jäger (Stuttgart 1981).

86 Hans Scholz, *Theodor Fontane*, S. 148–155 (Kräuterweiber, Hexen, Wenden).

87 Vermittelt über die Motive des Schaukelns und Fliegens wird Effi in einen subtilen Zusammenhang mit dem Hexenthema gebracht, der jedoch lockerer und spielerischer bleibt als in *Cécile* und überlagert wird von einem anderen Motiv, dem der Wasserfrau Melusine, das ein Lieblingsthema Fontanes ist und sich durch zahlreiche Werke zieht.

88 Horkheimer/Adorno, *Dialektik*, S. 133/4.

89 In einer Besprechung der *Frau vom Meer* schrieb Fontane: „Und weil sie da sind, diese nervösen Frauen, zu Hunderten und Tausenden unter uns leben, so haben sie sich einfach durch ihre Existenz, auch Bühnenrecht erworben. Oder will man ihnen gegenüber von Krankheit sprechen? Was heißt krank? Wer ist gesund? Und wenn krank, nun so bin ich eventuell fürs Kranke." *Schriften zur Literatur*. Hrsg. von Hans-Heinrich Reuter (Berlin 1960), S. 199.

90 Ariana Thomalla, S. 60.

91 „In der Hexe vollendet sich das Dämonische, zumindest das, was die Gruppe mit dem Feuertod sanktioniert; in der Hysterikerin vollendet sich die ‚gebär-mütterliche' Entfremdung, die die kranken weiblichen Organe mit der Reproduktionsschuld belädt." Cathérine Clement, Hexe und Hysterikerin. In: *Alternative* 108/9, S. 151.

92 Vgl. den unterschiedlichen Schluß von *Effi* und *Cécile*. Cécile tötet sich, Effis Sterben ist ein langsames Auslöschen.

93 Natürlich nicht nur in seiner Zeit. Die schöne Untersuchung von Xavière Gauthier, *Surrealismus und Sexualität. Inszenierung der Weiblichkeit* (Berlin 1980), zeigt in dem doppelsinnig formulierten Kapitel „Der Frau entgegen" (S. 49 ff.), wie die uralten Frauenvorstellungen (die Frau als Natur, die Blumen-Frau, die Frucht-Frau, die Erd-Frau, die Sternchen-Frau, die Sphinx, die *femme fatale*, die Hexe usw.) als „Hirngespinste" bei den Surrealisten des 20. Jahrhunderts weiterlebten und in der Moderne immer wieder beschworen werden.

94 Diese These vertritt in modifizierter Form noch Dirk Mende, wenn er schreibt: „Trotz seiner noch konventionellen Ansichten von der Rolle der Frau entfaltet sich im Werk eine Enzyklopädie weiblicher Lebensläufe, die alle, je verschieden, die Notwendigkeit der Befreiung der Frau von patriarchalischen Zwängen, welche die wilhelminisch-preußische Gesellschaft ausformt, über das ästhetische Produkt veranschaulichen." Mende, *Frauenleben*, S. 210.

95 Von hieraus gewinnt auch Céciles Äußerung „Ich kann Bildergespräche nicht leiden" einen Doppelsinn (S. 36). Siehe auch S. 159, 162, 163, 167, 172.
96 Vgl. hierzu Fontanes Autobiographie *Meine Kinderjahre* (1892/93), die während der Arbeit an der *Effi Briest* entstand.
97 Auch hier reproduziert Fontane das, was er an Arnaud kritisiert. Dessen übertriebene Fürsorge für Cécile, seine indiskrete Anspielung auf die „Vertebrallinie" (S. 33) irritieren nicht nur Cécile („Nur nicht getragen werden, Pierre; das ist für Sterbende", ebd., siehe auch S. 34, 67), sondern auch Gordon („Daß sie nervenkrank ist, ist augenscheinlich, aber der Oberst, vielleicht weil es ihm paßt, macht mehr davon als nötig", S. 54). Andererseits setzt Cécile ihre Nervosität und Kränklichkeit sehr geschickt ein, um unangenehmen Situationen auszuweichen oder Aufmerksamkeit auf sich zu ziehen. – Vgl. dazu auch Barbara Ehrenreich und Deidre English, *Zur Krankheit gezwungen. Eine schichtenspezifische Untersuchung der Krankheitsideologie als Instrument zur Unterdrückung der Frau im 19. und 20. Jahrhundert am Beispiel der USA* (München 1976).
98 Brief an Schlenther vom 2. Juni 1887. Zit. nach *Fontanes Briefe*, Bd. 2, S. 159. – In der Fontane-Forschung ist dieser Brief immer als Beleg für die gesellschaftskritische „Tendenz" des Romans in Anspruch genommen worden. Demnach ist Cécile ein Opfer gesellschaftlicher Verhältnisse, die mit heuchlerischer Moral und einem borniertem Anstandsdenken jede individuelle Realisierung von Glück verhindern. Es gelingt Cécile nicht, den Makel ihrer Vergangenheit loszuwerden. Das Etikett „Mätresse" haftet an ihr. In der Gesellschaft zählen Vorurteile mehr als die Würdigung des Einzelschicksals. – Eine solche Deutung erfaßt jedoch nur die Oberflächenstruktur des Romans.

DAVID BATHRICK

Die Zerstörung oder der Anfang von Vernunft? Lyrik und Naturbeherrschung in der DDR

Die Lyrikdebatte des Jahres 1966, die in der DDR-Jugendzeitschrift *Forum* ausgetragen wurde, erreichte ihren polemischen Höhepunkt in Günter Kunerts Antwort auf die von den Herausgebern vorgelegte Frage, ob die technologische Revolution zu Veränderungen des Inhalts und der Struktur von Lyrik geführt habe:[1]

> Mir scheint als bedeutendste technische Revolution [...] die Massenvernichtung von Menschen, das möglich gewordene Ende allen Lebens. Am Anfang des technischen Zeitalter steht Auschwitz, steht Hiroshima, die ich nur in bezug auf gesellschaftlich organisiert verwendete Technik hier in einem Atemzug nenne. Ich glaube, nur noch große Naivität setzt Technik mit gesellschaftlich-humanitärem Fortschreiten gleich.

Kunert fügte seinen Bemerkungen das Gedicht *Notizen in Kreide* bei, und obwohl er auf die gestellte Frage nicht direkt einging, beleuchteten Gedicht und Überlegungen Kunerts fundamentale Meinungsverschiedenheiten im Hinblick auf die Beziehungen der Menschen zu Natur und Fortschritt, Meinungsverschiedenheiten überdies, die bis dahin nicht in den Brennpunkt der Debatte gerückt waren. Die Antwort der Herausgeber ließ keinen Zweifel daran, daß man Kunerts Thesen als Regelverletzung empfand und nicht gesonnen war, sie einfach hinzunehmen:[2]

> Das eigentlich Bestürzende ist die intellektuell hilflose spätbürgerliche Gesamthaltung des Dichters, die ich mir nur aus einer hochgradigen Isolierung nicht nur von unserer neuentstehenden sozialistischen, sondern von der Menschengesellschaft überhaupt erklären kann. [...] Für meine Begriffe arbeiten solche Gedichte wie ‚Notizen in Kreide' bei aller Bescheidenheit ihres Einflusses mit an der Entmachtung, der Zerstörung der Vernunft.

Der, welcher diese Sätze schrieb, war niemand anders als Rudolf Bahro, der Mann also, der 11 Jahre später in seiner Polemik gegen den „real existierenden Sozialismus" der DDR die Heiligsprechung der technologischen Vernunft radikal in Frage stellte. Hier jedoch geht es mir zunächst nicht um die Sinneswandlung Bahros, sondern vielmehr um die äußerst komplexen Fragen und Problemstellungen, die in dieser klassischen Konfrontation zwischen offizieller Theorie und poetischer Sensibilität zum Vorschein kamen. Das Wichtige an Kunerts Beitrag ist, daß er erstmals in der DDR eine Reihe von Prämissen und Annahmen in Frage stellte, die von der literarischen Opposition bis dahin noch kaum thematisiert worden waren – schon gar nicht von den Lyrikern. Die Lyrikbewegung der frühen sechziger Jahre, die mit Stephan Hermlins Dichterlesung im Dezember

1962 einsetzte, hatte zwar die formalen Prinzipien der Aufbaulyrik und die politischen Richtlinien des vorangegangenen Jahrzehnts kritisiert; aber viele der damals entstandenen Gedichte waren ideologisch durch eine Radikalisierung des Marxismus-Leninismus, nicht durch dessen Infragestellung gekennzeichnet. Die Lyrik von Karl Mickel, Heinz Kahlau, Rainer Kunze, Uwe Gressmann, Heinz Czechowski, Sara und Rainer Kirsch, Kunert und auch Wolf Biermann ist ihrem Ton nach kritisch aggressiv, zuweilen auch zornig, aber immer eindeutig in ihrem Bekenntnis zum Sozialismus und zur DDR.

Ganz anders der Kunert der Lyrik-Debatte des Jahres 1966. Wenn Kunert hier über den engeren Bereich des „Politischen" hinausgeht und anklagend auf das Vernichtungspotential moderner technologischer Entwicklungen verweist, so stellt er damit implizit die Legitimität eines Systems in Frage, das auf der Gleichsetzung von gesellschaftlichem mit wissenschaftlichem Fortschritt beruht. Niemand verstand das besser als Rudolf Bahro, dessen gesamte theoretische Bemühungen bis zu diesem Zeitpunkt auf dem Gedanken aufbauten, daß in einer sozialistischen Gesellschaft die Beherrschung der Natur und das Erringen neuer wissenschaftlicher Perspektiven für den Fortschritt der Menschheit unumgänglich seien. Fragen nach den Folgen einer solchen Einstellung für das Environment, die Organisation der Arbeit und die menschliche Subjektivität fielen dabei unter den Tisch.

Im Oktober 1963 veröffentlichte der 27 Jahre alte Bahro in *Forum* eine Reihe von Gedichten, die uns mehr über seine Einstellung zur Natur, zum wissenschaftlichen Fortschritt und über die Beziehung beider zur Geschichte mitteilen als die meisten seiner theoretischen Veröffentlichungen aus derselben Zeit. Anlaß war der Tod des russischen Kosmonauten Titow. Den Fortschritt der Raumfahrt setzt Bahro in diesem Gedichtzyklus als Metapher für den Staat DDR und die Person Rudolf Bahro ein. Wenn ich im folgenden einiger dieser Gedichte vorstelle, so dient das nicht dazu, sie lächerlich zu machen. Die ästhetischen Mängel sind offensichtlich; aber diese Gedichte vermitteln uns ungewöhnliche Einsichten in die Wertvorstellungen und sozial-psychologische Gedankenwelt eines Mannes, der für die Bildungsideale seiner Gesellschaft repräsentativ ist. Durchaus im Sinne der rundum gebildeten Persönlichkeit schrieb Bahro nicht nur über ökonomische Theorie und Erziehung, sondern machte sich ebenfalls einen Namen als Literaturkritiker und veröffentlichte Gedichte in literarischen Zeitschriften wie *Die junge Kunst* und *Forum*. Die Titow-Gedichte verleihen dabei einem utopischen Traum Ausdruck, dem Traum von der Vereinigung von Wissenschaft und Kunst unter dem Banner des Sozialismus.

Bahros Gedicht *Bruder German* läßt sich lesen als Affirmation des Wertsystems der Aufklärung für die Gegenwart:[3]

> Wie ähnlich wir uns sind! Seite um Seite
> erkenn ich mich in seinem Lebenslauf.
> Derselbe Drang nach Höhe und nach Weite
> trägt uns dieselbe Sternenbahn hinauf.

> Du bist voraus? So hab ich mir befohlen,
> stärker zu werden und dich einzuholen.
>
> Arbeit, nur Arbeit heißt das weite Feld,
> der Startplatz, deinem Fluge nachzujagen
> durch alle Kunst und Wissenschaft der Welt.
> Philosophie – selbst dort noch offene Fragen?
> Ergib dich, Königin Atomphysik!
> Und du gib Antwort, KLEINE NACHTMUSIK!
>
> Maßloser Traum Universalität!
> Waren wir je mit einem Sieg zufrieden?
> Verächtlich wird, wer seinen Ruhm verrät.
> So war, als wir begannen, schon entschieden:
> wir müssen uns von jedem Sieg befrein,
> Stufe um Stufe neue Helden sein.

Der faustische Drang des Russen nach immer höheren Höhen entspricht dem Streben des Bruder German:

> Derselbe Drang nach Höhe und nach Weite
> trägt uns dieselbe Sternenbahn hinauf.

Während sich die Künste (im Laufe des 19. Jahrhunderts) der Alltagswelt zusehends entfremdet hatten, sind Kunst und Wissenschaft jetzt vereinbar und imstande, alle Probleme zu lösen:

> Philosophie – selbst dort noch offene Fragen?
> Ergib dich, Königin Atomphysik!
> Und du gib Antwort, KLEINE NACHTMUSIK!

Die Siege sind unbegrenzt, der Traum ist universal. Die letzte Strophe von Bahros Gedicht handelt von der krönenden Errungenschaft der Wissenschaftlich-Technischen Revolution, die ihrerseits vom klassischen Erbe inspiriert und mit diesem unlöslich verbunden ist:

> Maßloser Traum Universalität!
> waren wir je mit einem Sieg zufrieden?

Weder in Form noch in Inhalt läßt sich ein größerer Gegensatz denken als der zwischen Bahros *Bruder German* und Kunerts poetischem Modernismus und ideologischem Geschichtspessimismus. Klassisches Reimschema (ABABCC) und jambische Fünfheber, die mit daktylischen Rhythmen alternieren, sind bei Bahro die formale Entsprechung des gleichermaßen klassischen Inhalts. In der Tat geht der Inhalt hier absolut konform mit den grundlegenden Vorstellungen der DDR-Kulturpolitik: Das Ziel der bürgerlichen Aufklärung und ihrer Forderungen von Vernunft, Harmonie, menschlichem Streben und Heroismus kann nur durch die materielle Eroberung der Natur unter der Ägide sozialistischer Produktionskräfte verwirklicht werden. Der Traum Fausts wird zur Tat Gagarins. Die griechische Vision von Harmonie und Erfüllung findet ihre ästhetische und wissenschaftliche Verwirklichung im Glorienschein des Sputnik.

Vielleicht nicht ganz zufällig wird der Sieg der Wissenschaft an der strukturell und thematisch zentralen Stelle des Gedichts in ein Bild gefaßt, das die Herrschaft der Menschen über die Natur metaphorisch als Verführung, ja Vergewaltigung beschreibt: „Ergib dich, Königin Atomphysik!" Als musikalisches Äquivalent der Aufklärung beigegeben ist Mozarts *Kleine Nachtmusik*. Und wenn der Kampf gegen die Natur mit Begriffen wie Drang, Unterwerfung, Triumph und Heldentum umrissen wird, so lassen die Titow-Gedichte ebenfalls keinen Zweifel daran, daß das Individuum einen hohen Preis zu entrichten hat. Im Gedicht *Bruder German* deuten folgende Zeilen, wenn auch nur peripher, auf diesen Zusammenhang hin:

> Du bist voraus? So hab ich mir befohlen,
> stärker zu werden und dich einzuholen.
>
> Arbeit, nur Arbeit heißt das weite Feld.

Oder in der letzten Strophe:

> Waren wir je mit einem Sieg zufrieden?
> Verächtlich wird, wer seinen Ruhm verrät.

Selbstaufopferung und Selbstverneinung, die hier nur anklingen, werden in dem Gedicht *Absage* sehr viel direkter artikuliert. Hier spricht Bahro von Pflichterfüllung (Gespräche, Artikelschrieben, Reden) und von den Kosten solcher Pflichterfüllung im zwischenmenschlichen Bereich:[4]

> Leb ich für SIE, die ich so selten sehe?
> Leb ich für meinem lieben Sohn?
> Er schläft noch, wenn ich aus dem Hause gehe,
> und wenn ich wiederkomme, schläft er schon.
> Ein Lächeln ihm, die Hände ihr gegeben
> für einen Augenblick – ist das das Leben?

In ihren Analysen der Dialektik der Aufklärung hat bereits die Kritische Theorie die inhärente Verknüpfung von Naturbeherrschung und von der Verinnerlichung solcher Herrschaft in der Ichstruktur der Individuen herausgearbeitet. Ebendiese Verknüpfung von innerer und äußerer Natur steht auch im Zentrum der neueren, hier behandelten Texte aus der DDR. Es geht hier nicht nur um das Verhalten gegenüber Tieren oder um das Ausmaß der Industrialisierung von Land und Atmosphäre; in Frage steht vielmehr der Bezug zwischen dem Fortschritt in Wissenschaft und Technologie einerseits und den Wirkungen beider auf den Kampf um individuelle und kollektive Freiheit andererseits. Es handelt sich um die Frage nach der Ökologie im weitesten philosophischen Sinne. Vermutlich ganz entgegen der Intention ihres Autors haben Bahros Sputnik-Gedichte den kritischen Zusammenhang zwischen fortgeschrittener industrieller Naturbeherrschung und dem damit verbundenen Preis an menschlichem Glück herausgestellt. Wenn die *promesse de bonheur* im Herzen des klassischen Erbes einen Zustand der Harmonie bezeichnet, in dem der Gegensatz von gesellschaftlichem Nutzen und authentisch geistigen Werten durch eine Universalisierung der letzteren aufgehoben scheint, so impliziert Bahros Vision deren genaues Gegenteil. Sein „maßloser Traum Universalität" deutet auf eine Welt, in der die instrumentelle Vernunft triumphiert in Form mechanisierter Leistung und verinnerlichter Arbeitsmoral.

Natürlich entspricht Bahros poetische Darstellung einer vom Menschen beherrschten Natur durchaus den Zielen einer Kulturpolitik, welche die Eingrenzung der Lyrik auf den Bereich des Privaten oder einer von menschlicher Arbeit unberührten Natur ablehnte und die Lyrik in den Dienst gesellschaftlicher Produktion stellen wollte. Während die westdeutsche Lyrik der frühen fünfziger Jahre die Tradition der Naturlyrik à la Wilhelm Lehmann fortsetzte und unzählige eskapistische und apolitische Naturgedichte hervorbrachte, benutzten Dichter wie Becher, Bobrowski, Huchel, Arendt und Maurer Naturbilder in einer Weise, welche die essentielle Harmonie zwischen Naturordnung und Gesellschaft hervorhoben.

In seinem 1959 geschriebenen Gedicht über die Kollektivierung dient die gesetzlich durchgeführte Bodenreform Huchel als Metapher für die gesellschaftliche Institutionalisierung der Harmonie von Mensch und Natur. Auch Bobrowski, der seinen Landsleuten ihre östlichen Nachbarn nahebringen will, blickt zur Natur; hier sind es die östlichen Landschaften – und die Geschichte der Menschen, die mit ihnen verknüpft ist. In der Lyrik Huchels und Bobrowskis steht die Natur nicht im Konflikt mit der menschlichen Welt. Noch auch ist sie ein Objekt der Reflexion oder gar nur Hintergrund für dargestellte Aktionen oder Ereignisse. Diese Lyrik konfrontiert uns vielmehr mit einer Situation, in der die Natur vermenschlicht und die menschliche Welt naturalisiert ist.

Marx selbst war während seines ganzen Lebens kritisch gegenüber den Utopisten – ob es sich um die Linkshegelianer seiner Jugend oder um Frühsozialisten wie Proudhon, Owen, Hess und Grün handelte. Wenn es überhaupt ein utopisches Moment in seinem Denken gibt, dann vor allem in den ökonomisch-philosophischen Manuskripten, wo er unter Hegels Einfluß einer Position nahekam, welche die Identität von Subjekt und Objekt, von natürlicher Ordnung und gesellschaftlichen Verhältnissen postulierte. Es genügt hier, an die Formulierung zu erinnern, daß der Kommunismus die „endgültige Aufhebung des Gegensatzes von Mensch und Natur" beinhalte. Noch deutlicher sagt Marx es an anderer Stelle: „Also die Gesellschaft ist die vollendete Wesenseinheit des Menschen mit der Natur, die wahre Resurrektion der Natur, der durchgeführte Naturalismus des Menschen und der durchgeführte Humanismus der Natur."[5] Die Perspektive, die Marx' Denken hier bestimmt, ist deutlich an vorindustriellen Verhältnissen orientiert, in denen die Arbeitsteilung noch nicht voll entwickelt war; es ist

bedeutsam, daß eine ähnliche Perspektive den Ton jener frühen Naturgedichte aus der DDR bestimmt, vor allem solcher Gedichte, die von älteren Heimkehrern geschrieben wurden, welche die Weimarer Republik noch selbst erlebt hatten.
  Beginnen wir mit Johannes R. Becher, Jahrgang 1891. Ähnlich wie in vielen seiner Exilgedichte sind ländliche Umgebung und pastorale Harmonie typisch für die Darstellung Deutschlands in Bechers DDR-Lyrik. In Gedichten wie *Gras, Spreewald, Sommerglück, Frühling, Herbst, Heimfahrt, Heimgekehrt* besteht das Vaterland vor allem aus Wiesen, Bergen, Bächen und Dörfern. Es ist eine Welt unberührt von Verstädterung und industrieller Produktion. Im *Lied der Neuen Erde* stellt Becher die Befreiung Deutschlands als Heimkehr zum Land und als Neugeburt der Erde dar:[6]

> Es wurde auch die Erde umgeboren,
> Als über sie, befreit vom Herrentum,
> Hinzogen die Kolonnen der Traktoren
> Und pflügten den uralten Boden um.
>
> Da schien auch sie, die Erde, mitzusingen,
> Als eines Tags, vom Herrentum befreit,
> Aufbrach das Dorf, die Ernte einzubringen,
> Und sang das Hohelied der Fruchtbarkeit:
>
> Es herrscht kein Herr mehr und es dient kein Knecht
> Es herrscht ein freies menschliches Geschlecht.

Gewiß, in all seinen Gedichten versucht Becher, der faschistischen Aneignung von Themen wie Natur, Heimat, Liebe zum Land entgegenzutreten und diese für die sozialistische Tradition einzusetzen. Darüber hinaus aber verweist die bukolische Szenerie metaphorisch auf nicht-mechanische und nicht-entfremdete gesellschaftliche Verhältnisse, die Becher sich für das zeitgenössische Deutschland erhofft. Der Pflug, der den Boden umpflügt, liefert die Synthese von Maschine und Garten.
  Auch in Peter Huchels (Jahrgang 1902) Gedicht *Das Gesetz*, das erstmals in *Sinn und Form* im Jahre 1950 abgedruckt wurde, wird die Verwirklichung der Bodenreform als Naturalisierung der gesellschaftlichen Ordnung gesehen, und zwar als Rückkehr zum präetablierten Ruhezustand vor aller Ausbeutung:[7]

> Dein ist mit schwarzen Kiemen die Erde,
> wenn sie in rauher Furche liegt,
> tief gelockert und atmend im Schnee.
> Nicht Maul mehr,
> Fleisch von den Knochen zu zerren,
> nicht länger auf Wucher ausgeliehen,
> Nicht Distelbrache, nicht Hungeracker der Armen.

Wie bei Johannes R. Becher, steht die Beziehung zum Land metaphorisch ein für gesellschaftliche Verhältnisse schlechthin sowie für eine grundlegende Harmonie zwischen von Menschen produzierter Technologie und der natürlichen Welt, in der sie eingesetzt wird:

> Der Dampfpflug wartet auf Öl.
> Und alles Gerät, Walze und Ackerschleife
> hungert nach Erde!

Huchel distanzierte sich schon bald von dieser affirmativen Haltung zur Bodenreform und DDR-Regierung. Seine Darstellung der Natur als Ort menschlicher Produktivität und nicht-entfremdeter, frühindustrieller Arbeit aber verknüpft seine DDR-Lyrik mit Gedichten der späten zwanziger Jahre wie *Der polnische Schnitter*, die ein ähnliches Zeichensystem enthalten. Hier ist es bedeutsam, daß Huchel, der dem BPRS nahestand, sich schon damals weniger für den städtisch konstruktivistischen Dichter Majakowski interessierte als für den Pastoralpoeten der Revolution Sergej Jessenin, dessen Gedichte sich durch eine ähnliche Sehnsucht nach Bukolik und Unschuld auszeichnen.

Aus der Lyrik Bobrowskis ragen jene Gedichte heraus, die sich mit einer dem Weltgeschehen eher abgewandten Region befassen, und zwar mit dem Ostpreußen fern aller Industriezentren. Mit seinen Gedichten will Bobrowski die Vergangenheit dieser Region, in der er ein lebendiges und Kontinuität verbürgendes Element sieht, dem historischen Gedächtnis einschreiben. In Bobrowskis „sarmatischen" Gedichten ist Natur das genaue Gegenteil einer statischen Natur oder einer Natur, der das lyrische Ich trotzig rebellisch durch solipsistische Absonderung begegnet. Die Erinnerung an Vergangenes legt Zeugnis ab von einer „unbewältigten Vergangenheit" und erinnert die Deutschen an ihr geschichtliches Verhältnis zu den Völkern jener Region.

Auch in Brechts *Buckower Elegien* steht der Harmoniegedanke im Vordergrund. Brecht scheint den grundlegenden Widerspruch gelöst zu haben, der in jenen Exilgedichten vorherrschte, in denen er uns halb selbstkritisch, halb defensiv daran erinnerte, daß jene, die den Boden bereiten wollten für Freundlichkeit, selber nicht freundlich sein konnten. Warum er nicht freundlich sein konnte, wird in dem Gedicht *Ausschließlich wegen der zunehmenden Unordnung* erörtert. Hier begründet er die notwendige Vernachlässigung sinnlicher, innerer Erfahrung und einfacher, natürlicher Freude an Spontaneität mit den unumgänglichen Bedürfnissen des antifaschistischen Kampfes:[9]

> In unseren Städten des Klassenkampfs
> Haben etliche von uns in diesen Jahren beschlossen
> Nicht mehr zu reden von Hafenstädten, Schnee auf den Dächern, Frauen
> Geruch reifer Äpfel im Keller, Empfindungen des Fleisches
> All dem, was den Menschen rund macht und menschlich
> Sondern zu reden nur mehr von der Unordnung
> Also einseitig zu werden, dürr, verstrickt in die Geschäfte
> Der Politik und das trockene „unwürdige" Vokabular
> Der dialektischen Ökonomie [...]

Der Dualismus ist bezeichnend und entlarvend zugleich. Einerseits Gefühl, Mensch werden, Freundlichkeit, Sexualität, Natur und alles, was uns rund oder, mit dem jungen Marx zu sprechen, nicht-entfremdet macht. Andererseits das Realitätsprinzip des Marxismus, der Politik, des Klassenkampfes, wo Subjektivität und utilitaristisch Nicht-Verwertbares nicht überleben können. Diese Dichotomie vermittelt uns ebensoviel über die Spannungen in Brechts Rationalismus und Marxismus zu diesem Zeitpunkt wie über seine Berührungsangst gegenüber der Dimension des Subjektiven, das er vom Faschismus besetzt sah und deshalb nicht für seine Faschismuskritik umfunktionieren konnte oder wollte.

In den *Buckower Elegien*, die 1953 nach dem Juniaufstand geschrieben wurden, werden wir mit einer beinah utopischen Umkehrung der früheren Position konfrontiert. Die Dichotomie der Exillehre hat sich aufgelöst und ist überwunden in friedlich harmonischer Koexistenz. Natur und Mensch befinden sich jetzt im Einklang, ja, sie ergänzen sich sogar in notwendiger Weise, etwa in dem schlichten Fünf-Zeilen-Gedicht *Der Rauch*:[10]

> Das kleine Haus unter Bäumen am See
> Vom Dach steigt Rauch
> Fehlte er
> Wie trostlos dann wären
> Haus, Bäume und See.

In dem Gedicht *Vergnügungen* sind Natur und städtisches Leben harmonisch miteinander verknüpft in einem Zustand der Ruhe, der an Themen und Gesten früherer Gedichte Brechts erinnert:[11]

> Der erste Blick aus dem Fenster am Morgen
> Das wiedergefundene alte Buch
> Begeisterte Gesichter
> Schnee, der Wechsel der Jahreszeiten
> Die Zeitung
> Der Hund
> Die Dialektik
> Duschen, Schwimmen
> Alte Musik
> Bequeme Schuhe
> Begreifen
> Neue Musik
> Schreiben, Pflanzen
> Reisen
> Singen
> Freundlich sein.

Während die Schlußzeile auf eine Überwindung der Dichotomien des Exils zu deuten scheint, sollten wir nicht vergessen, daß sich auch beim älter gewordenen, freundlicheren Brecht Spannungen finden zwischen dem Utilitarismus und dem, was Adorno als mimetisches Verhältnis zwischen Mensch und Natur beschrieben hat. Etwa in der Frage am Ende des Gedichtes *Der Hund*:[12]

> Mein Gärtner sagt mir: Der Hund
> Ist kräftig und klug und gekauft
> Die Gärten zu bewachen. Sie aber
> Haben ihn erzogen zum Menschenfreund. Wofür
> Bekommt er sein Fressen?

Das potentiell freundliche, wenn auch nicht völlig mimetische Verhältnis zwischen Mensch und Hund gerät hier in Widerspruch zu den Werten von Produktivität und Privatbesitz.

Die Darstellung eines komplementären Verhältnisses von menschlicher und natürlicher Produktion durchzieht auch zahlreiche Bauerndramen und -romane jener Zeit. In Strittmatters Stück *Katzgraben* wird der Weg vom Menschen über den Ochsen zum Traktor als Vehikel der Landarbeit trotz aller Widersprüche und Konflikte als notwendige und den Menschen nützliche Entwicklung einer Eroberung der Natur durch Wissenschaft und Industrieproletariat dargestellt. Der klassische Blankvers läßt diesen Prozeß als geradezu unausweichlich erscheinen:[13]

> Der Bücherwagen bringt mir neue Bücher,
> auf schnellen Rädern kommt die Stadt uns näher.
> Die Straße holt die Wissenschaft ins Dorf,
> Und Wissenschaft und Wohlstand sind ein Paar.

Einzig der reaktionäre Großbauer Grossmann spürt, daß die Motorisierung der Landwirtschaft ökologische Probleme mit sich bringen wird:[14]

> Wo der hintritt, entwässert sich der Boden.
> Wo der den Fuß hinsetzt, da wird das Gras grau.

Aber Grossmanns Mahnung wird als ideologischer Ballast aus der Zeit des Faschismus abgetan, und der Traktor, der am Ende des Stücks auf der Bühne steht, ist eine visuelle Repräsentation der kommenden und freudig erwarteten Industrialisierung des Landes.

Wie bekannt, wurde *Katzgraben* eine Art Modell, nicht nur für unzählige Bauerndramen, welche die DDR-Bühnen in den sechziger Jahren überschwemmten, sondern als Paradigma des Lebens in der DDR-Gesellschaft insgesamt. Die bald schon achtgrößte Industriemacht der Welt, deren Agrarprodukt nur 13% des gesamten industriellen Outputs bildet, wählte das Leben auf dem Land als vorherrschende dramaturgische Metapher gesellschaftlicher Selbstrepräsentation.[15] In mancher Hinsicht gibt es dafür natürlich gute materielle Gründe. Im Vergleich zum Westen waren Lebensstil und Tagesrhythmus in der DDR weitgehend provinziell und sind es noch heute. Das zeigt sich nicht nur in Fakten wie etwa dem, daß die größte Einzelorganisation des Landes der Anglerverband ist, dicht gefolgt vom Gartenverein. Zu erinnern ist auch dran, daß noch heute ein Großteil der Bevölkerung außerhalb der städtischen Zentren in den über 8000 ländlichen Gemeinden lebt, welche die politischen und gesellschaftlichen Strukturen des Alltagslebens weitgehend bestimmen. Darüber hinaus aber waren ideologische Gründe maßgebend für die Modellrolle von Strittmatters *Katzgraben*. Ein Drama, in dem fundamentale industrielle Widersprüche in den Umkreis ländlicher Harmonie von Heim und Erde verschoben wurden, ermöglichte eine Art von domestizierter allumfassender Harmonie von Industrie und Natur, die in städtischer Umgebung undenkbar gewesen wäre.

Diese fiktionale Verbauerung und Naturalisierung des gesellschaftlichen Lebens geht in den frühen sechziger Jahren zu Ende, und zwar sowohl aus materiellen als auch aus ideologischen Gründen. Auf den Beschluß des V. Parteitages, die BRD in den frühen sechziger Jahren materiell zu überrunden, folgten die Einführung des Bitterfelder Weges sowie der Beginn des Neuen Ökonomischen Systems, Produktionssteigerung usw. Im Bereich der Kulturpolitik resultierte daraus nicht nur der erneute Versuch, die Fabrik als *das* zentrale Thema für die Literatur zu propagieren; darüber hinaus wollte man eine Literatur schaffen, in der Nicht-Entfremdung im Rahmen industriell-technologischer Erfahrungen dargestellt werden könnte. Erinnern wir uns an die Tradition des Agitpropdramas und der Arbeiterkorrespondenzen der zwanziger Jahre, dann überrascht es nicht, daß Drama und Roman jetzt in den Vordergrund des literarischen Geschehens rückten. Heiner Müller, Peter Hacks, Volker Braun und Hartmut Lange versuchten, durch Schaffung starker, zentraler Charaktere und durch Darstellung realer Widersprüche auf der Bühne über die schematischen Industriestücke der fünfziger Jahre hinauszugehen. Autoren wie Christa Wolf, Brigitte Reimann, Erik Neutsch, Karl-Heinz Jakobs und Franz Fühmann nutzten in unterschiedlicher Weise die Erfahrungen von Intellektuellen, die in die Fabriken gegangen waren, um ihre Ankunft in der neuen Gesellschaft zu bekräftigen.

Doch auch in der Lyrik fanden ähnliche Experimente statt, und gerade hier finden wir die vielleicht deutlichste Affirmation der neuen Realität als Ort von Nicht-Entfremdung. Volker Braun ist besonders wichtig und auch typisch in diesem Kontext. Und dies, obwohl Braun eher als Ausnahme denn als Regel gelten kann, wenn man ihn mit anderen umstrittenen Dichtern der frühen sechziger Jahre vergleicht, mit denen er oft in einem Atem genannt wird und die alle, wenn auch in unterschiedlicher Weise, als Sozialisten dachten und sich für die DDR engagierten. Wenn Biermann für eine Generation sprach, die sich vom autoritären und restriktiven Führungsstil der älteren Parteikader abgestoßen fühlte, zeichnet sich Brauns lyrisches Ich dadurch aus, daß es seine älteren Vorgänger in seinem Engagement für Veränderung überholt. Während Kunzes zusehends „sensible Wege" ihn in Folge seiner Betonung innerer Subjektivität an den Rand der Gesellschaft führten, entwirft Brauns Behauptung des Selbst eine Bewegung vom Ich zum Wir, womit er ein Verständnis des Politischen begründet, in dem zwischen dem Politischen und dem Persönlichen kein Unterschied gemacht wird. Aber der größte Unterschied zwischen Braun und seinen Zeitgenossen läßt sich im Bereich von Natur, Produktion und Subjektivität lokalisieren. In vieler Hinsicht ist Braun *der* NÖS-Dichter *par excellence*. In einem poetischen Manifest, das in *Provokation für mich* abgedruckt ist, fordert Braun eine Lyrik, die imstande ist, natürliche und produktive Welt miteinander zu verknüpfen:[16]

> Unsere Gedichte sind Hochdruckventile im Rohrnetz der Sehnsüchte.
> Unsere Gedichte sind Telegrafendrähte, endlos schwingend, voll Elektrizität.

In *Adonis der Atomzeit* verbindet Braun Erotik und Raumfahrt, wenn er sagt:[17]

> Ihr Leib ist der Flugkörper deiner Allfahrt von Milchbar zu Kino
> Dreistufenrakete Beine – Brüste – Augen:
> Du bist Pilot, koste den Haarsturm der Achsel [. . .]

Die Verknüpfung von Eros und Produktion findet sich natürlich nicht nur bei Braun. Einzigartig an Brauns Lyrik jedoch ist das Ausmaß, in dem Syntax, Bilder und Rhythmen eine Vergesellschaftung des Natürlichen vermitteln, und der Grad, bis zu dem menschliche Bedürfnisstruktur, Produktionsprozeß und natürliche Ordnung in der Struktur der Gedichte selbst als Elemente eines energiegeladenen totalen Systems postuliert werden.

Brauns Gedicht über eine weibliche Kosmonautin *Die fliegende Frau* bietet sich für einen interessanten Vergleich mit Bahros Gedicht an:[18]

> Mein bebendes Bett in metallener Kemenate –
> jetzt heb ich mich auf: nun geschiehts im härtern
> Lärm des zerborstenen Schalls, die Donner vieler
> Jahrzehnte, erschlagner Heiliger Licht – vermengt
> Fährts aus dem pulsenden Stahl, jetzt heb ich mich
> Auf: nun drehn die Gedanken, ach, herrliche,
> Weg sich, nun *fühl* ich fast nur (Gefühl, ach
> Gefäß der Erniedrigung, zerspring!):
> Hochschnellt unmäßig behutsam noch aus des Stahlgerüsts
> Schatulle des Himmels zukünftiger Schmuck,
> Mein kostbares Schiff, Boot, dem ich gebiete,
> Der Kran Energie hebts scheu aus den Trossen –
> Mein bebendes Bett in metallener Kemenate:
> Jetzt ich frei bin auf dir, jetzt bin ichs mit Feuer und Flug,
> Jetzt ich frei bin auf dir: jetzt sinkt die Erde zurück.

Oberflächlich betrachtet, finden sich dieselben Themen in beiden Gedichten: der Bezug auf das Erbe, das strebende Individuum, der Optimismus. Was bei Braun neu und anders ist, ist die Kombination von Schlafzimmerintimität, orgasmischer Freude, natürlicher Energie, von Leistungen der Vergangenheit und explodierender technologischer Gewalt. Bei Braun dient das Ereignis der Raumfahrt weder einer hymnischen Verherrlichung der Wissenschaft, noch ist es eine Metapher für historischen Fortschritt, noch ein Loblied auf die Sowjetunion, noch auch ein Vehikel für die faustische Verwirklichung des protestantischen Ethos wie in so vielen Raumfahrtgedichten der Jahre nach Gagarins Flug von 1961. Braun will ausdrücken, daß menschliche Subjektwelt und sachliche Objektwelt sich gegenseitig durchdringen. Seine Affirmation der Wissenschaftlich-Technischen Revolution steckt in den Partizipien und Bildern, welche die totale gegenseitige Durchdringung von Selbst und Anderem, von domestizierter Privatheit und industrieller Gewalt zum Ausdruck bringen – all dies in ihrem zitternden, kostbaren Schiff aus Metall, „dem ich gebiete".

Im Hinblick auf das Thema ‚Natur' wird klar, daß – im Gegensatz zur Naturlyrik Bechers, Huchels, Bobrowskis und selbst Brechts – Brauns wechselseitige Durchdringung von Natur, Mensch und Industrie („mein bebendes Bett in metallener Kemenate") ihre symbiotische Kraft in und aus der industriellen Welt erhält, und nicht etwa von außerhalb derselben. Darüber hinaus wird das Thema der Nicht-Entfremdung bei Braun durch Einbeziehung von Sexualität und sexueller Identität erweitert. Gewiß, die Kombination von Erotik und Arbeit als Figuration von Nicht-Entfremdung findet sich bei Braun schon in seinem Baal-Faust-Helden Kipper Bauch, in dem Stück mit dem bezeichnenden Untertitel *Der vollkommene Mensch*. Einzigartig an dem Gedicht jedoch ist der Umstand, daß die Mensch-Technologie-Beziehung nicht wie bei Bahro oder dem frühen Braun über männliche Beherrschung der Natur vermittelt wird, sondern vielmehr über eine Frau, und zwar in einem Prozeß gegenseitiger Durchdringung von Weiblichkeit (das Private, das Menschliche, usw.) und Technologie („Der Kran Energie", eine offensichtlich phallische Anspielung, „hochschnellt" usw.). Subjekt und Objekt befinden sich in Einklang und Gleichgewicht („jetzt hebe ich mich auf"); sexuell natürliche Qualitäten werden befördert und nicht unterdrückt durch die Beherrschung der Natur.

Man hat Volker Braun den Majakowski der DDR genannt, und seine Arbeiten der sechziger Jahre repräsentieren in der Tat eine Art Auferstehung des technologischen und produktivistischen Optimismus der frühen sowjetischen Avantgarde. Dort herrschte ebenfalls der Glaube, daß Kunst und Industrie nicht länger unvereinbar seien und daß von nun an selbst das privateste literarische Genre nicht nur im Dienste der Produktion stehen, sondern selbst als Produktion gelten könne. Im Jahre 1926 schrieb Majakowski: „Ich betrachte mich als eine Sowjetfabrik / erbaut, um Glück zu produzieren. [...] Neben das Roheisen, neben den Stahl hin trete das Wort, zum Vers verdichtet."[19] In diesem Kontext ist es bedeutsam, daß Volker Braun ebenfalls auf die Fragen antwortete, die in der Lyrikdebatte des *Forum* vorgelegt worden waren. Seine Antwort war deutlich der produktivistischen Avantgarde von Arwatow, Tretjakow, Rodschenko, Majakowski und anderer verpflichtet:[20]

> In der Vergangenheit waren Zeiten rascher Entwicklung der Produktivkräfte nicht immer, sondern kaum Blütezeiten der Kunst. Die ‚Goethezeit' war zu Ende, als die

industrielle Revolution in Deutschland begann. Ich halte es für heute möglich, daß mit der sozialistischen, technischen Evolution (von der technischen Revolution kann man nur in der Waffentechnik sprechen) zugleich eine Kunstzeit beginnt. [...] Der technische und der ideologische Fortschritt können nicht mehr so kraß auseinanderklaffen, wenn die gesellschaftliche Entwicklung bewußt und die dienliche Tätigkeit nützend vollzogen wird.

Allerdings ist es bezeichnend, daß Volker Braun seine Antwort nicht einschickte. Über die Gründe läßt sich leicht spekulieren. Hätte er seine Antwort veröffentlichen lassen, so hätte er sich voll mit der Position Bahros und der Partei identifiziert und gegen die kleine Gruppe von Dichtern wie Sara und Rainer Kirsch, Kunert und andere Stellung genommen. Im Hinblick auf seine eigenen Schwierigkeiten mit der Aufführung von *Kipper Bauch* am Berliner Ensemble zu jener Zeit und im Lichte der Tatsache, daß Hans Koch damals seine „Weltanschauung, die keine politische oder gesellschaftliche Basis habe", angegriffen hatte, hat Braun die politische Bedeutung seines Beitrags vermutlich zu genau verstanden, um sich ohne Bedenken in die Debatte zu werfen. Aber verweist nicht gerade dies auf das sehr reale Dilemma der produktivistischen Avantgarde? Ungeachtet ihrer kritisch widerspenstigen, engagierten und hinterfragenden Haltung bringt der nie in Frage gestellte Glaube an die Heiligkeit von Technologie und Produktion diese Avantgarde fast unvermeidlich auf die Seite des staatlichen Legitimationsapparates, der mit denselben Prinzipien operiert.

Und eben wegen dieses Dilemmas ist die Lyrik von Kirsch und Kunert eine Herausforderung, welche die grundlegenden Prinzipien der sozialistischen Ordnung berührt; ebendies macht auch einsichtig, warum Rudolf Bahro – unter Zuhilfenahme des Lukács'schen Paradigmas – Kunerts technologischen Pessimismus als „Zerstörung der Vernunft" interpretieren muß; denn vernünftig ist in diesem hegelianischen, zu Natur verklärten marxistischen System einzig und allein der unaufhaltsame Marsch der Geschichte auf der Basis wissenschaftlichen Fortschritts. Von diesem Standpunkt aus kann Sara Kirschs ökologisches Gedicht *Der Saurier* logischerweise nur als Höhepunkt von Unvernunft erscheinen:[21]

> Der Saurier
> das böse Tier
> war im Norden
> so groß geworden
> und so mächtig
> und so prächtig
> daß ihn befiehl ein Wahn:
> Er fraß die Sonne aus ihrer Bahn
> In der Eiszeit
> da war es soweit
> vorbei alle Freud
> da starb er aus.
> Lerne daraus!

Weniger naiv und märchenhaft in Ton und Inhalt, aber ebenso provozierend wirkte Kunerts Gedicht *Ikarus 64*:[22]

> 1.
> Fliegen ist schwer:
> jede Hand klebt am Gehebel von Maschinen:
> geldesbedürftig.
> Geheftet die Füße
> an Gaspedal und Tanzparkett. Fest eingenietet
> der Kopf im stolzen fortschrittlichen
> im vorurteilsharten
> Sturzhelm.
>
> 2.
> Ballast: das mundwarme Eisbein
> in der Familiengruft des Magens.
> Ballast: das finstere Blut
> gestaut an hervorragender Stelle
> gürtelwärts.
> Töne
> erster zweiter neunter dreißigster Symphonien
> ohrhoch gestapelt zu kulturellem Übergewicht.
> Verpulverte Vergangenheit
> in handlichen Urnen verpackt.
> Tankweis Tränen im Vorrat unabwerfbare:
> Fliegen ist schwer.
>
> 3.
> Dennoch breite die Arme aus und nimm
> einen Anlauf für das Unmögliche.
> Nimm einen langen Anlauf damit du
> hinfliegst
> zu deinem Himmel
> daran alle Sterne verlöschen.
> Denn Tag wird.
> Ein Horizont zeigt sich immer.
> Nimm einen Anlauf.

Wieder handelt es sich um ein Gedicht über Raumfahrt – jedoch eins, das, wie Kunert selbst erläutert hat, mit Paradoxen und Widersprüchen operiert. Das lyrische Ich vereint Individuelles und Gesellschaftliches ähnlich wie bei Braun, nur fehlt dessen Optimismus. Fliegen ist schwer: darauf liegt der Akzent des Gedichts. Ballast nimmt überhand und wird zur dominanten Metapher für gesellschaftliche Erfahrung. Das, was Brauns fliegende Frau ins Universum hinaustreibt, drückt das unglückliche Subjekt Kunerts mitleidlos zu Boden. Der Kopf ist eingenietet im stolz fortschrittlichen *und* vorurteilsharten Sturzhelm.

Biologisch erinnern uns jedoch Sexualität und Essen daran, daß wir Menschen sind. Kulturell sind es das hochgestapelte klassische Erbe und die in handlichen Urnen verpackte, in Gasöfen verpulverte Vergangenheit, die den Ballast der Geschichte repräsentieren, der uns niederziehen wird und nicht abgeworfen werden kann. Die Herrschaft des Menschen über die Natur hat Ballast statt Transzendenz hervorgebracht, fragmentierte Subjekte statt faustischer Heroen. Die ersten beiden Strophen betonen diese Fragmentierung dadurch, daß einzelne Körperteile stakkatoartig getrennt dargestellt werden. Der Konsumcharakter des Alltags wird deutlich in solch zynisch eingesetzten Adjektiven wie „handlich" und „unabwerfbar". Technologie, Wirtschaft und letzte Fortschritte, biologische und soziale Determinationen sowie der Bereich hoher Kultur sind miteinander als Gewichte verknüpft, die auf die Unmöglichkeit des Unternehmens deuten. Und doch ist es möglich. Aus der Öde erklingt die dreifache Aufforderung – in der zweiten Person, gerichtet an den nackten Ikarus, dem keine Technologie zur Verfügung steht: Nimm deinen Anlauf.

Kunert hat von der paradoxen Gültigkeit des Gedichtes gesprochen,[23] womit er andeutete, daß das Gedicht über seine unmittelbare Bildlichkeit hinaus in einem weiteren Kontext bedeutsam sein könne. Diesbezüglich sprach Kunert vom Realismus des Gedichtes. Die paradoxe Gültigkeit und die realistische Ebene von *Ikarus 64* sind ebenso eine Antwort auf die *Forum*-Umfrage über Technologie und Lyrik, wie es schon Kunerts im *Forum* veröffentlichtes Statement war. Kunert war in der Tat einer der ersten in der literarischen Avantgarde der DDR, der hier ein Problem ansprach, das in den Arbeiten Christa Wolfs, Heiner Müllers, Brigitte Reimanns, Irmtraud Morgners und schließlich auch Volker Brauns zentral werden sollte – das Problem der Verbindung von Natur, Subjektivität, Geschichte und wahrer Freiheit. All diese Autoren artikulieren in ihren literarischen Arbeiten Fragen, die im Bereich des offiziellen politischen Diskurses abgeblockt bleiben.

Rückschauend läßt sich leicht sehen, daß Volker Brauns Versuch, im Geiste des jungen Marx eine natürlich gewordene gesellschaftliche Ordnung zu postulieren, an demselben Problem scheitert, an dem auch Bahros Traum der Universalität zu Bruch ging, nämlich an den realen Widersprüchen der Gesellschaft, in der beide leben. Bahros Umdenken begann 1968 mit dem Einmarsch der Truppen des Warschauer Pakts in die Tschechoslowakei; bei Braun war es die Einsicht in die prekäre Stellung von Schriftstellern wie ihm selbst und Wolf Biermann.

Es ist in der Tat ironisch, daß es Rudolf Bahro war, der die Lyrikdebatte von 1966 eröffnete und zum Abschluß brachte. Schließlich war es derselbe Bahro, der später im Bereich der sozialistischen Staaten die durchdringendste Analyse und Kritik des Ökologieproblems lieferte. Gewiß, es gab da auch anderes. Etwa den wichtigen Versuch Wolfgang Harichs – vor allem in seiner Interviewserie *Kommunismus ohne Wachstum* – das Ökologieproblem bewußt zu machen und organisatorisch in den Griff zu bekommen.[24] Harich gebührt das Verdienst, als einer der ersten führenden Intellektuellen in der DDR die Ökologiefrage als zentral für die Lebensqualität auch in sozialistischen Gesellschaften zu begreifen, statt sie als kapitalistisches Problem abzutun. Politisch noch bedeutsamer aber war es, daß Harich der dominierenden Produktions- und Wachstumsideologie eine Alternative entgegensetzte, die ihre Legitimität aus der marxistischen Tradition selbst bezog, und zwar vor allem aus Engels' *Dialektik der Natur*, aber auch aus dem *Kapital* und anderen Marxschen Schriften zur politischen Ökonomie. Während ihm seine Thesen den Vorwurf eintrugen, er stelle sich auf die Seite des Club of Rome, ist doch nicht zu übersehen, daß sein Rückbezug auf die, wie er selbst sagt, orthodoxeste Tradition eine Reihe wichtiger Revisionen mit sich gebracht hat. Vor allem hat Harich jene utopischen Momente bei Marx aufgegeben, die in der Forderung eines harmonischen Verhältnisses zwischen Menschen und Natur und zwischen den Menschen selbst bestehen. Konkreter gesagt, befürwortet Harichs Konzept des Kommunismus ohne Wachstum einen stärkeren Staat, der Askese und kontrollierten Konsum erzwingen müsse. Wo Marx das Absterben des Staates forderte, sieht Harich den Staat als einziges Mittel, die innere Dialektik sozialistischer Geschichte zu verwirklichen. Aus Anlaß der ersten Benzinrationierung in der BRD sagte er:[25]

> Da fiel es mir plötzlich wie Schuppen von den Augen, und ich dachte: warum nicht gleich alles rationieren? Und wenn ja, warum nicht auf sozialistischer Grundlage? Und wenn auf sozialistischer Grundlage, wäre das nicht bereits der Kommunismus?

Die Implikationen einer solchen verstärkten Rolle des bürokratischen Apparats für unser Thema sind wohl deutlich genug: Die verheerenden Erfolge der Herrschaft des Menschen über die Natur würden erweitert durch die erzwungene Herrschaft von Menschen über Menschen als Mittel zur Regulierung aller menschlichen Bedürfnisse.

Diesen Schritt zu vollziehen hat Rudolf Bahro sich geweigert – ungeachtet seiner Übereinstimmung mit Harich hinsichtlich des Ernstes der ökologischen Krise und der Notwendigkeit, das Wachstum aufzuhalten. Gerade dadurch, daß Bahro darauf besteht, Subjektivität und Kulturrevolution mit den Problemen der politischen Ökonomie zu verknüpfen, ist er jenem Projekt verpflichtet, das seine Gegner in der Lyrikdebatte von 1966 begonnen hatten. Bahros Buch liefert, sozusagen gegen sein früheres Selbst, die theoretische Begründung dafür, daß die innermarxistische Infragestellung des produktivistischen Determinismus der Anfang, nicht die Zerstörung von Vernunft ist. Bahros 1977 in Westdeutschland veröffentlichtes Buch *Die Alternative. Zur Kritik des real existierenden Sozialismus* enthält in der Tat eine philosophische Ausarbeitung jener paradoxen Gültigkeit von Kunerts Gedichten *Ikarus 64*, *Notizen in Kreide* und *Geschichte*.

Bahros Grundposition läßt sich folgendermaßen skizzieren: 1. Das Sowjetsystem ist nicht sozialistisch, sondern vielmehr eine nicht-kapitalistische, bürokratische Struktur, geschaffen für die Industrialisierung des Landes und basierend auf einer asiatischen Produktionsweise mit ihrer Vorgeschichte eines bürokratischen Despotismus. Deshalb ist das Sowjetsystem weder einfach als Deformation des sozialistischen Überbaus noch als Resultat unterentwickelter Produktivkräfte zu begreifen; noch auch ist es im Licht kapitalistischer Distributionsformen zu sehen. Es muß vielmehr auf der Ebene seiner Arbeitsprozesse analysiert werden. 2. Marx und Engels unterschätzten den grundlegenden Charakter und die Beharrungskraft der Arbeitsteilung. Die im real existierenden Sozialismus vorherrschende Form politischer und gesellschaftlicher Herrschaft wurzelt in einer vertikalen Arbeitsstruktur und in den entsprechenden Bewußtseinsformen, die diese Strukturen materiell charakterisieren und organisieren. Da vor allem die Verwertung geistiger Arbeit durch die Hierarchie entscheidend für die Aufrechterhaltung und Reproduktion des Systems ist, ist es umgekehrt die Produktion von überschüssigem Bewußtsein, die das System verändern wird. 3. Marx und Engels haben auch die Natur des modernen Staates zutiefst mißverstanden. Er ist weder ein Epiphänomen der Gesellschaft, noch wird er aussterben, noch auch ist er Mittel zur Wohlfahrt oder zur politischen Artikulation. Der Staat ist vielmehr ein Apparat mit einer ihm eigenen Hierarchie und einem Netz institutioneller Interessen, der den Rest der Gesellschaft beherrscht und in tendenziell antagonistischem Verhältnis zu den unmittelbaren Produzenten steht. 4. Schließlich ist die marxistisch-leninistische Partei obsolet als Form politischer Organisation und Artikulation. Sie muß durch einen Bund der Kommunisten ersetzt und durch eine totale Kulturrevolution umgeformt werden, die jegliche Form existierender Entfremdung zu überwinden sucht.

Entscheidend an Bahros Analyse also ist, daß die Strategie der Veränderung direkt im Bezug der Menschen zur Natur lokalisiert wird. Kulturrevolution zielt nicht nur ab auf die Emanzipation der Frau, die Überbrückung des Gegensatzes von Stadt und Land, die Abschaffung des Staates; Kulturrevolution muß ein Gleichgewicht herstellen zwischen Menschen und Environment, und die Dynamik dieses Vorgangs verlangt, daß Lebensqualität und Subjektivität im Zentrum stehen. Eben aus diesem Grunde, meine ich, stellt Bahro eine solche Herausforderung in der DDR dar. Bahros Position zur Ökologie beruht auf seiner fundamentalen Ablehnung des marxistischen Glaubens an technologischen Fortschritt und an die Bedeutung der Produktionsmittel für den Weg in eine bessere Zukunft. Noch wichtiger vielleicht ist Bahros These, daß die Politik einer Veränderung mit einer Umorientierung gesellschaftlicher und individueller Einstellungen beginnen muß. Es ist diese Betonung innerer Subjektivität und äußerer Natur, die Bahros Theorie mit der Lyrikdebatte jener früheren Periode verbindet. Daß Kunert, Harich und Bahro heute nicht mehr in jener Gesellschaft leben, tut der Wichtigkeit ihrer Gedanken und Thesen für die Zukunft keinen Abbruch.

(Aus dem Amerikanischen von Andreas Huyssen)

ANMERKUNGEN

1 Zit. in Fritz J. Raddatz, *Traditionen und Tendenzen: Materialien zur Literatur der DDR* (Frankfurt 1972), S. 173.
2 Rudolf Bahro, *Forum* 10 (1966), S. 22.
3 *Forum* 20 (1963), S. 14.
4 Ebd., S. 15.
5 Karl Marx/Friedrich Engels, *Studienausgabe*, Bd. II (Frankfurt 1966), S. 101.
6 Johannes R. Becher, *Gedichte* (Berlin 1971), S. 392.
7 Peter Huchel, *Sinn und Form* (1950), Heft 4, S. 130.
8 Ebd., S. 131.
9 Bertolt Brecht, *Gesammelte Werke*. Bd. IX (Frankfurt 1967), S. 519.
10 Ebd., X, S. 1012.
11 Ebd., S. 1022.
12 Ebd., S. 1023.
13 Erwin Strittmatter, *Stücke* (Berlin–Weimar 1967), S. 13.
14 Ebd., S. 82.
15 Vgl. meinen Aufsatz „Agroprop: Kollektivismus und Drama in der DDR". In: *Geschichte im Gegenwartsdrama*. Hrsg. von Reinhold Grimm und Jost Hermand (Stuttgart 1976), S. 96–110.
16 (Halle 1965), S. 9.
17 Ebd., S. 11.
18 Ebd., S. 61.
19 *Gedichte* (Berlin 1968), S. 200.
20 Volker Braun, *Es genügt nicht die einfache Wahrheit* (Frankfurt 1976), S. 27.
21 Kirsch, Rainer und Sara, *Gespräch mit einem Saurier* (Berlin 1965), S. 30.
22 Günter Kunert, *Verkündigung des Wetters* (München 1966), S. 49.
23 In: *Ein Gedicht und sein Autor*. Hrsg. von Walter Höllerer (Berlin 1967).
24 Wolfgang Harich, *Kommunismus ohne Wachstum? Babeuf und der ‚Club of Rome'* (Hamburg 1975).
25 Ebd., S. 63.

RALPH BUECHLER, ANDREAS LIXL, MARY RHIEL, STEVE SHEARIER, FRED SOMMER, SALLY WINKLE

Grauer Alltagsschmutz und grüne Lyrik. Zur Naturlyrik in der BRD

I

Während der letzten drei Jahrzehnte läßt sich sowohl innerhalb der Einstellung zur Natur an sich als auch an der Thematisierung der Natur in der Lyrik ein paradigmatischer Wandel ablesen. Der Akzent dieser Veränderung wird besonders deutlich, wenn man die Beziehung zwischen Naturlyrik und Opposition gegen die atomare Aufrüstung während der fünfziger Jahre mit der Situation der siebziger Jahre vergleicht, wo es nicht mehr um Atomrüstung im speziellen, sondern um Kernkraft im allgemeinen ging. Sowohl die Politisierung als auch die radikale Kritik der Gesellschaftsstrukturen von seiten der Linken und der Frauenbewegung trugen zu der Erkenntnis bei, daß Natur keineswegs auf einen Bereich außerhalb von Kultur und Geschichte zu reduzieren sei. Eine idealistisch-mythologische Betrachtung der Natur erwies sich zusehends als obsolet. Im Kampf gegen eine sich ausbreitende Ökologiekrise wirkte daher Naturlyrik als Medium der Ideologiekritik seit den siebziger Jahren nicht nur ästhetisch in der Form von Bewußtsein, sondern auch konkret als Ausdruck politischen Widerstands. Es soll hier versucht werden, anhand dieser Entwicklung der Naturlyrik deren Umwandlung in ‚Umweltlyrik' zu analysieren. Ferner gilt es, jene Widersprüche zu beleuchten, die sich beim Versuch ergeben, Natur als Schutthalde industrieller Abfälle einerseits und als das Opfer gesellschaftlicher Mißwirtschaft andererseits zu betrachten, und zwar im Gegensatz zu jener idealistisch-patriarchalischen Sicht, innerhalb deren der Begriff ‚Natur' weiterhin als Domäne ewiger Ordnungen gilt.

Ein Thema, das sich die Behandlung der neueren Naturlyrik zur Aufgabe stellt, erfordert zwangsläufig eine kritische Bezugnahme auf die Ökologiedebatte in der BRD. Im Vordergrund muß dabei das direkte Verhältnis zwischen der Ästhetisierung von Natur als politischer Thematik und der Politik des ‚grünen' Widerstands gegen die zunehmende Umweltverseuchung, insbesondere im Protest gegen den Einsatz von Atomenergie, stehen. Die gegenwärtige außerparlamentarische Opposition, deren politische Wirksamkeit sich seit den Bauplatzbesetzungen der geplanten Atomkraftwerke zu Wyhl, Brokdorf und Gorleben nicht mehr ableugnen ließ, trug zu einer tiefgreifenden Politisierung weitester Kreise der bundesdeutschen Bevölkerung bei. Aus den kollektiven Aktionen der zahlreichen Bürgerinitiativen ergab sich eine kulturelle Initiative, zu welcher vor allem die Protest-Lieder, ‚grünen' Gedichte und Straßentheater zu zählen sind; mitunter kam es auch spontan zur Gründung regionaler Volkshochschulen, deren Ziel es war, der wissenschaftlichen Aufklärung sowie der politischen Weiterbildung der ‚Betroffenen' einen kollektiven Rahmen zu geben. Als Appell an die Solidarität und als Opposition gegenüber einer Politik der Umweltbedrohung und Zerstörung profilierte sich eine ökologische Bewegung, deren Organisationen und Aktionen erneut die Hoffnung auf soziale Veränderung zum Ausdruck bringen. Als eine der Hauptforderungen aller Bürgerinitiativen und bunten Listen gilt die Dezentralisierung der Machtmonopole innerhalb der privaten Industrie und staatlichen Bürokratie, um dadurch den regionalen Interessen und lokalen Bedürfnissen entgegenzukommen. Sowohl die Grünen als auch die Bunten definieren sich als Alternativen einer Wirtschaftsideologie, deren Merkmal es ist, Fortschritt auf Profit zu reduzieren. Im Versuch, als Alternative zu Konsumzwang und ökologischer Verantwortungslosigkeit politisch wirksam zu werden, bemühen sich die Grünen konkret um die Schaffung von Bürgerinitiativen in den unmittelbar bedrohten Gebieten. Da sie den Bau und die Inbetriebnahme von Kernkraftwerken unter allen Umständen zu verhindern suchen, gelten die politische Aufklärung im Rahmen der verfügbaren demokratischen Einrichtungen als auch die Organisation der jeweiligen Bauplatzbesetzungen als zentrale Anliegen. Und doch beweisen gerade die Widersprüche innerhalb der ‚grünen' Initiativen im Rahmen der ökologischen Opposition, welches Ausmaß an interner politischer Zersplitterung selbst in dieser Bewegung herrscht. Ohne die reale Bedrohung der Lebensqualität durch Konsumgesellschaft und Kernenergie in Frage stellen zu wollen, wird sich zeigen, daß selbst die ‚grüne' Ideologie des Widerstandes wesentliche Voraussetzungen traditionellen Bewußtseins kritiklos übernahm, und zwar in der Form von Slogans, Liedern und Gedichten, welche nicht selten ältere Auffassungen von Familie, Individuum und Natur idealistisch überhöhen. Die frohe Botschaft etwa, der zufolge es zum wahren Recht aller Frauen gehöre, wieder Mutter werden zu dürfen, erinnert eher an die Propaganda der Vergangenheit, als daß sich in ihr eine Alternative zur Gegenwart andeutete; denn in der Reduktion der Frau auf die Biologie der Mutterschaft kommt es durch die Identifikation der Frau mit dem Bereich der Natur erneut zu einer Mystifizierung der Weiblichkeit. Immer wieder verfängt sich der Rekurs auf traditionelle Modelle gesellschaftlichen Rollenverhaltens in den Kategorien genormter Erwartungen des abstrakt Menschlichen oder ewig Natürlichen, was zur Perpetuierung jener Ideologie führt, deren Veränderung das eigentliche Ziel sein müßte.

II

Verzicht auf politisches Engagement und Abkehr von der gesellschaftlichen Wirklichkeit galten als besondere Kennzeichen der Naturlyrik der unmittelbaren Nachkriegsjahre. Gesellschaftliche Isolation und Flucht aus dem Alltag zu einer grünschimmernden Natur wurden zu Indizien einer Rezeption, welche jegliches poetologische Interesse an Natur nur als Symptom politischer Desorientierung oder gesellschaftlicher Verantwortungslosigkeit interpretierte. Jener angeblich unpolitischen Haltung freilich widersprach das tatsächliche aktive Engagement einer größeren Gruppe bundesdeutscher, Schweizer und österreichischer Autoren, die sich wiederholt und lautstark gegen eine Politik der atomaren Bewaffnung der Bundesrepublik zu Wort meldeten. So erschien etwa am 28. März 1958 in der Münchner Zeitschrift *Die Kultur* eine scharfe Erklärung, in der sich ein Großteil der literarischen Prominenz mit der atomaren Politik der Regierung Adenauer auseinandersetzte. Mehr als 500 Unterschriften zählte die Liste derer, die öffentlich gegen eine Eskalation des kalten Krieges und der damit verbundenen Propaganda protestierten. „Die Liste liest sich heute fast wie ein Autorenlexikon der deutschen Gegenwartsliteratur", kommentierte die *Neue Zürcher Zeitung*[1] im Ton der etablierten Distanz gegenüber dem konkreten politischen Engagement dieser Schriftsteller; gefordert wurde eine „demonstrative Stellungnahme" all derer, die sich ihrer „persönlichen Verantwortung" bewußt seien.[2] Zu den Unterzeichnern zählten unter anderem Günter Eich, Alfred Andersch, Erich Kästner, Ingeborg Bachmann, Wolfgang Koeppen, Hans Werner Richter, Wolfgang Weyrauch, Gertrud von Le Fort und Hermann Kasack.

Trotz der massiven Proteste und zahlreichen Demonstrationen gegen eine atomare Aufrüstung der Bundeswehr entschied sich die CDU/CSU-Koalition für die Ausstattung der Streitkräfte mit nuklearen Waffen sowie für deren Lagerung auf bundesdeutschem Territorium. Zu den Hauptvertretern der oppositionellen Bewegung hatten neben den Schriftstellern die diversen Verbände der Evangelischen Kirche Deutschlands (EKD) gehört. Seit dem *Stuttgarter Schuldbekenntnis* im Jahre 1945 waren die einzelnen Kirchen immer wieder mit moralischen Appellen an die Öffentlichkeit getreten, um so der pro-nuklearen Propaganda der Regierung entgegenzuwirken:[3]

> Es kommt alles darauf an, daß wir uns nicht durch eine verlogene Propaganda beirren lassen, daß wir allen Versuchen, uns und unsere Kinder in eine Gesinnung des Hasses hineinzutreiben, ein entschlossenes Nein entgegensetzen.

Doch nicht nur von der Evangelischen Kirche Deutschlands, auch von den Universitäten oder den Atomwissenschaftlern wurden ‚Kampfmaßnahmen' verlangt; laut Representativerhebungen eines Meinungsforschungsinstitutes befürworteten selbst im Jahre 1958 noch mehr als 52% der gesamten erwachsenen Bevölkerung einen Generalstreik zur „Verhinderung der Atomausrüstung der Bundeswehr".[4]

So viele dachten und fühlten damals antimilitaristisch! Innerhalb dieser Öffentlichkeit eines moralischen und politischen Widerstandes mußte sich auch die Funktion der Naturlyrik wandeln. Was in ihr vorherrscht, ist jetzt nicht mehr die scheinbare Abkehr von der Gesellschaft, sondern der Versuch, in und durch Lyrik selber eine Dimension zu schaffen, die auf symbolische Weise Moral und ‚natürliche' Humanität retten will. In der Hinwendung zur Natur und der ihr immanenten natürlichen Ordnung kommt es zu einer vorbildhaften Überhöhung scheinbar überzeitlicher, ahistorischer, natürlicher Werte, die allein noch imstande seien, dem Recht auf Leben und Überleben Ausdruck zu verleihen. Im kontemplativen Entziffern einer als mythisch erlebten Andersartigkeit wollte man sich Zugang verschaffen zu einer natürlichen und unverfremdeten Gegenwelt. Doch der idealistische Blick auf die Natur projizierte nicht nur die individuellen Erwartungen der Poeten, sondern verführte auch die Beschauer zu einer traditionellen Perspektive der Absonderung und Abgesondertheit. In diesem Sinne hatte schon die ‚Innere Emigration' unter der Herrschaft der Nazis in der Naturlyrik jenes Medium gefunden, in welches man sich unbehelligt zurückziehen konnte, um dort ästhetisch und existentiell im Gedicht zu überwintern. Natur postulierte sich jedoch dabei nicht als Symbol einer ‚heilen Welt', sondern wurde zugleich zu einer Sphäre der Kompensation, der Heilung und Kraft.

In eben dem Ausmaß, in dem Natur als Instanz absoluter Autonomie erschien, verfestigte sich in der Lyrik jener Anspruch auf Natürlichkeit, durch den sich das Gedicht als Vermittler einer natürlichen Ordnung selber absolut setzte. Wie die Gedichte der ‚Inneren Emigration', vermitteln daher die Gedichte der fünfziger Jahre Natur weiterhin als autonomes Symbol einer außergeschichtlichen Moral, Ordnung und Unvergänglichkeit. Im Gewand von Metaphern kommt es sogar oft zu Hymnen an die Natur. Bei genauerem Hinhören und Lesen aber verfestigt jene einkleidende Symbolik in ihrer abstrakten Verklärung zugleich die unüberbrückbare Kluft zwischen Mensch und ‚Natur' und somit auch zwischen Mensch und Mensch. Mit dem Verlangen nach traditioneller Einheit und Harmonie und durch die idealistische Absonderung von Natur und sozialer Gegenwart kommt es jetzt erst recht zu unauflöslichen Antinomien. Im Kreislauf der ewigen Wiederkehr des Gleichen konstituiert sich hier die Natur als ahistorische Konstante. Mit romantischer Sehnsucht und Nostalgie besingen solche Gedichte eine phantastische Natur, die vom Dichter auf das Maß der eigenen Erwartungen reduziert wird. Und damit bleibt ‚Natur' – im Gegensatz zum menschlichen Bewußtsein – außerhalb aller Kultur und deren Dynamik.

Sehnsucht nach Vollendung und harmonischer Individualität stehen bereits als patriarchalische Voraussetzungen im Zentrum der Gedichte von Hesse, Loerke und Carossa. Aber auch bei Lehmann und den jüngeren Autoren der Nachkriegszeit herrscht die traditionelle Vorliebe für das Detail und die genaue Beschreibung, wobei sich Phantasie und Natur oft magisch ergänzen. Um der Magie des ‚Natürlichen' gerecht zu werden, bedurfte es freilich einer absoluten Hermetik und Chiffrenhaftigkeit, durch die das gleichsam hinter der Wirklichkeit Liegende, Unsagbare zum Ausdruck kommt. So heißt es etwa in dem Gedicht *Klage ohne Trauer* von Wilhelm Lehmann:[5]

> Die Spinne wirft ihr Silberseil.
> Der Wind schläft ein. So bleibt es heil.

> Wie schnell flog meine Zeit vorbei,
> Aus jeder Hecke Vogelschrei.

> Die Erde spricht, Heuschreck ihr Mund,
> Blaugrüne Diemen, wigwamrund.

Die Pappel samt. Die Wolle schneit,
Als Polster meinem Kopf bereit.

Ein Seufzer seufzt: „Vergeh, vergeh";
Die Pappel rauscht: „Es tut nicht weh."

Natur galt damals primär als eine Sphäre der Hoffnung, der Zuversicht und des Labsals. Sie war im Rollenspiel der Erwartungen stets die heile und heilende Gegenwelt. Sowohl in der Lyrik der unmittelbaren Nachkriegszeit als auch in der Lyrik der Jahre des sogenannten ‚Wirtschaftswunders' blieb Natur stets Vorlage und Symbol für eine poetologische Traumlandschaft. Als auf sich selbst bezogene, autonome Wirklichkeit erschien Natur somit als eine vom Menschen unabhängige Urkraft, deren Einheit und ewige Fruchtbarkeit – wie in dem Gedicht *Gelassene Natur* von Marie Luise Kaschnitz – am Vorbild einer patriarchalisch verstandenen Weiblichkeit ausgerichtet war:[6]

Was kümmert dich, Natur,
des Menschen Los?
Du hegst und achtest nur
Die Frucht im Schoß.

Bedarf an Natur war immer dann gegeben, wenn Lyrik sich keiner anderen Sphäre zu versichern wußte, in welcher der nostalgische Humanismus der Poeten nicht von vornherein als Anachronismus innerhalb eines sich rücksichtslos ausbreitenden Kapitalismus gewirkt hätte. Allein in der Transzendenz der Andersartigkeit bot sich noch die Möglichkeit der Projektion einer heilen und grünenden Gegenwelt, in die Natur als Refugium seelischer Bedrängung umfunktioniert wurde. Je nach Ermüdungsgrad oder Einbildungskraft bettete man sich entweder zur Ruhe oder interpretierte wie Lehmann die Sprache der Heuschrecken. Inmitten einer brutalen, mitleidlosen Welt der Menschen offenbarte sich so in diesen Gedichten eine Umwelt des Friedens. Als Postulat der Gegenwelt und als Sphäre der Andersartigkeit wird dadurch Natur manchmal geradezu zum Inbegriff mythischer Größe. Traditionen vorchristlich-heidnischer Art verdichteten sich hier zu Metaphern und Bildern, die Natur als Ritual veranschaulichen sollen. Entsprechend den Phantasiebedürfnissen des jeweiligen Dichtergemüts spielt Natur unter anderem die Rolle der wohlwollenden Mutter, der hexenhaften Furie oder der heilenden Schwester, an die man sich mit der Erwartung von Trost und hoffnungsspendendem Beistand wendet. In der Gestalt der göttlichen Priesterin kommt dabei oft das klassische Ideal unverfremdeter Naturverbundenheit zum Durchbruch. So erscheint in dem Gedicht *Die Jägerin* von Friedrich Georg Jünger eine solche Allegorie der Natur als Göttin des patriarchalischen Mythos im Bilde jugendlicher Weiblichkeit, die in ein Symbol naiver Instinkthaftigkeit umgefälscht wird. Dies führt zu jenen Assoziationen einer wesenhaften Gleichheit von

Natur und Weiblichkeit, die dem dichterischen Ich zum rituellen Spektakel orakelhafter Faszination wird:[7]

> Durch die Lauben kam ich des Stroms,
> Ich bog die Gesträuche seitwärts und spähte
> Auf die roten, dampfenden Wasser der Frühe.
> Da sah ich, wie die unberührbare Jägerin kam,
> Die, strömend vom Tau, umrieselt
> Von den silbernen Bächen des Taus,
> Einherschritt; doch hinter ihr
> War noch die Dämmerung des Laubes,
> War noch das Dunkel der Waldnacht.
> Aber sie selbst geht immer im
> Unversehrten und heilen Licht, sie entzündet,
> Wenn sie ruht und sich regt, den immer
> Währenden Glanz, es umgibt,
> Wie die Sichel des Mondes, sie ein Leuchten.
> Wer ist ärmer an Sehnsucht als sie?
> Es sei denn der Bruder,
> Sei denn das Tageslicht, der Mittag,
> Auch liebt sie vor allen den Bruder.
> Darum nenn ich sie Jungfrau,
> Nenn ich den Geist sie der Knospe,
> Weil sie das Wachstum hütet und wahrt
> Und weil sie dem Wunsche der Jugend
> Hoheit verleiht und das eigene Maß,
> Denn schlanker ist keine.

Natur als Mannequin im Schlankheitswettbewerb einer konsumgewohnten chauvinistischen Wunschproduktion hat hier mit Realität und Tradition nur so viel zu tun, als daß sie im Schauspiel der patriarchalischen Vorstellungen die funktionale Rolle der Inspiration übernimmt – einer Inspiration freilich, die erst dann ihren Hauptzweck erfüllt, wenn sie sich als Legitimation für einen Rückzug auf Naturmagie einerseits oder einen Mikrokosmos selbstherrlicher vermännlichter Innerlichkeit andererseits eignet.

Natur in der Lyrik der fünfziger und sechziger Jahre schrumpfte somit zum Stereotyp ausgeleierter patriarchalischer Mythen zusammen, in denen sich Natur und Weiblichkeit unentwegt einander entsprechen. Die Grenzen einer Naturlyrik, die sich entweder mystifizierend intuitiv oder formal verfremdend selber absolut setzte, wurden dabei zunehmend deutlicher. Die Reduktion von Natur zum Rohstoff emotioneller Aneignung verdeutlichte nur noch die Kluft zwischen dichterischer Phantasie und gesellschaftlicher Realität. Erst mit der Einsicht, daß selbst die angestrengteste ästhetische Verklärung ‚Natur' und ‚Gesellschaft' nicht miteinander auszusöhnen vermochte, kam die Absage an traditionelle Normen. Manche versuchten zwar trotzdem, wenn auch höchst krampfhaft, weiterhin im Zeitlosen, in ‚Baum und Wolke' eine heile Welt ewiger Werte zu reproduzieren, andere verschlossen hingegen einfach die Augen oder zogen den schon deutlich lädierten Naturerscheinungen einfach private Mythen auf. Doch selbst die Ausweitung ins Mythologische geriet allmählich ins Stocken – spätestens dann, als sich das bisherige Grün der Natur mehr und mehr ins Graue verfärbte. Industrielle Abfälle sowie das bedrohliche Anwachsen lebensgefährdender Abgase verseuchten nicht nur die Umwelt, sondern auch jene Nischen in der Idylle der Mythen, in denen Natur noch als Zufluchtsort außerhalb aller menschlichen Kultur und Geschichte erschienen war. Im Sog des Wirtschaftswunders und der damit verbundenen Steigerung von Produktion, Absatz und Konsum kam es zusehends zur ökonomischen wie auch zur ökologischen Krise, in deren Verlauf sich nicht nur die politische, sondern auch die poetologische Landschaft radikal veränderte.

III

Die weitverbreitete Annahme, Naturlyrik wäre von vornherein apolitisch, erschwerte eine kritische Rezeption dieses Genres selbst noch während der späten sechziger Jahre. So erschien etwa 1971 im S. Fischer-Verlag eine Anthologie unter dem Motto „und doch", die sich als Bestätigung der Tradition sentimentaler Naturlyrik auf das Beispiel des gleichnamigen Gedichtes von Franz Werfel beruft.[8] Dieses Gedicht betont die Unschuld der Natur im Vergleich zur Tragödie der Geschichte. Die Verschmutzung der Umwelt indessen ging planmäßig weiter: In den Jahren 1960 bis 1975 nahm der durchschnittliche Energieverbrauch pro Haushalt in der BRD um mehr als 300% zu. Eine Bewegung mit dem Ziel, die bedrohte Umwelt zu schützen, formierte sich jedoch erst im Verlauf der siebziger Jahre. Erst gegen Ende dieses Jahrzehntes entstand eine Partei, nämlich die Grünen, welche Umweltschutz und Ökologie zu ihrem Hauptanliegen machte. Im Umkreis dieser Bewegung erschien endlich eine Naturdichtung, die oft ausdrücklich ökologisch-politisch operiert. In der Lyrik der fünfziger Jahre, welche die Antinomie zwischen Konsumgesellschaft und ‚heiler Welt' noch als natürlich empfunden hatte, wäre dies undenkbar gewesen. Zwanzig Jahre später hingegen kommt es gerade im Naturgedicht zur Kritik an einer Ideologie, durch welche Natur lediglich zum Rohstofflieferanten degradiert wird. Die Dichtung der siebziger Jahre zeigt durch ihre Infragestellung traditioneller Naturkonzepte eine ganz neue Bewußtseinsentwicklung. Um einen Einblick in diese Entwicklung zu erhalten, ist es jedoch notwendig, vorerst die poetologische Landschaft der sechziger Jahre etwas näher zu untersuchen. Die mitunter recht heftigen ideologischen Stürme jenes Jahrzehntes veranlaßten nämlich die Dichter, die Gültigkeit ihrer poetologischen Voraussetzungen mehrfach neu zu überprüfen. Die sozialen und politischen Unruhen dieses Jahrzehntes führten somit zu einem Neuansatz im Selbstverständnis der Dichter. Das Erstarken des Kapitalismus in der BRD in den Jahren des Wirtschaftswunders hatte eine zunehmende Ungleichheit der Machtverhältnisse im Hinblick auf Basis und Überbau geschaffen. Die Staatsmaschinerie zeigte in diesen Jahren eine rücksichtslose Entschlossenheit, ihre Interessen vor den Angriffen derjenigen zu schützen, die bereits unter den Folgen der sich abzeichnenden ökonomischen Rezession seit der Mitte des Jahrzehnts zu leiden hatten, oder derjenigen, die gegen das Verhalten der USA am Vietnamkrieg protestierten. Hartnäckige Proteste deckten immer wieder die Verbindungen auf, die zwischen dem amerikanischen Krieg in Vietnam und der internationalen Verflechtung der Großindustrien bestanden, welche daran profitierten. Auch die Universitäten, die als Lieferanten einer verantwortungslosen Technologie den politischen Apparat ideologisch beliefert hatten, gerieten ins Kreuzfeuer einer politischen Opposition, der es darum ging, den Krieg zu denunzieren und zugleich der ideologischen Manipulation à la *Bildzeitung* ein Ende zu bereiten.

Die Frage nach den politischen Herrschaftsverhältnissen sowie die Forderung nach Selbstbestimmung wurden dadurch zu zentralen Anliegen der Dichtung dieser Jahre. Unzufrieden mit den Machenschaften des Staates und erbittert über die versöhnlerische Taktik der SPD, setzten sich mehr und mehr Intellektuelle für eine Politik der außerparlamentarischen Opposition ein. Die APO bestand bereits seit 1957.[9] Zum politischen Faktor wurde sie jedoch erst in den sechziger Jahren durch den SDS, der zu jener Zeit von der SPD bereits formell ausgeschlossen worden war. In diesem Kontext fühlten sich viele Schriftsteller dazu veranlaßt, die sozio-ökonomischen Bedingungen ihrer Arbeit neu zu überdenken. Im Getriebe eines vornehmlich auf Profit ausgerichteten Druck- und Verlagssystems erlebten sie am eigenen Leib den sich ständig steigernden Wettbewerb und Produktionszwang. Dies führte auch in der Lyrik zu einer Perspektive prononzierter Kritik, deren Aufgaben sowohl politisch als auch ästhetisch verstanden wurden. Autoren wie Erich Fried, Roman Ritter, Uwe Timm und Peter Schütt[10] rangen sich zu Einsichten einer politischen Ästhetik durch, derzufolge 1) die Produktion von Gedichten die Modernisierung in den gesellschaftlichen Voraussetzungen der mechanischen Produktion widerzuspiegeln habe, und 2) Lyrik auf Grund der Dialektik, die zu ihrem Entstehen führt, auf die Determinanten jener Machtverhältnisse einzugehen und somit den ihr immanenten politischen Aussagewert ästhetisch umzusetzen habe. Dies war das Grundverständnis der ‚neuen' Lyrik. Nur durch eine konsequente Politisierung der Ästhetik glaubte man, den tagespolitischen Problemen auch im Poetischen gerecht zu werden. Als Agitprop erweiterte sich die Lyrik zu einem Genre, das sich ihr Publikum auch in den ‚unteren' Schichten und Klassen suchte. Das Ziel jener Dichtung war es, die Kluft zwischen Kunstproduzenten und Kunstkonsumenten zu überbrücken. Agitprop wollte nicht das Ende der neuzeitlichen Kunstperiode, sondern vielmehr deren Umwandlung in eine politisch-demokratische Literatur. Als Mitbegründer der Gruppen „Hamburg linkliterarisch" und „Hamburger Gruppe schreibender Arbeiter" schrieb Peter Schütt 1968:[11]

> Unser Ziel ist nicht die Negation der spätkapitalistischen Literatur und Kultur, sondern ihre Transponierung in eine demokratische Kunst.

In der Hoffnung, die Dichotomie zwischen Künstler und Konsumenten aufzuheben, versuchten diese Autoren, eine Demokratisierung des literarischen Marktes durch die radikale Kritik der Verlagsmonopole, Akademikereliten und bürgerlichen Journale herbeizuführen. In den Brennpunkt der Interessen rückten dabei jene sozialen Schichten und Klassen, deren Bedürfnisse und Ansprüche auf Selbstbestimmung bisher keine Sprecher gefunden hatten oder die im Wettbewerb der öffentlichen Meinungen untergegangen waren. Eine so prometheische Aufgabe war jedoch nur durch eine Dezentralisierung des Verlagswesens zu lösen. Dieser Aufgabe unterzogen sich einige Kleinverleger, von denen manche nur ein halbes Dutzend Bücher pro Jahr herausgaben. Und so wurden auch Bücher bisher unbekannter Autoren veröffentlicht – selbst dann, wenn die Absätze nur gering waren und die unmittelbare politische Wirkung fraglich blieb.[12] Mag der tatsächliche Einfluß der Agitprop-Dichtung auch gering gewesen sein – ihr Beitrag zu einer Politisierung der Rezeption im Bereich der Lyrik darf nicht außer acht gelassen werden. Die Dichter des Agitprop waren sich in ihrem Kampf gegen den Würgegriff der etablierten Ästhetik bürgerlicher Tradition der Dringlichkeit eines poetologischen Barrikadenbaus durchaus bewußt, um von den politischen Ereignissen der Zeit nicht einfach überrollt zu werden. Diesen Wandel in der Ästhetik belegt wohl am deutlichsten Uwe Friesels programmatisches Gedicht *Gründe*:[13]

> Du hast
> sagen mir meine Bekannten und Freunde
> früher so schöne Bilder gemalt
> mit Worten
> war das ein Genuß
>
> Ich habe
> sage ich meinen Freunden und Bekannten
> angesichts des Kriegs in Vietnam
> der Entmündigung des Parlaments
> der Stagnation Europas
> des Verhaltens der USA
> des Verhaltens der UdSSR
> angesichts der Entführung der Koreaner
> der Polizeiknüppel
> der Polizeipistolen
> der Mörder die unter uns bleiben
> angesichts der Spiegelaffaire
> und der HS-30-Affaire
> der Starfighter-
> und der Haiaffaire
> der Globke- und Vialonaffaire
> der Oberländer- und der Lübke- und
> der Kiesingeraffaire
> etcetera
>
> Das ist schade sagen sie
> es war so ein Genuß bisher

> Auch in Zukunft würde ich gern
> euer Freund und Bekannter sein
> sage ich

Hier werden sowohl die schönen Bilder als auch deren ästhetische Resonanz verworfen, da der Ernst der politischen Ereignisse beide zu Anachronismen werden läßt. Der Dichter will sich weder den freien Ausdruck seiner Meinung verbieten lassen noch seine Zustimmung zu einer Fortsetzung von Traditionen geben, in denen Natur weiterhin in idealistischer oder sentimentaler Weise verzerrt wird. Hatte es während der fünfziger Jahre (von dem Sonderfall Enzensberger einmal abgesehen) noch als unästhetisch gegolten, über industriellen Gestank und vergiftete Flüsse zu schreiben, so war dies seit den späten sechziger Jahren zur dringenden Notwendigkeit geworden.

Auch die feministische Bewegung trug wesentlich zur Politisierung der Literatur in den Jahren um 1970 bei. Ihr Einfluß ging Hand in Hand mit der ökologischen Politisierung der Naturlyrik um die Mitte der siebziger Jahre, wie sich überhaupt zwischen ökologischen und feministischen Interessengebieten viele Gemeinsamkeiten ergaben. Wie schon erwähnt, wurde Natur in den fünfziger Jahren stets als eine Sphäre der Andersartigkeit, als ein Gebiet jenseits von Gesellschaft und Politik verstanden – ob nun als etwas typisch Weibliches, ein sanftes Refugium, Ort der Heilung und Erholung, oder als ein Kräftereservoir, das jedermann zur Ausbeutung freigestellt war. Im Rahmen dieser althergebrachten Naturideologie waren auch die Rollen der beiden Geschlechter Teil der Natur. Den Frauen fiel dabei als ihr biologisch determiniertes, also natürliches Los die traditionelle Rolle der Unterwürfigkeit und Passivität zu. Um dieser Ideologie entgegenzuwirken, forderten Feministinnen wie Verena Stefan eine neue Literatur der genauen Beobachtung und Analyse – eine Literatur, die, indem sie sich von den gesellschaftlichen Stereotypen der bisherigen Männer- und Frauenrollen löst, die vielen Widersprüche zwischen den erniedrigenden Erfahrungen ganzer Schichten und den Lügen konsumorientierter Medienklischees aufzeigen sollte. In Margot Schröders *Gedicht 6* geht es um solche alltäglichen zwischenmenschlichen Beziehungen innerhalb einer als repräsentativ geschilderten Ehe in der BRD. Das Gedicht beginnt wie ein Reklameprospekt über die Vorzüge des ‚guten Lebens'. Im Verlauf des Gedichtes werden jedoch die vermeintlichen Schönheiten einer solch idealen Existenz als repressive Abgötter entlarvt, da im Rahmen eines solchen Lebens Natur und Sexualität nur noch als quantifizierte, verpackte Produkte existieren:[14]

> Mir geht es gut.
> Er sagt Liebling zu mir
> und sonntags essen wir Fleisch.
> Ich lebe frei und friedlich
> hier in der Bundesrepublik Deutschland
> wo ich eingelocht werde
> in eine Personalakte
> wo ich eingestuft werde

in eine Lohngruppe
wo ich entlassen werde auf ein Girokonto.
Wo die Freizeit das Gaspedal durchdrückt
und ein Stückchen Natur mietet
einen Parkplatz für Zelte.

Er liebt seinen Garten
am Stadtrand.
Er gräbt.
Ich liebe Menschen.
Ich spiele Hände aus
ich reize zu hoch.
Ich buche einen Kuß
als Vorschuß ab.
Ich amüsiere mich
mit Stellung Nummer 12.
Mein Körper geht ohne Beanstandung
durch die Inspektion.
Liebe wird auf die hohe Kante gelegt
für schlechtere Zeiten.

Morgens, wenn Auspuffgase
die Hände der Bäume ergreifen
morgens, wenn ich verschlafen
Brote belege
weiß ich, mir geht es gut:
Meine Lebensversicherung wird
automatisch abgebucht.
Ich lebe ruhig zwischen Schreien.

In den frühen siebziger Jahren wurde es immer dringlicher, die Verschlechterung der Umweltqualität zu analysieren oder gar anzugreifen. Doch auch die Enttäuschung und tiefgehende Verunsicherung, die man in zunehmendem Maße über die Erfolglosigkeit der massiven politischen Protestbewegungen empfand, machte sich in der Lyrik bemerkbar. Viele Umweltgedichte der siebziger Jahre zeigen diesen Wandel von der ursprünglichen Empörung über Wut und Protest bis zur kühlen Distanz. Die Lyriker standen vor der Entscheidung, entweder den Illusionen weiter Vorschub zu leisten und im Gedicht Natur als nostalgische Idylle erneut zum Blühen zu bringen oder aber dem Mythos der ewig grünenden Natur die eigene Lüge entgegenzuhalten. In dieser Krise schlugen viele einen dritten Weg ein, der auf die Aussöhnung dieser beiden Möglichkeiten hinausläuft und in eine distanzierende Ironie mündet. Diese Lyrik wirkt daher nicht mehr wie ein Aufruf zum konkreten Engagement, sondern nur noch wie ein Hinweis auf den Widerspruch zwischen dem poetischen Konstrukt einer ‚reinen' Natur und der traurigen, schmutzigen Wirklichkeit.

So versucht etwa Erich Fried in seinem Gedicht *Neue Naturdichtung* das Genre der traditionellen Naturlyrik sowohl mit Agitprop-Elementen als auch mit Ironie zu vermischen. Die Ironie dieses Gedichtes besteht darin, daß der Dichter die geplante Reise aufs Land lieber sein läßt, um nicht dauernd an die zunehmende Verhunzung der Natur gemahnt zu werden:[15]

> Er weiß daß es eintönig wäre
> nur immer Gedichte zu machen
> über die Widersprüche dieser Gesellschaft
> und daß er lieber über die Tannen am Morgen
> schreiben sollte
> Daher fällt ihm bald ein Gedicht ein
> über den nötigen Themenwechsel und über
> seinen Vorsatz
> von den Tannen am Morgen zu schreiben
>
> Aber sogar wenn er wirklich früh genug aufsteht
> und sich hinausfahren läßt zu den Tannen am Morgen
> fällt ihm dann etwas ein zu ihrem Anblick und Duft?
> Oder ertappt er sich auf der Fahrt bei dem Einfall:
> Wenn wir hinauskommen
> sind sie vielleicht schon gefällt
> und liegen astlos auf dem zerklüfteten Sandgrund
> zwischen Sägemehlspänen und abgefallenen Nadeln
> weil irgendein Spekulant den Boden gekauft hat
>
> Das wäre zwar traurig
> doch der Harzgeruch wäre dann stärker
> und das Morgenlicht auf den gelben gesägten Stümpfen
> wäre dann heller weil keine Baumkrone mehr
> der Sonne im Weg stünde. Das
> wäre ein neuer Eindruck
> selbsterlebt und sicher mehr als genug
> für ein Gedicht
> das diese Gesellschaft anklagt

Fried deutet hier auf die doppelte Verarmung der heutigen Gesellschaft hin: die nicht nur Schönes zerstört, sondern sich dieser Zerstörung nicht einmal bewußt wird. Um im Leser den Prozeß der Bewußtwerdung in Gang zu setzen, stellt er all seine dichterische Tätigkeit in den Dienst einer neuerlebten Sensibilität der Natur gegenüber. Dennoch setzt sich der Eindruck durch, als ob Fried wegen der Unzulänglichkeit seiner dichterischen Arbeit resignierte, da sich die fortschreitende Zerstörung durch Lyrik allein nicht mehr aufhalten läßt.

Auch bei Otto Heinrich Kühner wirkt die Ironie – wie in so manchem Naturgedicht der siebziger Jahre – reichlich resignativ. In seinem Gedicht *Ontologisch* beschreibt er das absurde Dasein einer Wegwerfflasche:[16]

> Eine Wegwerfflasche, deren Sinn es und Zweck,
> Hinterher nicht mehr da zu sein, sondern weg,
> Weil aber aus Kunststoff (von Höchst a. Main),

> Ohne die Fähigkeit, nicht mehr da zu sein,
> Diese Flasche also, obwohl weggeworfen, blieb
> Entgegen dem ihr innewohnenden Wegseinsprinzip
> Dennoch da, zwar hier einmal, dann dort,
> Aber räumlich vorhanden und auch immerfort
> Und war solcherart also Wegwerfflasche hierin
> (Wie andere ohne Daseins-) ohne Wegseinssinn;
> Das heißt, sie erlebte, weil aus Plastik,
> Jenes „to be or not to be" in aller Drastik.

Hier ist der Ton etwas spielerischer. Der Reim und das Metrum haben nicht mehr die beschwörende Funktion einer magischen Zaubersprache, die – wie etwa bei Lehmann – Geheimnisse der Natur beschwören soll. Kühners Gedicht will hinweisen auf unsere Dummheit, auf das Fehlen kritischen Denkens. Die Flasche vertritt dabei die Wegwerfmentalität der gesamten Konsumgesellschaft. Indem der Leser diese Mentalität verlacht, soll er sich selbst getroffen fühlen, anstatt sich lediglich über die Blödheit der anderen – der Allzuvielen, die solche Flaschen achtlos wegwerfen – zu amüsieren. Ebenso witzig wirkt die Polemik gegen die Umweltzerstörung bei einem Dichter wie Arnfried Astel. Seine ironischen Gegensätze und unerwarteten Pointen finden Ausdruck in Metaphern und Anspielungen, mit denen Astel den Leser zur Aufmerksamkeit zwingen will. Astel nennt seine Gedichte ‚Epigramme'. In *Halteverbot* kontrastiert er die Illusion einer noch heilen Welt jählings mit dem Auftauchen eines zur Ordnung rufenden Verkehrsschildes:[17]

> Leuchtend
> in der Sonne
> wie eine Blume
> unter Bäumen
> mitten in der Natur
> das Verkehrsschild
> HALTEVERBOT

Eine solche epigrammatische Lyrik, die über gesellschaftliche Mißstände aufklären will, kann jedoch, weil sie so knapp verfährt, ihre eigene Zielsetzung leicht verfehlen. *Halteverbot* wirkt ökologisch nur dann, wenn die Polarität Natur/Straßenschild als greller Widerspruch aufgefaßt wird. Ansonsten ließe sich das Gedicht auch als nüchterne moderne Landschaft deuten. Die in *Halteverbot* vorausgesetzte Poetik, nämlich daß es genügt, ein Bild für sich allein sprechen zu lassen, ist ambivalent. Eine Poesie der Dinge, ohne explizite Ideen, läuft stets Gefahr, daß diese Dinge von verschiedenen Lesern verschieden interpretiert werden. Denn schließlich, was ist heutzutage natürlicher als ein Verkehrsschild?

Die Ironie in der Naturlyrik der siebziger Jahre gewann in dem Maße an Popularität, als die Desillusion und Resignation, welche sich aus dem Scheitern des politischen Aktivismus der späten sechziger Jahre ergaben, eingestanden wurden. Um 1975 faßten daher die Buchmessen und Verleger eine neue Lyrik, eine neue Gruppe von Lyrikern, einen neuen Trend ins Auge. Lyriker wie Theobaldy, Kiwus, Zahl, Delius, Brinkmann und Born wurden zu Repräsentanten der neuen Alltagslyrik, der ‚Neuen Subjektivität' oder der ‚Neuen Innerlichkeit' erkoren. Während sich die ursprünglich operativ konzipierte Lyrik jetzt in ihrer eigenen Strategie einer abrupten, stakkatoartigen Sprache verfing, ging Politik in diesen neuen Gedichten in der Perspektive einer lyrischen Alltäglichkeit auf, die das Profane als Gegenstand subjektiver Empfindungen zum Ausdruck brachte. Diese sogenannte Alltagslyrik begegnete sowohl positiver als auch negativer Kritik. In seinem Essay *Selbsterfahrung und Neue Subjektivität in der Lyrik* beklagte sich Jörg Drews über den immanenten Eskapismus dieser Lyrik, der nicht selten in eine Stimmung politischer Resignation umschlage:[18]

> Eine ziellose Melancholie, die sich auch in Ansehung der stockigen politischen Situation unseres Moments zu schnell mit sich selbst einrichtet; ein Fühlen, das bisweilen den sauren Kitsch nicht vermeiden kann; eine politische Resignation [...]; eine Sprache, die sich oft verspielt.

Die Lyrik von Nicolas Born mag hierfür als Beispiel dienen, besonders für jene Preisgabe operativen Widerstands, welche sein Gedicht *Vor dem Einschlafen* geradezu paradigmatisch thematisiert:[19]

> Zugedeckt nachts um drei
> will ich weg in die BESSERE WELT
> das ist hier die Wand
> in die ich hinein muß
> um das Gesicht zu verschließen
> und die Welt im Rücken zu haben.

Zweifelsohne spiegeln sich in diesen Zeilen Pessimismus und Selbstzensur als Rückzug auf das individuell Subjektive, auf die ihm eigene Phantasie und Symbolik, die vor dem sich abzeichnenden Hintergrund politischer Repression in der BRD um die Wende des Jahrzehnts gesehen werden müssen. Denn die Hoffnungen auf Solidarität und kollektive soziale Initiativen erwiesen sich als verfrüht und beschränkten sich obendrein auf linke Studenten- und Intellektuellenschichten, denen der Eintritt in die politische Öffentlichkeit zusehends verwehrt wurde. Es nimmt daher nicht wunder, daß in der Lyrik die dichterische Motivation auf eine resignativ-verinnerlichte Suche nach neuen Ausdrucksmöglichkeiten des Individuums gegenüber seiner Umwelt umschwenkte.

Daher drückt Jürgen Theobaldy in seinem Gedicht *Ohne Blumen*, einer Thematisierung des Protestes gegen die Atomkraftwerke in Wyhl und Brokdorf, weder Ermutigung noch Hoffnung oder Zufriedenheit aus. Tonangebend für sein Gedicht sind Öde und trübselige Klage innerhalb eines Rahmens ohnmächtiger Hilflosigkeit. Die Hoffnung auf Widerstand ist verflogen und hinterläßt im Abseits lediglich die Erinnerung an die Leere existenzieller Einsamkeit:[20]

Die Utopien sind zurück
in die Schubladen gepackt worden,
die Leute gehen in schmalen Schlangen
über die Felder. Ein Graben,
dahinter Rollen aus Stacheldraht,
schmutzige Polizisten, die Gesichter
abwesend hingehalten in die Teleobjektive.
Unten rutscht der Schlamm weg,
Gummistiefel stehen im Matsch, Reiter,
spitz, für die Reifen der Fahrzeuge.
Auf welcher Seite geht die Geschichte
vorwärts? Wörter, ausgefallen wie Zähne,
es sieht schlimm aus, sagt einer
und verweigert den Schluß, der ermuntern
soll. Gib ihn mir zu lesen! Noch zehn
Jahre Wasser in den Flüssen, dann ziehen
die Industrien den Querstrich.
Wir sind zurück, wieder im Trockenen,
und lachen. Schutthaufen der Geschichte,
vielleicht bleibt von uns nicht einmal
die Kunst zurück, zerstört wie wir sind
von unseren Werken. Ich reite aus
dem letzten Bild hinaus, doch diese
Einstellung ist nicht ›realistisch‹!
Tabakkrümel in der Schublade,
Zigarettenpapier, deine Angst hat
im Februar Geburtstag, lese ich bei dir,
meine im März. Schwarzes Orakel, wir
können die letzten sein, die letzten,
mit erstickten Gitarren gelehnt irgendwohin,
für das es niemehr einen Namen geben
wird, kein Lied, keinen Rhythmus, nichts.

Hier werden Umwelt und Natur nicht mehr metaphorisch behandelt. Vielmehr sind es die äußerlichen Eindrücke der Wirklichkeit, die unmittelbar auf den Autor wirken und die objektiv jene Welt charakterisieren, welche Theobaldy im Subjektiven zu erfassen versucht.

Die Lyrik der ‚Neuen Subjektivität' thematisiert Natur weitgehend als ein Phänomen des Verfalls und der Zerstörung, wobei die Umwelt als eine Sphäre erduldeter Ausbeutung die eigene Hilflosigkeit reflektiert. Die Verwundbarkeit von Natur spiegelt so die Sensitivität des Individuums wider, das nur in der Flucht einen Ausweg aus der allgemeinen Misere sieht. Dementsprechend wird in einem Gedicht – aus der Perspektive der Sehnsucht – metaphernhaft die Hinwendung zu einer anderen Welt in „Blau" besungen:[21]

> Zerstörte Landschaft mit
> Konservendosen, die Hauseingänge
> leer, was ist darin?
>
> Wer hat gesagt, daß sowas Leben
> ist? Ich gehe in ein
> anderes Blau.

Wie in diesem Gedicht, blieben viele Lyriker der ‚Neuen Subjektivität' weitgehend in einer Haltung der ohnmächtig erfahrenen Vereinzelung befangen, wodurch sich das politische Engagement mehr und mehr auf das Subjektive reduzierte. Im Bewußtsein der Vereinsamung erahnte man zwar noch die Wirklichkeit, die sich jedoch im Ringen mit Panik und Hilflosigkeit zusehends der Analyse verschloß. In einer Rede anläßlich der Verleihung des Bremer Literaturpreises beschrieb Nicolas Born diese Erfahrungen wie folgt:[22]

> Unsere Sinne und unser Bewußtsein sind schon weitgehend anästhesiert; die Sprache legt dafür Zeugnis ab. [. . .] Einen winzigen Teil der Wasservorräte der Erde nennen wir Trinkwasser. Es ist nicht schwierig sich vorzustellen, daß in nicht allzu ferner Zeit eine bestimmte Luft-Sorte als Atemluft rationiert werden muß.

Brinkmann andererseits lamentierte, daß die ‚Neue Alltagslyrik' noch viel zu reflektierend, indirekt und diskursiv sei. „Ein Denken in Folgerichtigkeiten", meinte er, zeuge schon „längst nicht mehr für ein empfindliches Bewußtsein". Eine Alternative dazu schien ihm in noch kaum genutzten Ausdrucksmöglichkeiten einer neu entstehenden Dialektlyrik zu liegen, die eine weitaus spontanere Verständlichkeit und Unmittelbarkeit besitze.

IV

Jede Diskussion über den ideologischen Stellenwert der modernen Dialektlyrik und der grünen Protestlieder muß Bezug nehmen auf die Rolle dieser Lyrik innerhalb der alternativen regionalen Kultur sowie ihrer Rolle innerhalb der Ökologie- und Anti-Kernkraftbewegung. Wohl eine der wesentlichen Voraussetzungen für die Neubelebung einer operativen Lyrik war das Aufkommen einer selbstbewußten regionalen Kultur. Das Verhältnis der regionalen Literatur zur Politik des grünen Widerstands vergegenständlicht sich am Verständnis des Legitimationsanspruchs regionaler Interessen und der hinter ihr stehenden Bevölkerung. Es ist wichtig, immer wieder darauf hinzuweisen, daß die Menschen dieser ländlichen Gebiete weder ihren Alltag noch ihren Dialekt als jene Idylle fernab vom Einfluß der modernen Wissenschaft und Technologie erleben, wie sie die mythologische Dichtung regionaler Geborgenheit oft beschwört. Dennoch kam es nach dem Scheitern der linken Politik der späten sechziger Jahre in der BRD bei einer großen Anzahl politisch desillusionierter junger Menschen zu einer deutlichen Romantisierung des Landlebens. Im Enthusiasmus einer Abkehr von der als ‚garstig' empfundenen Großstadt trat eine Suche nach einem alternativen Lebensstil und einer bewußt erhofften ‚Rückkehr' in die Natur als einem Refugium idyllischer Geborgenheit in den Vordergrund. Doch auch das Leben außerhalb der städtischen Siedlungsgebiete erwies sich keineswegs als von Technologie und Wissenschaft sowie der Manipulation durch die Massenmedien und ihre auf Tourismus abgerichtete Werbung unbeeinflußt. Die didaktische Funktion vieler Dialektgedichte und Lieder läuft daher immer wieder auf das Ziel hinaus, den Zusammenhang zwischen der Zerstörung von Natur einerseits und dem industriellen sowie staatlichen Mißbrauch von Technologie und Forschung andererseits aufzudecken.

André Weckmann, seit seinem Engagement gegen das geplante Atomkraftwerk (AKW) in Wyhl einer der populärsten allemanischen Liedermacher, warnt in dem Gedicht *Hanken I Uf!* seine elsässischen Mitbewohner vor den katastrophalen Folgen industrieller Verseuchung, indem er politische Apathie auf ironisch-satirische Weise als indirekten Selbstmord entlarvt:[23]

> Lon d'Wälder abholze
> Lon d'Felder betoniere
> Lon de Bach gradstrecke
> Lon d'Vogese verbötte
>
> Lon d'Landschaft verhunze
> Lon de Rhin verrecke
> Lon d'Kaminer kotze
>
> Un seije gedrooscht:
> Es macht si allewil ainer
> a Batze Gald debi.
>
> Loni uf d'Zeh dratte
> Loni uf d'Nas spitze
> Loni s'Möl züe hewwe
>
> Loni d'Kapp ewer d'Äuje zejje
> Loni d'Wurzle abschnide
> Loni d'Sproch verwurje
>
> Un scije gedrooscht:
> Es verdient allewil ainer
> a rots Reckel debi.
>
> Un jetz gehn haim
> waschen d'Hand
> setzeni vor d'Tele
>
> Loni mit Kitsch stopfe
> Loni s'Hem ufwaiche
> Loni d'Seel plattwalze
>
> Und wann de Speaker
> „Bonsoir" hat gsait –

HANKENI UF! HANKENI UF! HANKENI UF!

Schon der äußere Aufbau dieses Gedichtes reflektiert die Verbindung, die zwischen der Verdinglichung und Zerstörung der Natur sowie der Manipulation und Ausbeutung des Menschen durch den Menschen besteht. Natur, die in diesem Gedicht kein Symbol einer heilen Welt mehr ist, wird subsumiert in den Nexus einer kapitalistischen Produktion, die sie zur quantitativen Kategorie einer abstrakten Ware reduziert. Diese Zerstörung wird im Gedicht mit der erfolgreichen Manipulation und Verplanung des Menschen verknüpft. Die Sprache selber wird dabei zu einem wichtigen Instrument dieser Manipulation. „Laßt euch die Sprache versauen!" Weckmann enthüllt hier nicht nur die manipulative Kontrolle sprachlicher Kommunikation, sondern auch die durch sie legitimierte Tradition gesellschaftlicher Herrschaftsverhältnisse. Der Ton des Gedichtes beruht auf einer ätzenden Ironie und Polemik, die als Provokation verstanden werden will. Er zielt auf eine Schockwirkung, durch die an ein Bewußtsein appelliert wird, das bislang durch ideologische Betäubungsmittel im Halbschlaf gehalten wurde. Ein solcher Zustand kann einzig und allein jenem ökonomischen und politischen System zugute kommen, welches selber Ursache für die Zerstörung der einheimischen Umwelt, des Lebensunterhalts ihrer Anreiner und ihrer Sprache ist. In Frage gestellt werden ahistorisch eingefärbte Konzepte wie Demokratie und individuelle Freiheit, welche oft die legitimatorische Basis für eine Ideologie der kompromißlosen Ausbeutung abgegeben haben. Die Perspektive, die dagegen im Weckmannschen Gedicht angedeutet wird, entwirft eine Solidarität des Widerstands, innerhalb deren sich Freiheit als demokratische Veränderung bestehender Zustände konzipiert. Es ist dies der Prozeß einer Demokratisierung, der auf den Zentralismus eines Meinungsmonopols in Paris oder Bonn nicht beschränkt bleibt, sondern der auf die Interessen und Bedürfnisse regionalen Lebens Rücksicht nimmt. In *Hanken I Uf* enthüllt Weckmann die Macht und den Einfluß der herrschenden Schichten, denen eine überproportionierte Rolle in der Bewertung und Bestimmung des Daseins dieser Menschen zukommt. Und so kommt es, daß dem Großteil der Bevölkerung – als den unmittelbar Betroffenen – die Teilnahme an politischen Entscheidungen, die ihre eigene Umwelt betreffen, verwehrt bleibt. Da ihnen bisher kein Entscheidungsrecht über ihr eigenes Leben eingeräumt wurde, nimmt es nicht wunder, daß sie zu ökonomischer, sprachlicher und psychologischer Verkümmerung verurteilt werden. Das unkritische Bewußtsein vieler seiner örtlichen Leser wird bei Weckmann zum Ausdruck jener Misere, die auch dem Mangel an Selbstbewußtsein und politischer Selbstbestimmung zugrunde liegt. Aus diesem Grunde versuchen viele Dialektgedichte spezifisch lokale Erfahrungsinhalte Sprache werden zu lassen. Die politische Wirkungsmöglichkeit solcher Dichtungen liegt vor allem in der kritischen Darstellung des Zusammenhangs zwischen der ‚Beherrschung' von Sprache und der Politisierung der individuellen Erfahrungen. Die Didaktik dieser Dialektlyrik besteht also darin, den Menschen der betroffenen Regionen zu zeigen, wie jeder Prozeß einer Selbstbestimmung auf der Ebene des Sprachlichen zu beginnen hat, weil eine Perspektive der Mitbestimmung stets den ihr subjektiv notwendigen Ausdruck suchen muß, falls sie nicht bei einer falschen Verallgemeinerung landen will.

André Weckmann geht es primär um Politik. Vielen seiner Gedichte ist der ideologiekritische Aspekt in der Darstellung von Natur gemeinsam, die stets als Domäne einer Wechselbeziehung im Rahmen der ökonomischen, ökologischen und kulturellen Veränderung verstanden wird. Es gelingt ihm, das Konzept ‚Natur' einer historischen Analyse zugänglich zu machen, wodurch seine Gedichte von vornherein Abstand halten vor einer Überhöhung und nostalgischen Verklärung der Landschaft. Gerade jene ahistorische, auch patriarchalische Perspektive herrscht jedoch in nicht wenigen Gedichten ökologischen Inhalts. Dort erscheint Natur weithin als heile, wenn auch verlorene Welt, innerhalb deren Technologie und Wissenschaft zum Inbegriff alles Schädlichen werden.

Die heile Welt im Abseits verklärt sich in vielen dieser traditionellen Gedichte nicht nur zur Sphäre der lieblichen Wolken und Baumkronen, sondern schließt auch konventionelle Formen sozialer Institutionen wie Familie und Gemeinde in sich ein. Das in die Vergangenheit zielende Ideal solcher Lieder und Gedichte liegt im Erwecken des Verlangens nach der ‚guten alten Zeit', die als weniger bedrohlich vorgestellt wird. Das Reaktionäre dieser Ideologie erschöpft sich in der Forderung, das Machtmonopol der Regierung und der durch sie unterstützten Industrie durch eine Neuverteilung und Umpolung jener hierarchischen Herrschaftsstrukturen abzubauen. Hier heißt es einfach: Heraus aus der bürokratischen Verwaltung und hin zu den gewohnten Einrichtungen der Kleinfamilie, Nachbarschaft und Gemeinde. Daß freilich durch eine bloße Umpolung patriarchalischer Herrschaftsansprüche die herrschende Ideologie weder exponiert noch in Frage gestellt wird, bleibt unberücksichtigt.

Auszüge eines populären Elsässer Protestsongs der Anti-AKW-Bewegung von Roger Siffer belegen sehr deutlich den ahistorischen Ansatz einer Aufhebung der gegenwärtigen Problematik durch nostalgische Einfühlung in die Vergangenheit:[24]

> Mein Name ist Hans ohne Firlefanz, hab Frau und zwei Kinder und eine schöne Aussicht: auf Bagger und Kran, denn sie bauen nebendran. Ich wohne in der Kaninchenkistenstraße. Früher sind da kleine Häuschen gestanden mit Geranium und rotem Kraut im Garten. Früher haben wir noch Hund und Katze gehabt – heute liegen nur noch unsere Kinder an der Kette. Ich hab nicht alles, was ich will. Und was ich will, bekomme ich nicht. Und was ich hab, das will ich nicht.
>
> Ich schaff im Akkord drüben in Deutschland, ein Pendler ist weiß Gott keine Schand. Nur weiß ich manchmal nicht mehr, woran ich bin: deutsch oder Franzos – Bastard ist mein Los. Früher hat sich mein Vater viel mehr geschunden, war Küfer und hat Fässer gebunden, in seiner Werkstatt hat er gepfiffen wie ein Spatz – fürs Handwerk ist heutzutage auch kein Platz [. . .].
>
> Am Samstag abend kann ich nicht mehr zum Tanz, es gibt Händel und Krach in jedem Lokal. [. . .] Früher hat man Schnaps brennen dürfen, Zwetschgen, Pflaumen, Mirabellen, Birnen, früher hat man noch dem Nachbarn eine Ladung Mist aufs Dach gesetzt – heut werden – wegen den Touristen – Rosen auf den Mist gepflanzt.

Obschon der dualistische Gegensatz zwischen einer technologisch modernisierten Kultur der Gegenwart und einer scheinbar duftigeren Welt der Vergangenheit in vielen Gedichten aufrechterhalten wird, finden sich auch solche Gedichte, in denen versucht wird, aus ideologiekritischer Perspektive die Funktion von Wissenschaft und Forschung gesellschaftspolitisch zu erfassen. Als unmittelbar Betroffenen gelingt es diesen Autoren, ihre persönlichen Erfahrungen zum Ausdruck zu bringen und zugleich die Bedrohung der Umwelt auf die Folgen einer wissenschaftlich-instrumentalen Forschung zurückführen. Ein Gedicht von Elisabeth Meyer-Runge im niederdeutschen Dialekt mag hierfür als Beispiel dienen. Wie auch feministische Kritik die Ideologie jener Wissenschaftlichkeit hinterfragt, der zufolge soziale und kulturelle Einrichtungen stets als ‚natürlich' gelten, so entlarvt auch Meyer-Runge die Produzenten dieser verpackten und quantifizierten Unwahrheiten als Vertreter einer irrationalen Wissenschaft:[25]

> Forscher
>
> Much em
> all de Waterproven
> weggeten.
> All sien Arbeit dör'nannersmieten,
> de he in't Labor op de fixe Tour tosamenbringt,
> wiel 't Utlandsstipendium nahstens aflöppt.
> Wieldat he Bang hett. Buten, an'n Strom,
> Woneem de Bedingen gefährli sünd.
>
> Ergebnisse mutt he mitbringen.
> Anners gellt he nix tohuus.
> Anners lacht se em wat ut.
> Anners is't nix mit sien Karriere,
>
> betähm sik de Mann –.
>
> Man –, so as he dat maakt,
> weet nahstens keeneen würkli
> mehr
> över 't Tosamenspeel in de Natur hier
> un de Versorgungsutsichten för Minschen.
> Denn
> blifft allens bi 't Ole.
> Leger noch,
> Fehlers
> warrt utbreedt;
>
> un 't weer en Kolleg vun den
> Biologen mit Forschungsopdrag för
> brasiliänische Gewässer,
>
> de sik betähmen dee.
> Blots dor kunn en
> vör den sien Gesicht bang warrn.

V

Mit der sich um 1975 intensivierenden Debatte über Umweltschutz und Ökologie trat, wie wir gesehen haben, eine regional gefärbte Umweltlyrik in den Vordergrund, die im Dialektgedicht selbstbewußt auf die Bedrohung von außen durch Kernenergie und industrielle Verseuchung aufmerksam machte. Besonders im Kampf gegen den Bau von geplanten Atomkraftwerken erwies sich das Dialektgedicht als ausdrucksstarkes Medium des kollektiven Widerstands, wie er sich in lokalen Bürgerinitiativen und Anti-AKW-Protestaktionen politisch formierte. Roland Burkhardts *Da bleede Ofä*, ein Gedicht in allemanischer Umgangssprache, wurde zu einem der beliebtesten Lieder während der Bauplatzbesetzung in Wyhl 1975, als es darum ging, den Baubeginn des vorgesehenen Atomkraftwerkes mit allen Mitteln zu verhindern:[26]

1 Was do in dr letschdä Zitt bassehrt bi uns
des macht mi ganz verruggt.
Bi allänä isch ebbis durränand.
Deä daüb Schdromfabrik, deä hoggt uns im Gnick.
Jä, weiß dr Deifl, was wurd noch üs unsrem Land?

Refrain
Des geht doch alli a, mir derfe jetz nit schlofä.
Was mer mit uns alläwil macht, isch nit egal!
Glaübe denn deä, mir brüchä heä dä BLEEDE OFÄ?
KKW-NAI Un jetz isch üs un nit meh dra!
KKW-NAI Un jetz isch üs un nit meh dra!

2 Do fahrt als ä aldä Mann dohär mit sinä verasibzig Johr
üssem Wildtal viri uff dr Wyhler Platz.
Schdellt's Fahrrädli uff d'Sitt un mischt sich untr d'Lidd
un bruddlet dr Neggschdbeschde a:
„Des geht doch alli a . . ."

3 Än sällem Dunschdigmorgä fahrt in Saschbä, grad weä alli Dag,
d'Karli mid 'em Pit ins Kiesloch na:
„Schdell d'Schüfla uff d'Sitt. Do schaffä mir hid nit!
Ich glaüb de Greänä dert in Wyhl meän Prigl ha:
„Des geht doch alli a . . ."

4 Ä Eächdinger Winzerfraü isch jetz mit ihrä Räbä arg in Not.
De jungä Scheßlig brücha nämlig Pfläg.
„Un waggst Gras no so viel, hid gang i uff Wyhl!"
Sie legt dr Schurz äwäg un singd äweng underwägs:
„Des geht doch alli a . . ."

5 Un sällä 16jährig Böä üs Wyhl hed aü scho Schwär's erläbt.
Si ganz Famili war zerscht defir.
Si wärfä nä nüs üssem Elderähüs.
Jetzt sait dr Vadder: „Böä, hesch rächt. Des isch nit g'hihr!
„Des geht doch alli a . . ."

6   Vu Ämmädingä isch ä Maidli, des isch regelmäßig do.
    Äm letzschdä Mändig z'Obä war's em halt nit rächt.
    Ibereimol ke-it's um. Nocherä Schdund drillt sich's rum,
    un sait zu dr Dokteri (deä schdündt bigott nit schlächt):
    „Des geht doch alli a ..."

Die erste Strophe drückt zunächst jene Verwirrung, Angst und Unsicherheit aus, die der geplante Bau des AKW bei der Bevölkerung auslöste. Die folgenden fünf Strophen veranschaulichen in bildhafter Abfolge jeweils eine Episode aus der Besetzung des Werkgeländes durch die Bewohner des Kaiserstuhls. Die Szenen aus dem Alltag des Widerstands werden aber nicht nur zu Dokumentationen der turbulenten Ereignisse, sondern vermitteln bereits auf sprachlicher Ebene einen Rahmen für die progressive Funktion einer politisch verstandenen Dialektlyrik, die sich als Ausdruck öffentlichen Protestes versteht. Indem im Gedicht jedem der Beteiligten der gleiche Refrain in den Mund gelegt wird, zeigt Burkhardt das Aufkommen einer Solidarität im Bewußtsein der Einwohnerschaft, deren lokale Interessen nur über die Kollektivität des Dialektes authentischen Ausdruck finden können. Der Gebrauch der Umgangssprache wird zum Maßstab der Glaubwürdigkeit des Appells an die Einheit im Widerstand gegen die Vergiftung der Umwelt.

Im Medium der gemeinsamen Sprache formuliert sich aber nicht nur kollektiver Protest, sondern auch das Bewußtsein der eigenen politischen Macht. In diesem Selbstbewußtsein – angesichts der Wirksamkeit der regionalen Bürgerinitiativen – liegt aber auch die Gefahr einer Überschätzung der eigenen politischen Basis, was mitunter zu einer naiven Beschränkung auf lokale Interessen führte, wenn etwa alles daran gesetzt wird, den Bau eines AKWs in der eigenen Region zu verhindern, während flußauf- oder flußabwärts bereits Spekulationen für ein Ersatzgelände stattfinden. Burkhardts Lied wirkt lediglich als politischer Appell an die Bewohner des Kaiserstuhls, sich am ‚grünen' Protest zu beteiligen; es kommt weder zu einem Verständnis noch zu einer Analyse der Ursachen, welche der bedrohlichen Entwicklung einer auf Umweltzerstörung ausgerichteten Industrie zugrunde liegen. Umweltschutz bleibt dadurch beschränkt auf die unmittelbar betroffene Region, während die größeren ökonomischen wie auch politischen Zusammenhänge kaum Beachtung finden.

Im Gegensatz dazu verstehen sich andere Mundartlieder und Dialektgedichte in größerem Rahmen der Antikernkraftbewegung weitaus didaktischer. Und dennoch, *Der bleede Ofä* entstand im Rahmen eines konkreten politischen Engagements, das sich weder nostalgisch in die Vergangenheit zurücksehnt noch die Verbundenheit mit einer idyllisch gesehen Landschaft verklärt. Burkhard ging es lediglich um die Schilderung der alltäglichen Bedrohung, um die Solidarität in der regionalen Opposition gegen eine wahnwitzige Industrie.

Im Unterschied zu Burkhardts Lied verbindet sich im *Brokdorp-Song* von Oswald Andrae die Aufforderung zu politischer Aktion durchaus mit einem Appell zu kritischem Denken. In der Sprache des niederdeutschen Jeverlandes versucht Andrae den Bewohnern in und um Brokdorf den Zusammenhang zwischen Alltäglichem und Politischem zu verdeutlichen. „Dialekte und Soziolekte", erklärt er, wirken „noch in viel größerem Maße als die Hochsprachen entweder solidarisierend oder schockierend".[27] Andrae schreibt daher die meisten seiner Lieder auf Niederdeutsch, der „Sprache der Betroffenen", als deren Dichter er sich versteht. Der gesellschaftskritische Aspekt seiner Lieder hinterfragt die politischen Voraussetzungen aus einer Perspektive der alltäglichen Erfahrung, durch die ökologisches Bewußtsein und grüner Protest zu Imperativen sozialen Verhaltens werden. So behandelt etwa Andrea in dem Gedicht *Umweltsüük (Umweltseuche)* das allgemeine Problem der Umweltverschmutzung und der sie bedingenden ökonomischen und ökologischen Ursachen:[28]

> Hoppenröök
> geiht üm.
> Profitgedanken
> bredt sik ut.
> De hoge Schösteen
> blaakt un blaakt.
>
> Wannlüstig
> wennt wi uns
> an't wälig Läwen,
> snackt blots noch
> von Geschäften,
> prahlt
> mit Produktion.
>
> Noordwind
> draagt
> Gestank
> un Schuum
> von de neje
> Kläranlaag.
>
> Up't Water
> van't Hooks-Deep
> deifft
> en doden Fisk,
> un dör
> Möhlenflögel ribben
> weiht vergävs
> de Wind.

In der Analogie des in der Luft schwebenden Hopfengeruchs und des sich gleichfalls verbreitenden Profitdenkens in Forschung und Industrie verdeutlicht sich die Problematik einer oft anonym erscheinenden, doch konkret zunehmenden Zerstörung von Umwelt. Die nüchterne Bestandsaufnahme alltäglicher Beobachtungen, die Diagnose des Krankenbildes sozusagen, verdichtet sich hier zum Kontrast zwischen einer produktionsfreudigen Industrie einerseits und der ihr zum Opfer gefallenen, toten Natur andererseits. Einer von Konsumfetischismus hypnotisierten Gesellschaft hält Andrae ihr eigenes, verseuchtes Abbild entgegen. Indem er die sinnlose Anhäufung nutzloser Produkte als Verschwendung anprangert, fordert er zugleich zur Kritik und zum Überdenken der eigenen Lebenshaltung auf. In der zweiten und dritten Strophe spiegelt er den Stolz auf den üppigen Reichtum industrieller Produktion in dem sie umqualmenden Gestank. In der letzten Strophe schließlich entsprechen der tote Fisch (als Indiz der Verseuchung) und die stumm dastehende Windmühle (als Symbol umweltfreundlicher Energie) einem Kontrast der absurden, weil sinnlosen Verschwendung. Obwohl das Gedicht auch als eine grundsätzliche Verurteilung technologischer ‚Errungenschaften' gelesen werden kann, geht es hier nicht nur um die Absage an die Technologie als solche, sondern auch um eine kritische Analyse des realen Verlustes an Lebensqualität, um so der Realität der Zerstörung die Alternative des Widerstands entgegenzusetzen.

Im Rahmen des Wiedererstehens engagierter Strategien politischen Widerstands, vor allem innerhalb der Bürgerinitiativen und deren Politik des passiven Widerstands, entwickelten sich neben der Dialektlyrik jedoch auch neue Formen kollektiven Liederschaffens. In dem bewußten Bemühen, sich gegen den gewaltigen Einfluß US-amerikanischer und englischer Popkultur und Popmusik abzugrenzen,[29] kam es zur Wiederbelebung revolutionärer deutscher Lieder, die zum Teil auf die Traditionen der Vormärz-Ära zurückgehen. Da es sich hierbei weitgehend um einprägsame und schon bekannte Melodien handelte, eigneten sich diese Lieder ganz besonders zur Verwendung als Protestsongs, die im hochdeutschen Text der jeweiligen Situation angepaßt wurden. Die spontane Neubelebung und Bearbeitung alter Volkslieder und bekannter Melodien entsprach jener Umorientierung, durch die auch das Dialektgedicht neue Verwendungsmöglichkeiten gefunden hatte. Nimmt man die spontane Beliebtheit und kollektive Aneignung dieser Protestlieder zum Maßstab ihrer Popularität und agitatorischen Verwendbarkeit, so entsprechen sowohl Text als auch Melodie der erneuerten Form des Volkslieds in der Brechtschen Definition.

Viele der auf hochdeutsch verfaßten Umweltlieder lassen sich nur im Kontext der ökologischen Protestbewegung und ihrer Anliegen genauer verstehen. So stehen etwa die straff gedichteten Texte Walter Moßmanns, eines der bekannteren Liedermacher im Dienste der Grünen, gleichberechtigt neben jenen Liedern, welche von den Demonstranten selbst geschrieben wurden. Da viele der grünen Songs sowohl von ihrer Funktion als auch von der Thematik her Ähnlichkeiten aufweisen, soll hier im Wesentlichen auf zwei dieser Lieder näher eingegangen werden, die im Rahmen ihrer Intention einerseits das Fortschrittliche der grünen Ideologie verdeutlichen, andererseits aber auch das Nachlassen an kritischem Denken zum Ausdruck bringen, das für die Politik der Grünen nicht selten typisch ist. Von den vielen Liedern, die während der Platzbesetzung um Gorleben in der sogenannten „Freien Republik Wendland" geschrieben wurden, wurden *Das Wendlandlied* und Walter Moßmanns *Lied vom Lebensvogel* am bekanntesten. In beiden geht es um den Widerstand gegen den Bau der geplanten Atommülldeponie um Gorleben, und in beiden besingt man eine alternative umweltfreundliche Form menschlichen Zusammenlebens und Arbeitens:[30]

Lied vom Lebensvogel (Auszüge)

1.
Da, wo die Elbe rauskommt aus'm Zaun, der unter Strom steht und schießt
Da, wo die Elbe n'Zaun lang durch die grüne Stille fließt
Wo hinterm Deich der Wald liegt, auf Wiesen stehn ein paar
Kühe rum mit Milchgesicht – auch Vögel sind noch da:
Der Wiedehopf, der Kranich und Familie Adebar
Dort fahr ich hin und bin doch kein Tourist.
Ich bin auch nicht der Erste, vor mir ist da eine Bande zugereist,
Die auf die bunten Vögel und die grüne Stille scheißt:
Sehr feine Herrn im Anzug mit Computer-Blick
Für die ist alles Leben ein unbehaunes Stück,
Aus dem man blanke Münze schlägt. Zerstörung bleibt zurück.
Der Tod, der heutzutag „Entsorgung" heißt.
   So sing doch, Vogel sing, daß Gorleben lebt
   Daß doch der Totengräber seine eigne Grube gräbt.

2.
Ein Giftmüll soll versteckt werden im Salz der Erde unter dem Land.
Und für die Giftfabrik braucht es ein leeres Land am Rand!
Die Mafia hat gebetet um ein(en) Boden ohne Wert
Der liebe Gott hat das Gebet der Mafia erhört
Sein Feuer hat paar Wälder hinter Gorleben zerstört
Mein Gott, kam der gelegen, dieser Brand.
Der Rauch hat sich verzogen, kein Kläger und kein Richter war nicht da.
So geht das eben, wenn der BIEDERMANN BRANDSTIFTER war ...
Da haben viele Leute den Zusammenhang geschmeckt
Wir trafen uns das erste Mal im verbrannten Wald
und Asche trug da jeder heim im Haar.
   So sing doch Vogel, sing ...

3.
Schaut noch mal zwischen Gorleben und Gentow diesen Platz heute an.
Mensch tut das gut zu sehen, was unsereins aufbauen kann!
Da lag verkohltes Holz, wo jetzt die kleinen Bäumchen sind.
Schau in der Luft die Räder, die fangen sich den Wind
und auf dem großen Spielplatz spürt auch jedes Kind:
Die Lebenslust ist Grund für Widerstand!
Ein Paragraphenreiter, so eine Lügensau sagt uns jetzt,
Wir hätten ein Gesetz von wegen Landschaftsschutz verletzt ...
Ein Spielplatz für die Kinder stört die Landschaftsharmonie
Hingegen paßt harmonisch die Plutonium-Industrie
In das geschützte Land – So redet die Bürokratie
und macht aus den Gesetzen ein Geschwätz.
   So sing doch, Vogel, sing ...

Das Wendlandlied

Durch den dunklen Kiefernwald
flattern bunte Fahnen,
rote Sonnen aufgemalt
auf gelbe Leinenbahnen.
Und man hört wie's rüberschallt,
hört es hämmern, sägen
und man sieht wie Jung und Alt
sich tummelt auf den Wegen.

Refrain:
 Auf zum Widerstand, dieses Land ist unser Land
 Wendland, nimm dein Schicksal in die Hand.

Landkreis Lüchow-Dannenberg,
neu erwacht seit Jahren,
alle gehen frisch ans Werk,
das Leben zu bewahren.
Denn das Leben ist bedroht
wie in andern Breiten,
DWK und Strahlentod –
dagegen muß man streiten.

Refrain:

Bauernland, wohin du siehst,
Grünland und Getreide,
Regen fällt, der Boden sprießt,
das Vieh steht auf der Weide.
Strahlenwolken, unsichtbar,
die das Land verheeren,
Strahlentode, nuklear,
da muß man sich doch wehren.

Refrain:

Was sich da zusammenbraut,
darf es niemals geben,
unser Dorf wird ausgebaut,
wir setzen auf das Leben.
Kirchenbau und Freundschaftshaus,
Windrad, Kollektoren,
treibt die Spekulanten raus,
hier gibt es nichts zu bohren.

Refrain:

Natur und Landschaft werden in diesen beiden Liedern äußerst verschieden gesehen. Während Moßmann den Fluß, die Wälder und Wiesen um Gorleben nüchtern als konkrete Landschaft mit den historisch relevanten Ereignissen in Beziehung bringt, wird im *Wendlandlied* die Landschaft zur Idylle abseits von

Kultur und Gegenwart stilisiert. Dadurch ergibt sich eine Sehweise, welche die Wohn- und Arbeitsgemeinschaft der Demonstranten sowie ihr sozialkritisches Engagement zum Sandkastenspiel übermütiger Naturenthusiasten degradiert. Daß aber eine illegale Platzbesetzung nicht nur aus gesellenigem Spielen und Singen besteht, wurde spätestens dann deutlich, als es zur brutalen Räumung des Geländes durch Polizei, Armee und Bundesgrenzschutz kam.

Moßmann andererseits verdeutlicht die politische Entwicklung welche der Besetzung des umstrittenen Gebietes vorangegangen war. Sein *Lied vom Lebensvogel* verzichtet daher nicht auf eine historische und politische Analyse, die als Voraussetzung für den Erfolg jeder kollektiven Aktion passiven Widerstands unumgänglich ist. Das Lied attackiert auch nicht die Folgen eines technokratischen Denkens an sich, sondern kritisiert lediglich die kapitalistische Form der Aneignung und industriellen Ausbeutung von Umwelt und Natur. Aus der historisch konkreten Situation ergibt sich somit die Form eines konkreten gesellschaftlichen Engagements, während im *Wendlandlied* die Lösung der Misere in einer regressiven Utopie gesucht wird, die vornehmlich auf Sehnsucht, Nostalgie und Naivität beruht.

Die in dieser Arbeit skizzierte Entmystifizierung der Natur innerhalb der Naturdichtung ist ein notwendiger, wenn auch erster Schritt zu einem vertieften ökologischen Bewußtsein. Schließlich ist es nicht damit getan, lediglich zu erkennen, daß der Begriff ‚Natur' im Sinne eines Refugiums nicht mehr ausreicht. Wir müssen auch einsehen, daß die weitere Zerstörung der Umwelt unsere gesamte Kultur gefährdet, und wir müssen zugleich die Ausbeutung der Natur in ihrer Beziehung zu anderen Formen der Ausbeutung sehen lernen. Das große Verdienst der Naturdichtung der siebziger Jahre war es, diese Umweltkrise überhaupt erst einmal in das Bewußtsein des literarischen Lebens einzubringen.

ANMERKUNGEN

1 Vgl. Hans Karl Rupp, *Außerparlamentarische Opposition in der Ära Adenauer. Der Kampf gegen die Atombewaffnung in den fünfziger Jahren* (Köln 1970), S. 4.
2 Ebd., S. 164.
3 Ebd., S. 41.
4 Ebd., S. 167.
5 Hans Egon Holthusen und Friedhelm Kemp (Hrsg.), *Ergriffenes Dasein* (München, 2. Ausgabe 1957), S. 277.
6 Edgar Marsch (Hrsg.), *Moderne deutsche Naturlyrik* (Stuttgart 1980), S. 99.
7 Friedrich Georg Jünger, *Gedichte* (Frankfurt 1949), S. 104.
8 Fritz Pratz (Hrsg.), *Deutsche Gedichte von 1900 bis zur Gegenwart* (Frankfurt 1971), S. 17.
9 Vgl. Alfred Estermann, Jost Hermand und Merle Krueger (Hrsg.), *Unsere Republik. Politische Statements westdeutscher Autoren* (Frankfurt 1980), S. 319.
10 Vgl. Alexander von Bormann, Politische Lyrik in den Sechziger Jahren: Vom Protest zur

Agitation. In: Manfred Durzak (Hrsg.), *Die deutsche Literatur der Gegenwart* (Stuttgart 1971), S. 170–186.
11 Autorenkollektiv, *Agitprop: Lyrik, Thesen, Berichte* (Hamburg, 1970), S. 206.
12 Bormann, S. 175–176.
13 *Agitprop*, S. 23.
14 Margot Schroeder, *die angst ist baden gegangen – poem* (Berlin 1976), S. 10.
15 Marsch, *Moderne deutsche Naturlyrik*, S. 179.
16 Jan Hans, Uwe Herms und Ralf Thenier (Hrsg.), *Lyrik-Katalog Bundesrepublik* (München, 1979), S. 205.
17 Arnfrid Astel, *Zwischen den Stühlen sitzt der Liberale auf seinem Sessel. Epigramme und Arbeitsgerichtsurteile* (Darmstadt 1974), S. 120.
18 Jörg Drews, Selbsterfahrung und Neue Subjektivität in der Lyrik. In: *Lyrik-Katalog Bundesrepublik*, S. 461.
19 Nicolas Born, Das Auge des Entdeckers. In: *Gedichte* (Hamburg 1978), S. 103.
20 Jürgen Theobaldy, Zwei Gedichte. In: *Tintenfisch 12. Thema: Natur.* Hrsg. von Hans Christoph Buch (Berlin 1977), S. 13f.
21 Rolf Dieter Brinkmann, *Westwärts 1 & 2* (Hamburg 1975), S. 41.
22 Nicolas Born, Öffentlicher Wahnsinn trifft irreparable Entscheidungen. In: *Frankfurter Rundschau* (5. 2. 77).
23 In: *Dialekt. Internationale Halbjahresschrift für Mundart und Mundartliteratur* (1979), H. 1, S. 50.
24 Zitiert aus Walter Moßmann, Follig-Sang und Nostalgie. Die neuen traurigen und rebellischen Lieder aus dem Elsaß. In: *Rock Session 1. Magazin der populären Musik* (Hamburg 1977), S. 115–116.
25 In: *Dialekt* (1979), H. 1, S. 36–37.
26 Vgl. Dä bleede Ofä. Ein Lied gegen das Kernkraftwerk Wyhl von Roland Burkhardt. In: Walter Moßmann und Peter Schleunig, *Alte und Neue Politische Lieder* (Hamburg 1978), S. 81–119.
27 *Die Zeit* (24. 8. 79).
28 Oswald Andrae, *Hoppenröök geiht um* (Holstein 1975), S. 20–21.
29 Günter Zint (Hrsg.), *Republik Freies Wendland* (Frankfurt 1980), S. 30.
30 Ebd., S. 70–73 und 65.